倭人のルーツの謎を追う

Yoko Matsushige 松重楊江

たま出版

はじめに

学問的に認められている地球と人類の歴史については、先著『教科書には絶対書かれない古代史の真相』で述べたが、今回改めて体系的に全体像をまとめてみた。すると、一万九〇〇〇年前から日本列島へ渡来した人類の足跡＝従来の学説と異なる旧石器時代からの「古代史」が明確になってきた。

そうした研究過程で浮かび上がってきたのが、八世紀成立の『古事記』『日本書紀』以前の書、神武の伊都国および卑弥呼の邪馬壱（やまい）国時代の倭国史ともいうべき『秀真伝（ほつまつたえ）』（五・七調の叙事詩）であった。

この縄文時代中期の神代文字＝ホツマ文字によって書かれた『秀真伝』を最初に翻訳して世に出したのは、日本神学の大家・吾郷清彦氏（島根県迩摩（にま）町出身）である。彼は「日本古代に秘められた〔ウエツフミ〕の研究」と副題を付し、一九七二年（昭和四十七年）『古事記以前の書』（大陸書房）を出版した。さらに、この「訳書」に注目した言語学者の川崎真治氏と歴史家の鹿島曻氏は、吾郷氏の解説・協力を得て、一九七九年（昭和五十四年）に『シルクロードの倭人〝秀真伝〟』（新国民社）という解説書を出版したのである。

当時、すでに筆者が吾郷・鹿島両氏と交流していた経緯は、二〇〇三年（平成十五年）出版の『日本史のタブーに挑んだ男』（たま出版）に書いた。

本書では今回、『秀真伝』にみるシャーマン（宗教的リーダー）たちの「ことば」の変遷を取り上げた。都合上、川崎氏の言語学者らしい難解な部分はある程度省かせてもらったが、これによって、今まで謎とされてきた数々の古代文化史の流れ・変遷過程が随分明らかになったと思う。

さらに、「バンチェン文明」＝「シュメール文明」の歴史に連なる関係上、必然的に、『倭人興亡史』（「契丹北倭記」）が記すトーテム族の尊称「エタカバネ」のルーツを解説し、江戸時代及び明治時代における、わが国のマガタンシまたはエタモン集団の頭梁・弾左衛門＝江戸時代のエタ・非人頭（かしら）一族＝明治以降の「ゼネコン」一派のルーツを明らかにすることとなった。

また、「太秦（うずまさ）の人々／胡人（えびすじん）はシルクロードから来た」ことに関連して、縄文時代中期（約五〇〇〇年前）のアヒルクサ文字とイズモ文字の基となったカロシティ文字やブラフミー文字が、どういうルートで渡来したかというルーツを調べてみたが、鹿島曻氏もかつて別の角度からこの問題に触れていた。縄文時代から倭人文字が存在したという指摘は生前の中原和人氏からも受けていたのであるが、縄文時代の神代文字の謎が、コータン（于闐）の玉を陸路～海路を織り交ぜて世界各地に運んだフェニキア人の伝播ルートの中に秘められていることに気づいたのである。

そして、それに関連するシルクロードのスキタイ文化およびインド十六王朝時代の日神王朝の歴史は、さらに古い超古代の歴史に連なっていた。これら世界史の流れを理解して、文中で紹介する「秦王国・豪族名一覧表」と「歴代天皇陵の分析解明表」の対比についてぜひ考察してほしい。これら超古代からのシャーマン（トーテム部族の王族）の家系には、いまなお未知の部分が秘められている可能性がある。

ところで、昭和五十年代、筆者が還暦を迎えるのも間近となった頃、ようやく多少の余裕ができたので、現代および未来の世界を直接認識するため、中国、韓国に度々足を運び、観光だけでなく、都市の工場視察や農村の実情を把握することに努めてきた。おかげで、テレビの報道などで今日の中国社会の混乱ぶりや朝鮮南北社会の実情を知っても、さほど驚かない。

また、「二つの世界観の争い」については、米・英・欧フリーメーソンの実態を学ぶため、柳井ライオンズ・クラブ会員（最高役職は三三六複合地区管理委員）となり、年次大会などにも必ず出席し、毎年各国で行われる国際大会や東洋東南アジアフォーラムにもたびたび出席してきた。黄金の国ジパングを狙う米英メーソンの魔の手は、我々の知らないところで今も着々と進行しているのであろう。そう思ってみれば、今の日本には変な事件が多すぎるのも納得がゆく。

今回は、戦後GHQに狙われる逃亡者であった犬塚きよ子氏の絶筆「言論の自由のために！」を、知る人も少ないと思うので、少々平和ボケの日本人およびジャーナリストに警鐘を鳴らす意味もあり、迷わず掲載した。

エジプトのピラミッドや中国の始皇帝陵の兆域（ちょういき）面積を超える規模の「前方後円墳」という

モニュメント（古墳群）を、応神・仁徳・履中の三大陵と呼んでいる。その前方後円墳の由来について、いまだに日本の考古学者は暗中模索を続けているが、中原和人氏の検証で判明した「東鯷国」（奈良盆地に実在した鮭文化圏）の「纏向古墳群」遺跡こそが、この古墳成立の謎を解く鍵だった。そのことを『失われた大和のユダヤ王国』（たま出版）の中で明らかにし、今後の考古学研究の糸口を開いた中原和人氏は、同書を遺して天国へと旅立った。

　中原氏は生前、公害のない、無農薬水田による自然農業を提唱して、人々の健康を保持するように努め、全国の病院で不治とされた難病を、中原式「生体科学」によって再治療することを使命と感じていた。そのため、西洋医学や新興宗教などに頼らず、むしろ東洋医学を主とした「自力克病」（自分の体内活力で難病を克服するという自然療法）を奨励した。それによって難病を克服された方も多いと聞く。

　また、歴史研究を続ける中で、海に囲まれたこの日本列島を、美しい自然公園の理想郷にしたいという夢を抱いていた。もともと、新モンゴロイドのクニ「ジパング」は、鹿島曻氏も知らなかったが、約二万年前から、広い海に点在する島々の平和な理想郷「太平洋文化圏」を築いたという誇るべき歴史を持っている。中原氏の夢のお陰で、われわれの歴史研究は大いに進み、多くの謎の扉は次々に開かれ、未来社会への展望も見え始めている。それはまた、照葉樹林帯に暮らす日本列島住民の、環境保全優先の未来社会建設をめざすための指針ともなるであろう。

今後は、中原氏の志を継ごうとする努力によって、彼の目指したユートピアを実現できる日がやってくるかもしれない。微力ながら本書がその礎ともなれば幸いである。

倭人のルーツの謎を追う

目次

第四章　『シルクロードの倭人』にみる「ことば」の変遷——53

第一章　地球の人類史

旧人はスンダ大陸（旧インドネシア）で誕生した

中原和人氏の「筋収縮力テスト法」による検証によれば、最初の旧人であるソロ人（別名ネアンデルタール人）が生まれたのは、約二〇万年前のリス氷期である。

その後、ソロ人系の人々は、約一万八〇〇〇年前に生まれた古モンゴロイドのシュメール人との混血人種となって、スンダ大陸からアセアン海域を渡り、旧サフル大陸へ移動した。そうして、現在もオーストラリアの原住民（アボリジニ）として続いている。

ホモ・サピエンス・イダルツの発見

さらに、現代人、ホモ・サピエンス・サピエンスが登場したのは、およそ九万年前のアフリカにおいてであることが中原氏の検証により判明した。

南アフリカのブロボンズ洞窟で発見された、顔料となる土塊「オーカー」やアート、装飾品などは、約七万五〇〇〇年前のものと言われているが、実際には約九万年前のもので、フッリ人というネグロイド（黒人）の遺物である。さらに、エチオピアのボリック・エリック洞窟で見つかった約八万年前の身体装飾用顔料やコンゴのカタンガ遺跡の「かえし付き」骨製銛（もり）なども、同じく約九万年前のもので、ヨーロッパで約三万五〇〇〇年前に興ったクロマニヨン人の文化に先がけた先住ネグロイドたちの遺物である。

さらに二〇〇三年、こうした先進遺跡よりさらに古い「最古の現代人」の骨がエチオピアのヘルト村近くで発見され、発掘された頭骨などが『Ｎａｔｕｒｅ』誌の表紙を飾った。この「最古の現代人」は、ホモ・サピエンス・イダルツと命名され、アルゴン法による検証によって約十五万四〇〇〇年前の人骨であるとの検証がなされている。

この「最古の現代人」の骨は、前頭部の立ち上がりが高い、脳頭蓋が丸い、顔面が前に突出していない、眼窩上隆起が分断している、などの現代人的特徴が見られるが、やや原始的な特質、すなわち頭の前後幅が非常に長く後頭部が突出していることに加えて、頭が大きく、頑丈な部位の存在なども見られる。そのため、ホモ・サピエンスの祖先の亜種と結論づけられたのであるが、中原氏の検証によれば、これらの人骨は、実際には約十二万年前のものである。すなわち、新人の誕生は、ホモ・サピエンス・イダルツを含めると約十二万年前、ホモ・サピエンス・サピエンスから算すると約九万年前ということになる。

一八九一年、ジャワ島でアジア最古の人類が発見された

一八九一年、オランダの解剖学者デュボアがジャワ島で奇妙な化石を発見した。当初はテナガザルだと見られていたその化石は、やがて原人であるということがわかり、ピテカントロプス・エレクトスと名づけられた。

ピテカントロプス・エレクトスはアジア最古の人類で、一八〇万年前〜二〇万年前くらいまで存在していたらしい。私たちが授業で習う「ジャワ原人」とは、このピテカントロプス・エレクトスのことである。

その後、ピテカントロプス・エレクトスはシナントロプス・ペキネンシス（北京原人）と同一種であることがわかり、両者は合わせて「ホモ・エレクトス」という学名に統一された。

ピテカントロプス・エレクトスが発見された直後は、人類アジア誕生説なども唱えられたが、現在はアフリカ誕生説が有力である。アフリカで誕生した原人が、アラビア半島からユーラシア大陸を経て、当時は陸続きだったジャワ島に移住した。その原人がジャワ原人と呼ばれ、その過程で北上したのが北京原人であると考えられている。

「ジャワ原人が進化しても新人にはなりえない」ことが明らかに

人類アフリカ起源説については日本でも研究が進んでいて、国立科学博物館の馬場悠男氏らとインドネシア研究チームは、新たな出土化石を分析することにより「ジャワ原人は現代人の祖先ではない」とする主張をまとめ、二〇〇三年二月に米科学誌『サイエンス』に発表した。

その詳細は次の通りである。

二〇〇一年、馬場悠男氏らの研究チームは、ジャワ島中部のソロ川の畔(ほとり)で、頭蓋部がほぼ完全に残る数十万年前の頭骨化石を発見した。直ちにCTスキャンを使って形状を調べ、過去に見つかっていた前期ジャワ原人および後期ジャワ原人の頭部化石と比較した結果、顎関節や眼球上部の隆起などの特徴から、その化石は前期ジャワ人から後期ジャワ人へ進化する途中のものであると結論づけられた。そしてその際、顎関節の独特な形状から、ジャワ原人、または北京原人が進化しても新人にはなり得ないことが明らかになったのである。

それ以降、DNAの解析などの研究を経て、現代人の起源は約二〇～十六万年前にアフリカから世界へ広がったホモ・サピエンス（新人）であるとする「アフリカ単一起源説」が有力となったが、一方で、北京原人やジャワ原人、ネアンデルタール人などが各地で現代の人類に進化したとする「多地域進化説」も根強く主張され続けている。オーストラリア先住民の祖先がジャワ原人だとする説は「多地域進化説」を有力な根拠とするものである。

類人猿から猿人への真実

これらを踏まえつつ、国際的ウイルスの研究機関など四つの学会に所属していた中原和人氏が独自の研究で明らかにした「人類史」は、次のように展開している。

まず登場するのは、アフリカの東部やインドのシワリク丘で骨片が発見されている類人猿、ラマピテクスである。彼らは、今から約一〇〇〇万年前〜五〇〇〇万年前まで生存したが、いまだ「四分の一人間」と呼ぶべきものであった。

ホモ・サピエンスの脳の容積は約一四〇〇ccだが、ラマピテクスの脳はその四分の一の容積しかなかった。そういう意味も込めて、学者たちは「四分の一人間」と呼んだのであろう。

アウストラロピテクスと呼ばれている猿人は、ラマピテクスの歴史ののちに東アフリカおよび南アフリカに現れ、約五〇〇万年前〜七〇万年前まで生存していた。ラマピテクスからアウストラロピテクスへの変遷の間には、なんらかの不可知の力が働いていると見るべきであるが、その力が何であるのか、どういう作用を及ぼしたのかまではわからない。今の科学で言えば、突然変異ということになろうか。

彼らは、その〝突然変異〟によって脳がホモ・サピエンスの二分の一ほどにまで進化発展し、直立二足歩行を始めた。したがって、彼らは「二分の一人間」とでも呼ばれる存在だったといえよう。

さらに、同様の進化の過程を経て、約七〇万年前、原人がアフリカで生まれた。やがて彼らは、より良い環境を求めて地球上の各地に移動することになる。それは「長い旅路」（グレート・ジャーニー）と呼ばれる大移動の始まりとなった。

その後、約七〇万年前〜約二〇万年前までが、ピテカントロプス（ジャワ原人）およびシナントロプス（北京原人）に代表される原人、ホモ・エレクトスの生存期間であった。ただし、この移動の発祥であるアフリカの原人については、約九万年前まで生存していたことが判明している。

やがて、前々氷河期の「リス氷期」が始まった約二〇万年前、ジャワ島のソロ川の辺りで、ジャワ原人から進化した旧人が生まれた。インドネシアではソロ人と呼ばれる人々である。旧人はソロ川のほとりから各地に拡散していき、中国ではダーリ人、アフリカではカブエ人、ヨーロッパや西アジアではネアンデルタール人と呼ばれる存在となった。

その後、スンダ大陸（詳しくは後述）から移動を始めたソロ人は、約一〇万年前から黄河流域周辺で非定住の狩猟・採取生活を営むようになり、ダーリ人と呼ばれる旧石器人となった。そして、約一万九〇〇〇年前、彼らダーリ人の一部が大型獣を追って移動するうち、シベリアから沿海州を経て、当時陸続きの日本半島へ渡来したのである。

彼らは、栃木県の那須高原や新潟県と長野県境の野尻湖周辺に散居して、非定住の狩猟・採取生活を営むようになり、やがて黒曜石を求めて列島全体へ拡散していった。

これが、日本列島に現れた最初の人類、旧石器人である。考古学会の一部で、彼ら旧石器人は北京原人の流れをくむのではないか、わが国の先土器時代は約五～三万年前に始まったのではないか、という学説がささやかれているが、事実はそれとは異なっている。

日本で発見され、「明石原人」と名づけられた骨も、従来言われているような原人のものではなく、ソロ人のものと考えられる。しかし、この貴重な骨片は一九四五年の東京大空襲で行方不明となってしまった。


各地に散った旧人は、しかし、新人と混血した古モンゴロイドを除いて絶滅した。その原因は、ハンタン・ウイルスの感染によるものである。旧人たちはこのウイルスに感染し、肺水腫を伴う呼吸器異常や肺炎などを発症して徐々に滅亡していったものと考えられる。

ちなみに、ここで言うハンタン・ウイルスというのは、一九九〇年に新しく発見されたシン・ノンブル・ウイルスと呼ばれるものである。一九七〇年代に発見されたハンタン・ウイルスよりも強力であり、新種のウイルスと思われているが、このウイルスは実際には古いウイルスであり、旧人絶滅の原因となった。

ただし、野尻湖周辺のダーリ人のみは、約一万二五〇〇年前に渡来した新モンゴロイドのオロッコ人と混血して生き延び、新石器文化を営む縄文人となっている。

新人の誕生

ソロ人全盛であった約九万年前、アフリカに残っていた原人の中から、最初の新人であるフッリ人（黒人系／血液O型）が誕生した。彼ら新人は徐々に世界中に広がっていったが、各地に拡散する過程で分化し、さまざまな人種が生まれた。大別すると以下のようになる。

ネグロイド―黒人系。フッリ人（クロマニヨン人を含む）、エジプト人、メルッハ人、ドラヴィダ人、エチオピア人、バリー人。
古モンゴロイド―黄色人種系。原マレー人、ネグリト人、シュメール人、ワジャック人。
新モンゴロイド―黄色人種系（蒙古班がある）。ヒッタイト人、ヒクソス人、チュクル人、チュルク族、エブス人、ユダヤ人、オロッコ人、苗（ミャオ）族、港川（みなとがわ）人。
コーカソイド―白人系。スラブ人、ゲルマン人、アングロサクソン人、アーリア人、フランク人（後のフランス人）。

オーストラリアとニューギニアなどの島々は、ビュルム氷期中（約七万年前〜一万二〇〇〇年前）は陸続きであり、「サフル大陸」を形成していた。
洪積世最後の氷期であるこのビュルム氷期には、インドネシア周辺の海洋は干上がり、ユーラシア大陸の大陸棚やアセアン海域の島々は連なって、大きな亜大陸となっていた。現在、その一部はスンダ列島と呼ばれているが、当時は海退により、スンダ列島は亜大陸になっていた。その亜大陸は「スンダ大陸」と呼ばれる（次ページ「スンダ大陸」地図参照）。

その頃のスンダ大陸は、人類が暮らすのに適したすばらしい環境だったため、故郷のアフリカを出発して世界に拡散した新人が次々にやってきて定住するようになっていた。その結果、この地が現代人類発展の坩堝(るつぼ)となったのである。

「エデンの園」には、白人はいなかった

地球がビュルム氷期にあったころ、アフリカを出発したフッリ人は各地に拡散し、エジプト人、メルッハ人、エチオピア人、ヒッタイト人、およびヨーロッパではクロマニヨン人になった。

また、スンダ大陸は大変住みよい環境であったため、新人がここに集まった。そして、土着したドラヴィダ人をはじめとするネグロイドや古モンゴロイドが独自の進化を遂げ、農業・漁業や金属文化が始まり、次第に高度な文明を築き、都市生活を営むようになっていった。そこでは、数千年以上もの長いあいだ人類の「先史文明」が営まれ、世界各地に植民地を持つ都市国家が栄えていたと考えられる。

スンダ大陸とシュメール文明

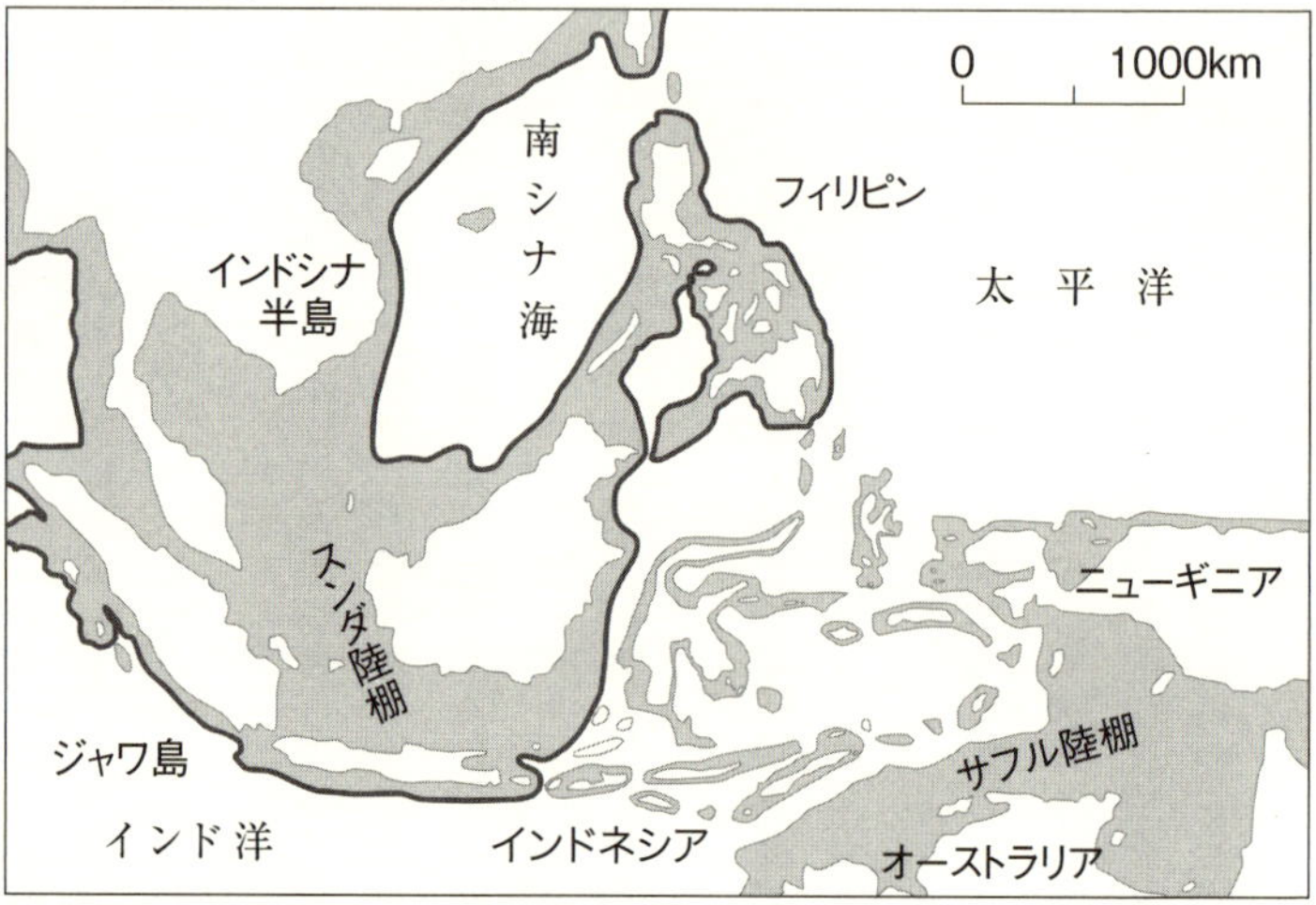

（網掛け）は2万年前にあった、スンダ大陸（太線で囲まれているところ）。

先史文明華やかなりし頃のスンダ大陸の中心、今のジャワ島周辺は、標高三〇〇〇メートル級の山脈が東西に連なる気候温暖な高原地帯であった。そこに、ネグロイド系のフッリ人やドラヴィダ人、古モンゴロイドのシュメール人やワジャック人（のちのハワイ人）らが楽しく暮らしていて、その様子を古代イスラエル人の神話『創世記』は「エデンの園」と記したのである。

イギリス人のチャーチワードは、この「エデンの園」を「ムー大陸」と呼び、五色人（黄人をはじめ、赤人、青人、黒人、白人の五種類）がいたとしているが、実際にこのエデンの園にいたのはネグロイドや古モンゴロイドなどである。

アダムとイブに始まる人類の血液型

原人、旧人はもとより、ホモ・サピエンス・サピエンスの始まりであるフッリ人をはじめとするすべてのネグロイドの血液型はO型である。したがって、人類の最初の夫婦、いわゆるアダムとイブは黒人であって、O型の血液を所有していた。その意味で、O型は人類の血液型の基本型といえよう。

やがて、黒人種から黄色人種が生まれ、さらに白色人種が生まれた。そして、基本的に黄色人種がA型、白色人種がB型の血液型の基となった。さらにそれらが交じり合った結果、A型、B型、AB型、O型の四種類の血液型が生まれたと考えられる。

新人（現代人類・クロマニヨン人など）の進化の流れ

さて、彼ら「新人」たちの進化の跡をこれから辿ってゆくが、これは常識を遥かに逸脱する「説」である。それというのも、世界的にも初めて発表する説だからである。

そのため、学校で教えられてきたこととは大きく異なるが、こちらの方（中原氏の「筋収縮力テスト法」で検証した本稿）が本当の歴史である。

◎フッリ人	約九万年前に、アフリカで誕生したネグロイド。血液はO型。三万五〇〇〇年前から存在したクロマニヨン人は、これのヨーロッパ型である。
◎エジプト人	約八万年前に、ナイル河上流域で、フッリ人から生まれたネグロイド。血液はO型。
◎原マレー人	約八万年前に、マレー海域に渡来していたフッリ人から、成人T細胞白血病ウイルス（ATLV・1）を持って生まれた。彼らはネグロイド系ではなく、血液O型の古モンゴロイドである。
◎ネグリト人	約七万年前にマレー海域において、原マレー人（フッリ人の系統）から生まれた。身長一五〇センチ以下の低身長族（ピグミー）で、アエタ族、セスン族、アンダマン族など。彼らは血液O型の古モンゴロイドである。
◎メルッハ人	約七万年前に、フッリ人の系統としてアラビア半島に現れたネグロイド。血液はO型。
◎ドラヴィダ人	約六万年前に、マレー海域において、フッリ人から生まれたネグロイド。彼らも成人T細胞白血病ウイルス（ATLV・1）を持っていた。
◎エチオピア人	約五万年前に、ナイル河上流域において、エジプト人から生まれたネグロイド。血液はO型。
◎ヒッタイト人	約五万年前に、アラビア半島において、メルッハ人の系統から生まれた新モンゴロイド。血液はO型。
◎ヒクソス人	約三万年前に、アラビア半島において、メルッハ人の系統から生まれた新モンゴロイド。アラビア語でベガ・ケスト（落ちる鷲族）と呼ばれている。血液はA型。
◎ハビル人	（アモリ人）約三万年前に、いわゆる「紅海」周辺で、ヒクソス人の系統から生まれた新モンゴロイド。血液はA型。
◎チュクル人	約二万年前に、アラビア半島で、ヒッタイト人から生まれた新モンゴロイド。血液は

	A型。
◎チュルク族	約二万年前に、チュクル人と同様に、アラビア半島でヒッタイト人から生まれた新モンゴロイド。血液はAB型のトルコ人。
◎スラブ人	約二万年前に、アラビア半島で、ヒッタイト人から生まれたコーカソイド（白人）。血液はB型の東ヨーロッパ人。
◎シュメール人	約一万八〇〇〇年前（ビュルム氷期の最盛期）に、スンダ大陸のバリー、ジャワ、スマトラ辺りで、フッリ人の系統から生まれた古モンゴロイド。血液はA型。ビュルム氷期中のスンダ大陸において「先史文明」を築いたのは、このシュメール人である。彼らシュメール人は、ビュルム氷期の終焉時に起こった「大洪水」＝地球環境大変動の危機を乗り切って、現代人類にその文明遺産を引き継いだ。これが「ノアの方舟」神話の原型となったのである。このとき諸民族を励まし、結集して「ノアの方舟」に乗せるなど、指導的役割を果たしたのは、シュメール人の王族・ナーガ族であった。
◎エブス人	約一万五〇〇〇年前、セレベス島マカッサル周辺において、ヒクソス人の系統から生まれたウェシェシュ人ともいう新モンゴロイド。血液はA型のプロト・フェニキア人（海人族）とも呼ぶべき人種。 エブス人らは、一万二〇〇〇年前のビュルム氷期の終焉時、突然起こった「大洪水」の際に、いち早くシュメール人の王族を「ノアの方舟」に乗せて脱出させ、東南アジアへ運んでいる。そのあとセレベス島から苗族らを脱出させているが、これらの舟の主な漕ぎ手はドラヴィダ人やフッリ人であった。 また、のちのパレスチナのカナーン人も、エブス人と同じく、プロト・フェニキア人（海人族…世界各地に植民地を作った人々）の仲間である。
◎ワジャック人	約一万五〇〇〇年前にマレー海域において、約一万人の群れから約五〇〇〇人のワジャック人が生まれた。血液はA型の古モンゴロイド。彼らも成人T細胞白血病ウイルス（A

	TLV・1）の保有者である。
◎ユダヤ人	約一万五〇〇〇年前にアラビア半島で、フッリ人から生まれた。血液O型の新モンゴロイド。
◎ゲルマン人	約一万三〇〇〇年前にアラビア半島で、エブス人（プロト・フェニキア人）の系統から生まれた。血液はB型のコーカソイド。
◎オロッコ人	約一万三〇〇〇年前に、ワジャック人と（先住していた）ヒッタイト人の混血によって、セレベス島のマカッサル周辺で生まれた五〇〇〇人の群れ。血液はA型の新モンゴロイド。彼らもATLV・1の保有者である。 オロッコ人らは、地球の温暖化によってシベリア・バイカル湖周辺に移動していたが、やがてその中の六〇〇人のグループはオホーツク海のイヌイット（エスキモー）となった。また別の六〇〇人のグループは一万二五〇〇年前頃、日本列島へ渡来して縄文人となった。
◎苗　族	約一万二一〇〇年前（ビュルム氷期の最終期）に、シュメール人（男）とネグリト系のセスン族（女）との混血によって、セレベス島のパル、ゴロンタロなどの中部スラウェシで生まれた、約一万人の集落を形成した集団。血液はA型の新モンゴロイドで、彼らもATLV・1の保有者である。台湾ではフーマン族という。
◎アボリジニ人	（オーストラリア原住民）一万八〇〇〇年前、旧人（ソロ人）とシュメール人との混血により、スンダ大陸で生まれた古モンゴロイドの一族。
◎パプア人	（イリアン・パプア原住民）一万五〇〇〇年前、旧人（ソロ人）とワジャック人との混血により、旧サフル大陸で生まれた古モンゴロイドの一族。

一万二〇〇〇年前、地球上に「大洪水」が起こった

前述のように、一万二〇〇〇年前、ビュルム氷期の終焉時に地球上で「大洪水」が起こり、スンダ大陸の「前文明」が海没した。やがて大洪水は収まったが、スンダ大陸は姿を消し、現在のような列島（インドネシアの島々）が形成されることになった。シュメール人が率いる人々は、エブス人の舟によって脱出し、東南アジア・メコン河の中・下流域に移動してそこに住み着いたのである。

彼らは協力して先史文明の再建に努め、タイ北東部のコラート高原で彩文土器と青銅器を製造し、イモ栽培を中心とするバンチェン文化の基礎を築いていった。だが、同時にそれは気の遠くなるような作業でもあった。そのため、シュメール人は労働力としてドラヴィダ人を奴隷として働かせるようになり、また、新モンゴロイドである苗族や港川人に開墾者としての役割を担わせたと考えられる。

ビュルム氷期中、ネグリト系セスン族は、バリー、ジャワ、スマトラ、カンボジア、タイ、ビルマ、ヴェトナム周辺に定住していたが、シュメール人からバンチェン文化を伝授された苗族がセスン族らを指導して根栽農耕文化、バンチェン文化を東南アジアの島々を含む全域へ定着させていった。

ビュルム氷期終焉後の世界

ビュルム氷期が去った約一万年前、世界の人種は以下のとおりに推移した。

◎アングロ＝サクソン人…ビュルム氷期が去った後、今から約一万年前、アラビア半島でヒッタイト人の系統から生まれた。血液型はB型のコーカソイド。

◎アーリア人……約一万年前、小アジアのメソポタミアでヒッタイト人の系統として生まれたコーカソイド。血液型はB型。

◎アモン人………約一万年前、小アジアのメソポタミアで、エチオピア人から生まれた新モンゴロイド。血液型はA型。

◎メラネシア人…ビュルム氷期中に「ボルネオ島」にいたボルネオ人（血液型O型の黒人）は、スンダ大陸の海没と運命を共にしたが、太平洋上の島々に散在していた同族のネグロイド系から、約一万年前、新モンゴロイドのメラネシア人として生まれた。血液型はA型。彼らはのちにフィジー諸島、ソロモン諸島、ニューギニア島、ブーゲンビル島、マレクラ島、サンタ・クルス島、ライン諸島、ハワイ諸島などに上陸した。

◎ヴェッドイド人……ビュルム氷期中に、バリー島にいたバリー人（血液型O型のネグロイド）は、「大洪水」から脱出し、東南アジアで暮らしていた。そのバリー人の中から約一万年前にヴェトナムで誕生した古モンゴロイドである。血液型はA型。その後、バンチェン文化を携えて、現在のインドネシアであるスマトラ島、ジャワ島、バリー島、セレベス島に渡っている。

◎メナド人………約九〇〇〇年前、シュメール人とワジャック人のグループ五〇〇〇人が立志してヴェトナムから出航し、セレベス島のメナドへ上陸して、新文明建設のための交易基地を開いた。これがメナド人である。彼らはやがてマヤ人（毛人・古モンゴロイド）と呼ばれるようになった。太平洋の島々を経てアメリカ大陸へたどりつき、中南米などへ新文明を伝えた開拓者である。

◎ツングース人……約八〇〇〇年前のバイカル湖周辺で、オロッコ人（黄色人）とアーリア人（白人）との混血によって生まれた新モンゴロイド。血液はAB型でATLV・1ウイルスの保有者。アイヌ人とも呼ばれ、蒙古班がない。彼らは、シベリアへ移動する際の中国大陸で、苗族の営むバンチェン文化と接触したのち、日本列島へ渡来して縄文人となった。

◎ミクロネシア人…約七〇〇〇年前、インドネシアのセレベス島などにおいて、ヴェッドイド人から新モンゴロイドとして生まれた。血液はAO型。のちにグアム島カロリン島、トラック諸島、ヤップ島、ニューギニア島に上陸した。

◎ポリネシア人…約六六〇〇年前、イリアン・パプアにおいて、古モンゴロイドのワジャック人と、新モンゴロイドのメラネシア人との混血によって生まれた新モンゴロイド。血液はA型。のちにオーストラル諸島、タヒチ島、トンガ諸島、フィジー諸島、ニューギニア島などに上陸した。

メラネシア人、ミクロネシア人、ポリネシア人の起源については諸説あるが、我々は十分な検証を重ね、ハワイ諸島やイースター島の歴史を含めて太平洋文化圏の詳細を知ることになったのである。

世界中に拡散した人種

現在の世界の人々のルーツを辿ると、以下のようになる。

・ロシア人……………スラブ民族
・ウラル人……………フェニキア人とスラブ民族との混血
・ポーランド人………スラブ民族
・ドイツ人……………ゲルマン民族
・イタリア人…………ゲルマン民族

・フランス人………ゲルマン人とアーリア人の混血
・漢民族…………前四世紀～前三世紀に、苗族（血液A型）、チュルク族（血液AB型）およびユダヤ人（血液O型）の混血によって生まれた華北型の雑種。
　前四世紀以前に華北の住民であった人々は、現在は中国東北地方や雲貴高原地帯などに分散し、少数民族と呼ばれている。現代中国人が自称する「中国五千年の歴史」は、漢民族以前の先住民が打ち立てた歴史である。
・フィリピン諸島の住人…苗族、港川人およびミクロネシア人
・ヴェトナム人……主流は苗族で、シュメール人もいる。
中国の越人＝江南諸族も同じ苗族であり、日本農民のルーツ。
・カンボジア人……古モンゴロイドのシュメール人。
・ラオス人…………古モンゴロイドのワジャック人。
・タイ人……………ワジャック人（女）と港川人（男）との混血。
・ビルマ人…………ミャンマー人とも呼ばれ、港川人が中心だが、タミール人もいる。
・スリランカ人……セイロン人とも呼ばれ、港川人が中心だが、タミール人もいる。
・ネパール人………シュメール人と苗族との混血。ただし王族はシュメール人。
・バングラディシュ人…ドラヴィダ人（女）と苗族（男）との混血。
・パキスタン人……苗族。
・アフガニスタン人…ユダヤ人の中のイッサカル族が中心。フェニキア人もいる。

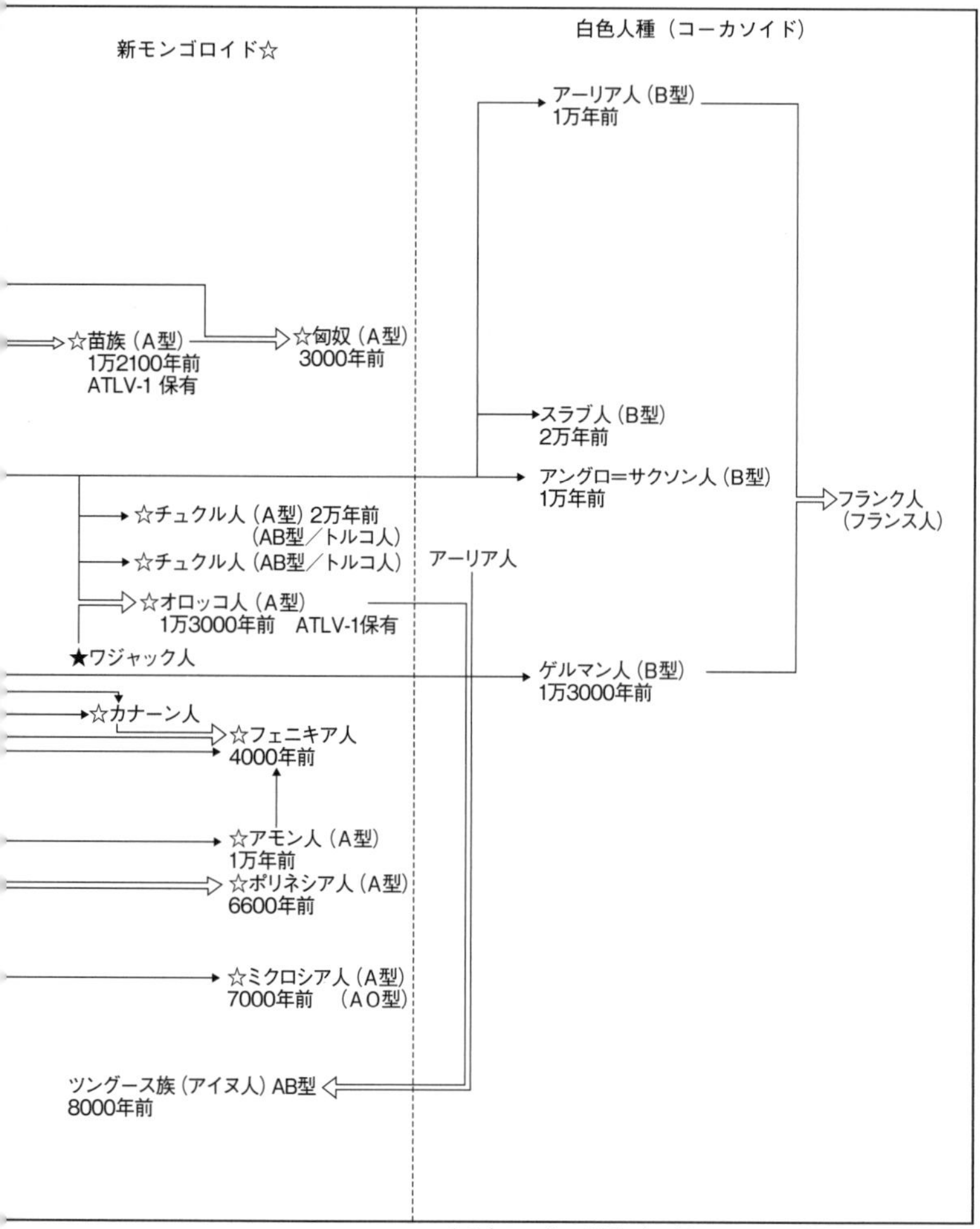
新モンゴロイド☆
白色人種（コーカソイド）
アーリア人（B型）
1万年前
☆苗族（A型）
1万2100年前
ATLV-1 保有
☆匈奴（A型）
3000年前
スラブ人（B型）
2万年前
アングロ=サクソン人（B型）
1万年前
フランク人
（フランス人）
☆チュクル人（A型）2万年前
（AB型／トルコ人）
☆チュクル人（AB型／トルコ人）
アーリア人
☆オロッコ人（A型）
1万3000年前 ATLV-1保有
★ワジャック人
ゲルマン人（B型）
1万3000年前
☆カナーン人
☆フェニキア人
4000年前
☆アモン人（A型）
1万年前
☆ポリネシア人（A型）
6600年前
☆ミクロシア人（A型）
7000年前 （AO型）
ツングース族（アイヌ人）AB型
8000年前
★は古モンゴロイド系、☆は新モンドロイド系であることを示す。

新人の進化・展開図

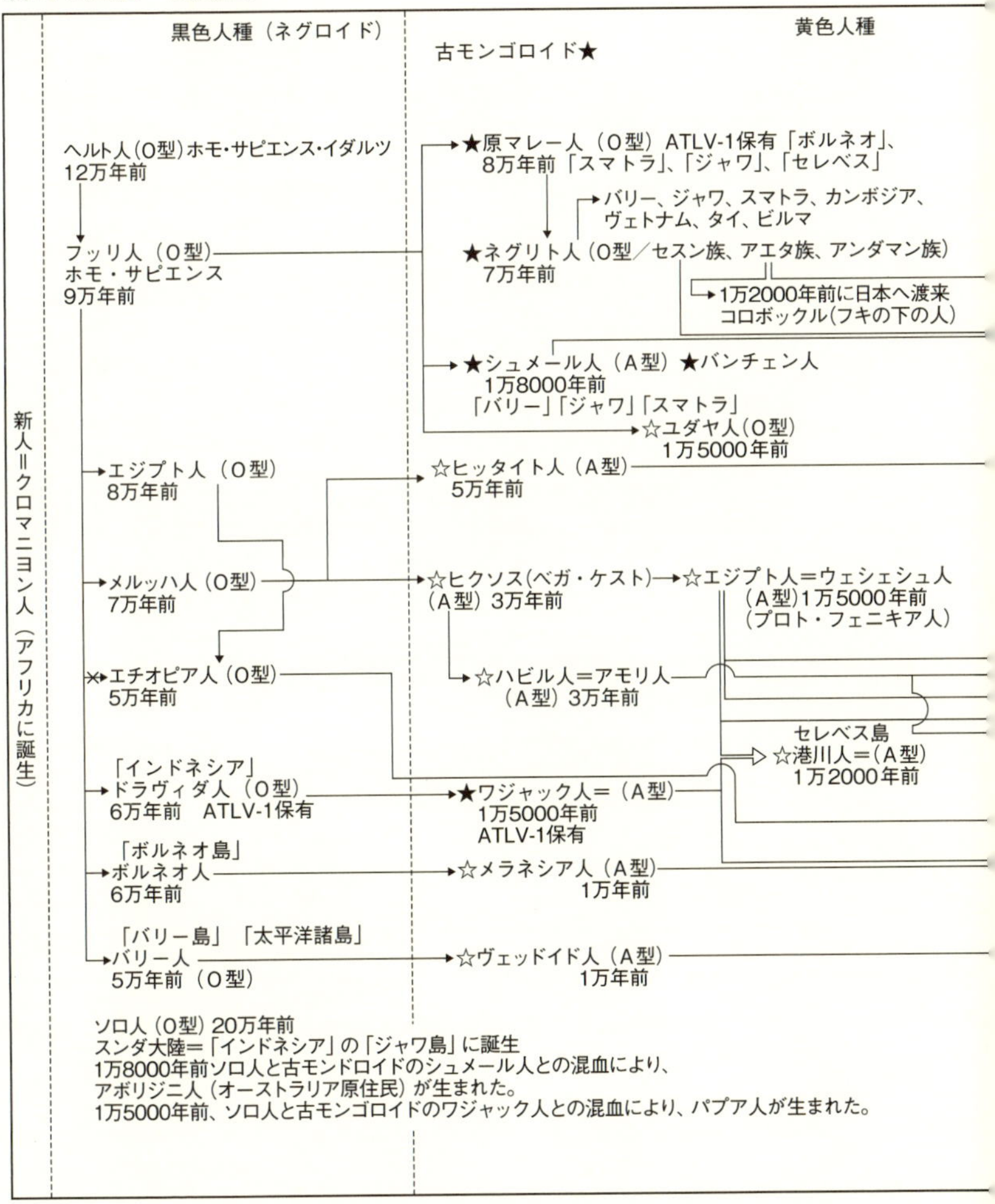
黒色人種（ネグロイド）
黄色人種
古モンゴロイド★
新人＝クロマニヨン人（アフリカに誕生）
ヘルト人（O型）ホモ・サピエンス・イダルツ
12万年前
フッリ人（O型）
ホモ・サピエンス
9万年前
★原マレー人（O型）ATLV-1保有「ボルネオ」、
8万年前「スマトラ」、「ジャワ」、「セレベス」
バリー、ジャワ、スマトラ、カンボジア、
ヴェトナム、タイ、ビルマ
★ネグリト人（O型／セスン族、アエタ族、アンダマン族）
7万年前
1万2000年前に日本へ渡来
コロボックル（フキの下の人）
★シュメール人（A型）★バンチェン人
1万8000年前
「バリー」「ジャワ」「スマトラ」
☆ユダヤ人（O型）
1万5000年前
エジプト人（O型）
8万年前
☆ヒッタイト人（A型）
5万年前
メルッハ人（O型）
7万年前
☆ヒクソス（ベガ・ケスト）
（A型）3万年前
☆エジプト人＝ウェシェシュ人
（A型）1万5000年前
（プロト・フェニキア人）
エチオピア人（O型）
5万年前
☆ハビル人＝アモリ人
（A型）3万年前
セレベス島
☆港川人＝（A型）
1万2000年前
「インドネシア」
ドラヴィダ人（O型）
6万年前　ATLV-1保有
★ワジャック人＝（A型）
1万5000年前
ATLV-1保有
「ボルネオ島」
ボルネオ人
6万年前
☆メラネシア人（A型）
1万年前
「バリー島」「太平洋諸島」
バリー人
5万年前（O型）
☆ヴェッドイド人（A型）
1万年前
ソロ人（O型）20万年前
スンダ大陸＝「インドネシア」の「ジャワ島」に誕生
1万8000年前ソロ人と古モンドロイドのシュメール人との混血により、
アボリジニ人（オーストラリア原住民）が生まれた。
1万5000年前、ソロ人と古モンゴロイドのワジャック人との混血により、パプア人が生まれた。

・イラン人………ユダヤ人の中のガド族。
・カザフスタン人…チュルク族＝トルコ人。
・アゼルバイジャン人…チュルク族と苗族の混血。
・クルド人………トルコ、イラクなどにいるワジャック人。
・レバノン人………フェニキア人。
・ヨルダン人………フェニキア人。

第二章――日本列島へ渡来した縄文人の足跡

日本列島へ渡来した縄文人

①　**ダーリ人**（旧人／ネアンデルタール人）

約一〇万年前、スンダ大陸の旧人であるソロ人が移動して、黄河流域周辺で非定住の狩猟・採取生活を営むようになり、ダーリ人と呼ばれる旧石器人となったが、そのダーリ人の一部がマンモスを追って移動し、シベリアから沿海州を経て、約一万九〇〇〇年前、当時は陸続きであった日本半島（列島）へ渡来した。

②　**オロッコ人**

約一万二五〇〇年前、ビュルム氷期終焉時の「大洪水」発生より半世紀前に、世界最大の淡水湖、バイカル湖周辺、現在のイルクーツク市周辺にいた新モンゴロイドのオロッコ人（一二〇〇人の新石器人の群れ）が移動を始め、渡来した。一二〇〇人のオロッコ人のうち、六〇〇人はオホーツク海に移動してイヌイット（エスキモー）となったが、残りの六〇〇人は日本列島へ渡来して縄文人となった。

ちなみに、北海道地方でオホーツク人と呼ばれている古代人は、実はこのオロッコ人のことであり、各地の縄文遺跡から出土する「遮光器土偶」は、イヌイット（エスキモー）の遮光器（北極圏の強い反射光を避ける眼鏡型防具）を着けた土偶のことである。

彼らは、日本列島および日本海周辺の旧石器文化圏を形成していたダーリ人の「黒曜石文化」を引き継いだ。また、栃木県の那須高原一帯、長野県の塩尻湖周辺、および八ヶ岳山麓一帯では、オロッコ人とダーリ人の両者は混血して古モンゴロイドとなり、のちに縄文文化の担い手となっていった。

③ 港川人

約一万二〇〇〇年前、「大洪水」が起こる直前に、セレベス島中部でエブス人（プロト・フェニキア人）とワジャック人との混血によって生まれた新モンゴロイド。

彼らは、「大洪水」が起こったとき、セレベス島海域から黒潮ルートに沿って北上し、沖縄から九州（大隅半島）にかけて新石器文化を携えて上陸、西日本を本拠とする縄文人となった。その後、約一万一〇〇〇年前以後であるが、彼らは、始良（しら）郡（のちの始良（あいら）郡）から、宮崎県日向地方や熊本県阿蘇地方などへ拡散していった。

④　**アエタ族（ネグリト人）**

約一万二〇〇〇年前の「大洪水」の際、港川人と共にインドネシアから沖縄を経て九州へ渡来し、縄文人となった古モンゴロイドのピグミー族。一万一〇〇〇年前以後、長い時間をかけて、薩摩、日向、熊本、壱岐、対馬、山口、出雲、高知、青森、北海道などに拡散していった。

彼らは、約八〇〇〇年前以後に渡来したツングース（アイヌ人）の叙事詩『ユーカラ』の中で、コロボックル（フキの下の人）と呼ばれていた低身長族である。約七万年前、原マレー人の系統から誕生した種族であるためか、現存する部族のリーダーの中には、長い歴史によって培われたシャーマンの家系が存続していると思われる。

⑤　**ツングース（アイヌ人）**

約八〇〇〇年前、バイカル湖周辺でオロッコ人とアーリア人との混血によって生まれた新モンゴロイド。のちに、奈良朝廷（七〜八世紀の新羅政権）から蝦夷（えぞ）（エミシ）と呼ばれるようになった人々である。

縄文人の人口

◎**早期**（約八〇〇〇年前頃）

この頃まで、日本列島に渡来していた縄文人の全人口は、わずか五〇〇〇人に満たない人数であった。その内訳は、港川人二〇〇〇人、アエタ族八〇〇人、オロッコ人六〇〇人、アイヌ人八〇〇人、オロッコ人とダーリ人との混血六〇〇人である。

◎**中期**（約五〇〇〇年前頃）

縄文前期から中期末にかけての約三〇〇〇年間の温暖期に、縄文農耕文化の発展によって人口も大幅に増加し、総人口は六万人ほどまでに増殖した。内訳は、オロッコ人二万人、港川人二万人、アエタ族一万人、アイヌ人一万人である。

縄文時代における階級分化の芽生え

縄文時代、長野県尖石（とがりいし）遺跡周辺で生活していたオロッコ人は、八ヶ岳から産出する黒曜石を加工し、関東、東海、能登半島、越前、越中、越後から近畿地方などにかけて頻繁に交易していた。さらに、アワ、ヒエ、キビなどの雑穀栽培にも本格的に踏み出していた。

そのため、他と比べて非常に裕福になったオロッコ人の集団内で、縄文後期（約四〇〇〇～三八〇〇年前）から階級の分化が起こっている。すなわち、同じオロッコ人の集団内部の人々や、先住民である旧人と混血した古モンゴロイドの人々を農耕奴隷として使役するようになったのである。もちろん、それはまだ一地域内の部分的な事態であったため、明確に階級社会による国家が成立するまでには至らなかった。

やがて約三八〇〇年前、この集団は環境の寒冷化に促されて移動を始め、農耕に適した地を求めて千曲川や信濃川流域へと移住していった。そのため、この尖石遺跡の営みは間もなくなくなったが、このとき、一部のオロッコ人グループは海路を辿って出雲を経て周芳湖（山口県旧熊毛郡の諏訪湖）地方へと移動していった。そして、先住していた同族のコロニー（周芳湖西岸の用田遺跡周辺）に参入している。

製鉄文化の伝来

約三五〇〇年前、フェニキア人、エブス人、ヒッタイト人らがタルシシ船で北九州へ渡来し、国東半島重藤の砂丘に莫大な砂鉄の堆積層を発見した。この発見によって、その海岸一帯に野タタラによる製鉄と鍛鉄製品をつくるための世界一の大基地が建設されたのである。

彼らは、重藤で造られた鉄製の武器や農機具（当時これらは貴重な金属商品であった）を中国河南省の殷文化圏（殷墟遺跡などに代表される古代王朝）に運ぶことで、殷で交易するエブス人商人らが、先住民との交易の際に支払う貨幣（代価）として活用したのである。

水田稲作農業文化の伝来

製鉄文化の伝来がバンチェン文明圏に伝わると、シュメール人と苗族のグループがオケオ港や海南島からフェニキア人の船で出発し、金属文化を伴う水田稲作文化を携えて、大挙して移住を開始した。このとき、彼らは有明海から鳥栖へ上陸している。この製鉄と稲作の混合こそが、北九州における弥生式農業文化のはじまりであった。水田稲作に利用された鉄製の農機具は、重藤の製鉄基地から供給されたものである。

これまでの通説では、弥生文化は「前三世紀（約二三〇〇年前）ごろ、朝鮮から日本へ入って来たものであり、大陸系（中国系）文化を基にして発達したもの」と主張されていたが、実際にはその逆であって、もともとは前一五〇〇年（約三五〇〇年前）、北九州に伝えられた水田稲作農業を生活の基礎とするバンチェン文明が、五〇〇年〜一〇〇〇年ほどの時間をかけて日本列島全体へ普及したのが始まりである。これが、金属文化をともなう倭人文化として、当時倭人の国であった朝鮮南部へと伝えられ、朝鮮半島全体へと拡散していったのである。

階級分化の起こり

こうして、長い縄文時代を経て弥生文化が始まり、新時代の到来によって人口も急激に増加していった。

そうしたなか、今から約三一〇〇年前、エブス人、ヒッタイト人および殷人らが、中国から九州へUターンして、宇佐八幡宮を都とする豊ノ国（東表国）を建国した。これが、わが国における王朝の始まりである。そして、その文化圏は、王国の拡大とともに急速に日本列島全体へ普及していった。

同時にこのとき、殷人たちは薩摩（阿多半島・加古島）にも上陸して、そこから薩摩隼人（隼人族。新モンゴロイド）が生まれている。この薩摩隼人は、苗族の男とシュメール人の女との間に生まれたものである。ただし、この薩摩隼人（隼人族）はのちの肝属（きもつき）氏らに代表される大隈隼人、伊集院氏・島津氏らに代表される白丁隼人とは別の人種である。

縄文時代から弥生時代にかけて、幾時代にもわたる新しい民族の渡来ごとに、新渡来人は、先住民である港川人、オロッコ人、ツングース人（アイヌ人）、アエタ族らの縄文人を戦闘で打ち負かし、捕虜にした。だが、この捕虜たちは、従来言われていたようにむやみに殺されたりはせず、あくまで捕虜として新文化の建設に利用されていった。いわば奴隷とされたのである。

具体的には以下のようになる。

① 稲作農業やタタラ製鉄などに使役した（七八％）
② 食用とした（一〇％）
③ セックス奴隷とした（一〇％）
④ 貢物（みつぎもの）とした（一％）
⑤ 生贄（いけにえ）や凶事の身代わりとした（一％）

やがて、弥生時代の発展につれて、先住民との間の上下関係だけでなく、渡来人の内部にも階級分化が進行し、奴婢（ぬひ）といわれる被支配階級が生じた。権力者が現れ、一定の地域を支配するようになると、その権力者はやがて『魏志』のいう「倭の百余国」の王となり、それに奉仕する者たちもさまざまな階級に分かれていった。

王の側近上層部は大人（おとな、またはたいじん）と呼ばれ、その下に下戸（げこ）（下人（げにん））と呼ばれる者たちがいた。大人は婦人四～五人を所有し、下戸は一人～二人の婦人を所有していたという。

また、権力者の葬送の際、奴婢は死後の世界でも権力者に奉仕するために殉死を強制された。これが『魏志』倭人伝などにいう卑弥呼の貢物「生口（せいこう）」である。

第三章　縄文人と弥生人

常陸・下総などの縄文人と弥生人

常陸国風土記によると、縄文時代前期（約七〇〇〇年前）頃から筑波山麓や下総などにはオロッコ人（オロチョン人）系縄文人が散居していたらしい。

ここへ弥生時代前期（約三〇〇〇年前）に、西伯耆の簸川や日野川（火ノ川）辺りから「タタラ製鉄」文化を持つヒッタイト人らがやって来た。彼らは、利根川の支流である日川の川底に沈殿し、黒い帯状となっていた砂鉄を採集してタタラ製鉄を行い、鍛鉄によって初代の神器となった宝剣を製作した。そしてそれを、現在の鹿島神宮奥宮後方に現存する石磐（要石）に安置した。後代の神宮に祭られた二メートル七〇センチの鉄剣「師霊剣」はこれの二代目であり、現在も神宝として大切に保存されている。ちなみに、初代の宝剣は、恐らく「不開殿」に安置したのではないか、と考えられる。

こうして、ヒッタイト人らが金属文化をもたらすと同時に、彼らとともに移住してきた農耕民の苗族たちは、常陸、下総をはじめ、関東、東北地方の先住民であった縄文人を征服、教化し、弥生文化を根づかせつつ拡散していったのである。

「天の大神」と不開殿の由来

鹿島神宮は、従来の神社側の「社歴」によれば、神八井耳命（神武と卑弥呼の長子）の後裔・多氏が建てたものと伝えられ、武甕槌命（三世紀の百済王神武）を祭神としている。武甕槌命は一般に安産の神としても知られている。現在の鳥居は〝鹿島鳥居〟といわれる特殊な形を有し、社宝には国宝の「師霊剣」一口のほか、甲冑、刀剣が多く保存されている。このうち、（弥生時代の）師霊剣と（神功皇后ゆかりの品と誤伝されているが、実はエブス人王族・中臣氏の遺品である）常陸帯は奥殿に祀られ、秘宝として一般には公開されていない。さらに、神社側の社歴によれば、鹿島神宮と同時期に建てられた香取神宮は、農耕神を祭ったのが起源であるとされ、祭神は斎主神となっている。

だが、これらは八世紀の『記紀』創作に合わせて、奈良朝廷に提出させられた各神社側の「創作の社歴」であった。我々の検証によれば、実際の起源は次の通りである。

紀元前五〇年頃、ユダヤ人ガド族三〇〇名が対馬より渡来し、大鳥居近くの猿田（猿田彦命を祀る社）付近にコロニーをつくった。続いて紀元前三〇年頃、薩摩半島を出発したユダヤ人ゼブルン族四〇〇名も鹿島灘周辺に上陸し、この地に勢力範囲を築いていった。

この情報を得た同じゼブルン族のイエス・キリスト一行が、東日流十三湊へ渡来したのは紀元三十四年ごろのことである。津軽→鹿島→熊野→伊勢と続くユダヤ人コロニーへ布教活動を続けた結果、イエスの死後には常総地域に鹿島、香取、息栖の三社が建てられた。これらが、のちに鹿島トライアングル（ゼブルン族の三角地帯）と呼ばれる古神道および古武道の聖地となったのである。

こうしたところから、「天の大神」といわれる鹿島神宮の祭神武甕槌命は、実際にはゼブルン族のイエス・キリストであり、また香取神宮の祭神斎主神は、イエス・キリストが青森に上陸して妻にした、同じゼブルン族出身のミユ子を祭ったものであるとわかる。

鹿島および香取に神宮が建てられたとき、はじめに祭られた神はイエス・キリストとミユ子の夫婦神であった。イエスの死後、ミユ子は香取の住居付近にイエスの神籬（依代）を設けて斎き祭っていたが、彼女の死後、そこに社殿がつくられ、神籬の跡に不開殿という摂社が建てられた。不開殿とは現在の鹿島神宮正殿のことである。爾来、毎年三月、鹿島の祭神もここに御神幸されていたという。

「鹿島立ち」とは何か

昔から言われてきた慣用句で、外国留学や武者修行などの旅に出ることを「鹿島立ち」という。伝説によると、春日大社へむかう武甕槌命が、柿の木の鞭(むち)を手に持って白鹿に乗り、鹿島を出発したことが由来であるともされるが、その意味を「広辞苑」や「百科事典」で調べてもよくわからない。

実は、これには次のような歴史的な由来がある。

紀元二三〇年頃、旧委奴(いど)国系、秦王国の王族が関東へ下向し、鹿島トライアングルの宮司職（分国主）を務めはじめるようになった。中臣(なかおみ)氏（エブス人）、土師(はじ)氏（シメオン族）、物部(もののべ)氏（レビ族）、蘇我(そが)氏（ヒッタイト人）の斎主(いわいぬし)一族である。

この頃より、神を奉斎する宮司である斎主神(いわいぬしのかみ)（伊波比主命(いはひぬしのみこと)）が死去すると、その宮司も神として祭られるようになった。鹿島神宮（秦王国の分国扶桑国の国造(くにのみやつこ)庁舎）の宮司は次のように変遷している。

① 秦氏（シメオン族）の宮司が紀元二三〇年～三五〇年の一二〇年間
② 中臣氏（エブス人）の宮司が三五〇年～四五〇年の一〇〇年間
③ 物部氏（レビ族）の宮司が四五〇年～四八〇年の三〇年間
④ 中臣氏（エブス人）の宮司が四八〇年以降

このように、祭政一致の時代を過ごしていたのだが、白村江(はくすきのえ)の戦いの後、六八一年九月、橿(かし)原宮(はらのみや)占領軍が浄御原令(きよみがはらりょう)を施行したことで、国造支配の基となっていた「クニ」が全面的に廃止され、新たに国司(くにのつかさ)・郡司(こおりのつかさ)制度が成立した。

そのため、鹿島神宮宮司兼関東国造を務めていた中臣氏に、伊勢神宮の宮司職へ転任する勅命が下ったのである。それは、「壬申の乱」以後、関東へ逃亡した秦氏や蘇我氏の勢力と秦王国の分国である扶桑国造の勢力とが結合して、再叛乱を起こすことを警戒した新羅占領軍の命令によるものであった。

勅命を受けた中臣氏は、一家一門を挙げて慌しく転任していったが、それはまさに足許から鳥（鴨）の群れが飛び立つほどの騒ぎであった。以来、突然の旅立ちを「鹿島立ち」と評するようになったのである。

ちなみにこの時、奈良の中臣本家は春日神社を建立して旧東表国の総社とし、藤原不比等は旧山階(やましな)寺を飛鳥村に遷(うつ)して興福寺を建立し、藤原氏一門の氏寺とした。

藤原氏を合祀する春日大社の祭神は次のとおりである。

第一殿…鹿島神（武甕槌命(たけみかづちのみこと)／イエス・キリスト――ゼブルン族）
第二殿…香取神（経津主命(ふつぬしのみこと)／キリストの三番弟子――ゼブルン族）
第三殿…枚岡(ひらおか)神（天児屋根命(あめのこやねのみこと)／ゼブルン族）
第四殿…枚岡神（比売神(ひめのかみ)／キリストの妻ミユ子――ゼブルン族）

ちなみに、現在の春日大社は江戸時代に整備されたもので、「春日造」という特殊な神社建築になっており、これらの神々を祭る四つの社殿が並立している。

最初、鹿島から奈良に移った藤原不比等は、秦人系の大国主命（シメオン族）が奉じてきたバアル神を、奈良の三笠山の麓に祀った。後にそれを奈良市春日野町に遷し、中臣姓から藤原姓に改めて天皇家の祖となった藤原不比等が、藤原氏の氏神として祭るようになった。それゆえに、平安時代になると春日大社は伊勢神宮・賀茂神社とともに「勅願所」として重んじられるようになったのである。

第四章 『シルクロードの倭人』にみる「ことば」の変遷

本書の「はじめに」でも述べたように、言語学者の川崎真治、歴史家の鹿島昇両氏は、『秀真伝(ほつまつたえ)』を最初に翻訳して世に出した日本神学の大家・吾郷清彦氏の解説・協力を得て、一九七九年（昭和五十四年）に『シルクロードの倭人〝秀真伝(ほつまつたえ)〟』（新国民社）という解説書を出版した。

当時、すでに筆者が吾郷・鹿島両氏と交流していた経緯は、二〇〇三年（平成十五年）出版の『日本史のタブーに挑んだ男』（たま出版）に書いたが、本書では、その『秀真伝』にみるシャーマン（宗教的リーダー）たちの「ことば」の変遷を取り上げてみたい。都合上、川崎氏の言語学者らしい難解な部分はなるべく省かせてもらったが、この項で述べることは、その川崎氏の偉業を紹介しながら、筆者自身の研究で新たに判明したことを補筆したものである。これによって、今まで謎とされてきた数々の古代文化史の流れ・変遷過程が随分明らかになったと思う。

オシカ、忍鹿（おしか）、御使（おしか）

奈良の春日大社は、奈良公園と併せて鹿で有名だが、春日大社の鹿は、神の使者、御使とされている。

春日神の一人である武甕槌命（たけみかづちのみこと）が白鹿に乗ってやってきたという神話があるが、なぜ鹿が春日神の神使になったかという肝心なところは説明されない。なぜなら、それは日本の「秘史」だったからである。

「神武東征」中の三世紀、大物主櫛甕玉命（おおものぬしみかたまのみこと）（＝公孫康）の史官が著した『秀真伝』に、鹿は、サオシカ（小忍鹿）、オシカ（忍鹿）、あるいはタマツノオシカといった表現で、しばしば人格化された「神官（オシカ）」として登場する。

その第一章には、以下のような絵解きがある。

ワカノクニ　タマツノオシカ　和歌の国　玉津（宮）の神官（神使）
アチヒコヲ　ミレバコガルル　阿知彦を　見れば恋がるる
ワカヒメノ　ワカノウタヨミ　和歌姫の　和歌の歌よみ

オシカは神官の意味である。タマツとはタマツミヤのことであるが、これはどの宮を指しているのであろうか。『秀真伝』の記述を見ると「ワカのクニ」とある。

　さらに、上述の歌の直前の部分には、

アヒノマエミヤ　タマツミヤ　阿日の前宮　玉津宮
ツクレバヤスム　造れば休む
アヒミヤヲ　クニカケトナス　阿日の宮を　国懸と為す

とあるので、タマツが紀州和歌山の大社・日前宮（にちぜんぐう）であることは疑いない。

日前宮は、日前（ひのくま）神宮、国懸（くにかかす）神宮の二つの官幣大社がひとつの境内に並んでいるという、日本で唯一の不思議な神社である。祭神名は、日前（ひのくま）大神、国懸（くにかかす）大神とあるだけで、実体はよくわからない。「日前」の御神体は青銅の大鏡、「国懸」の御神体は青銅の矛であり、二柱の祭神は双生児のような関係にあるといわれている。

　一般には、日前を「ひのくま」または「ひくま」と読むが、『秀真伝』では、「アヒノマエ」と記されている。また国懸は「くにかかす」だが、「クニカケ」と表記されるなど、『秀真伝』の記述は現在の音とは趣を異にしている。

　さて、タマツ宮は日前神社を指すのであるが、実はそのタマツ宮の神官も「オシカ」と表される。ここから、鹿を神使とするという観念は奈良の春日神社にのみあるわけではなく、弥生時代の日本人に広くゆきわたっていた普遍的な観念だったということがわかる。当時の日本の社会に「オシカ」が神の使者だというコンセンサスがあったからこそ、『秀真伝』の作者が「神官」を「オシカ」と表現できたのである。

『古事記』ではオシカを「忍鹿（オシカ）」と書いている。中国語では麤（ソ）と書く。麤は、略体では麁（ソ）である。すなわち、日本語のオシカ、中国語の麤・麁（ソ）は、いずれも大角鹿のことであった。日本語の「シカ」は、「オシカ」から語頭の「オ」がはぶかれて「シカ」という音になったのである。さらに、鹿児島とか鹿島の「鹿」を「カ」とよむのは、「シカ」からさらに「シ」を省いた音である。中国語の「鹿」は「ロク」と読み、「カ」の音はない。

では、なぜ大角鹿（オシカ）が神の使者なのか、宗教の面から見てみるとどうであろうか。次ページに掲げた「銅板浮彫図」は、シュメールの神話にいうニンフルサグ（女神）の化身＝獅子頭大鷲神イム・ドゥグドゥと、その神の使者である二頭の大角鹿である。古代日本語のオシカの語源、そのオシカが神の使者であるという原始宗教観を知るためには、どうしてもこの五〇〇〇年前の神鳥と神鹿の物語から始めねばならない。

古代メソポタミアの「獅子頭大鷲神」

「大洪水」以後のバンチェン文明を引き継いだ世界文明の発祥地、とりわけ青銅器文明と都市文明の発祥地は、紀元前三〇〇〇年頃のメソポタミア南部であった。メソポタミアとは、「二

獅子頭大鷲神と大角鹿。アル・ウバイドの神殿から出土（青銅製）
（『シルクロードの倭人』より）

大河の間の地域」というギリシア語だが、その二つの河とは、イド・ブラヌン（ギリシア語ではユーフラテス河）と、イド・イグナ（ギリシア語ではティグリス河）である。

紀元前三〇〇〇年紀、両河地帯の南部にはウルク市、ウンマ市、ラガシュ市などが大いに栄え、それらのすぐれた文化、文明が世界中へ拡がっていった。なかでも強い影響をうけたのは、メソポタミア北部の人たち、アッカド人、バビロニア人、アッシリア人などで、彼らは、宗教の面でも、ウル、シュメールの感化をうけた。ただし、神の名は、ウル、シュメールの借用と、そうでない、彼らの言語、すなわちセム語に置きかえた二系統の神の名があった。例えば、

天神アン	アヌ（借用）
月神ナンナ	シン
日神ウド	シャマシュ
女神イシュ	イシュタル（借用）
風神イム・ドゥグド	イル・ズー（借用）

（上段がウル・シュメール語系・下段がセム語）

このように、天神アヌ、女神イシュタル、風神ズーは、ウル・シュメール語系だが、月神（ゲッシン）、日神（ニッシン）は、セム語に置きかえた〝神名〟だった。

次に、ここで問題にしなければならないのは、風神（フージン）である。というのは、この風神が、日本の飛鳥（アスカ）と忍鹿（オシカ）の起源だったからである。まず、どのようにして言葉が作られたか、その構成からみてみよう。

主	ニン	nin
鳥	フ	hu
獅子	ウル・マフ	ur--mah（ウル・動物／マフ・犬）
頭	サグ	sag
ニン・フル・サグ女神		Nin--hu--ur〔mah〕--sag
風	イム	im
旋風	ドゥグドゥ	dugudu
風神	イム・ドゥグドゥフ	Im--dugud-hu

以上がウル語、シュメール語による獅子頭大鷲、つまりニン・フル・サグ女神と、その別名の風神イム・ドゥグドゥフの解である。図にあった獅子頭の大鷲が、なぜ、ニン・フル・サグ女神の化身であり、別称がイム・ドゥグドゥフと呼ばれていたのか、これでお分かりになった

と思う。

では、セム語では、どう呼び変えたか、次に見てみよう。

風神　イル・ズー　ilzu（イル〔神〕・ズー）
旋風　アスク　assukku
大鷲　アスク・フ　assukku--hu
大角鹿　ウスク　usukku

一見、ウル、シュメール語と全く違う言葉のように見えるかも知れないが、実はそうではなかった。

風神イル・ズーのウル語のドゥグドゥが、ドゥフゥ→ズーと訛ったもの。次の旋風のアスクと、大角鹿のウスクは、共にウル、シュメール語のニン・フル・サグから作られた言葉だった。すなわち、女神ニン・フル・サグの原構成の主・鳥・獅子・頭の後半の「獅子・頭」、ウル・マフ・サグから、アサグ→アスクur--mah--sag>ah--sag>assukkuと省略・転訛したのが旋風の「アスク」、そして大鷲の場合には、「旋風・鳥」として、「アスク・フ」になり、これがペルシアへ伝播されると「アスカ」になった。例えば、アスカバード市（古代都市名／今のエスファハーン市か）は、「大鷲の市」という意味である。

勿論、この「アスカ」はシルクロードを通って中国大陸北部から朝鮮半島へ入り、さらに南下して〝倭国〟または〝俀国〟と言われた頃の日本へ入り、奈良のアスカ、明日香、飛鳥という地名になった。「飛鳥」と書いて、なぜ、「アスカ」と訓むのか。それは「アスカ」が、もともと大鷲だったからである。

一方、その大鷲アスカの使者である大角鹿は、紀元前三〇〇〇年紀頃から前二〇〇〇年紀頃にかけてのセム語、バビロニア語では「ウスク」と言った。「ウスク」という言葉は、旋風アスクの母音屈折によって作られた言葉である。

Assukku	アスク	旋風	（セム語）
Assukkuhu	アスク・フ	大鷲	（セム語）
Usukku	ウスク	大角鹿	（セム語）

ところで、獅子頭大鷲神はどういう神格の神だったのか。実は戦争の神、それも古代の戦争において、最も重要だった投石弾の神、礫(つぶて)の神だった。したがって、「アスク」というセム語には、「旋風」という言葉の他に、「投げる石弾」という意味がある。一方、シュメール語では、ア・サグ a-sag というのが「投げる石弾」である。

古代日本においても、この種の石弾があり、秋田、山形などの各地から現物が発見されている。弓矢で戦う以前は、石弾の投げ合いだったのだ。しかも、南米ペルーでは、今日でも、石弾の投げ合いが、毎年、祭りの行事としておこなわれている。

もう一つ、日本各地の大鳥神社、鷲(おおとり)神社は、獅子頭大鷲神(ニン・フル・サグ)のアスカを祭る神社である。毎年十一月に行われる〝お酉(とり)さま〟は、いうなれば「アスカ祭り」であり、ニン・フル・サグ祭りである。

このように、旋風神、戦争神の神格をそなえた獅子頭大鷲のアスカは、たしかに日本の各地に祭られている。したがって、その鷲神の使者である大角鹿のウスクも、日本へ渡来していたはずである。

音韻学的には、「ウスク」は、「オシカ」になる。「アスク」が「アスク」に転じたように、

usukku　ウスク　大角鹿、神使（セム語）
osikka　オシカ　大角鹿、神使（セム語）

という変化である。

次に、ウスクが日本へ〝飛んで〟来たのではない証拠を挙げなければならない。方法論としては、中央アジア、朝鮮で、「鹿」をどう呼んでいるか。もし日本と同じように「ウスク」からだと証明できたら、「オシカ」の祖語の「ウスク」が中央アジアまわりで日本へ伝来したといえよう。

紀元前三〇〇〇年紀のウル、シュメール語では、鹿、狼、獅子などが「動物（ウル）」（原義は犬）を土台にして造語されていた。

ウル・ウル・イ　鹿
ウル・ビ・ク　山犬
ウル・バルラ　狼
ウル・マフ　獅子

セム人は、この文法を真似て、大角鹿をウル・ウスクとし、ついでこれが四方へ伝播した。

ur--usukku　ウル・ウスク　（セム語）
r--uhukku>rok　鹿（ロク）　（中国語）
--usuhhu>so　麁（ソ）　（中国語）
y--uhukku>yuk　鹿（ユク）　（アイヌ語）
s--usukku>s--asum　鹿（サスム）　（朝鮮語）
--asukku--n--es　アシュクネズ＝大角鹿をトーテムとする部族名　（セム語方言）
--sukki--t--ic　スキティス＝スキタイ人　（ギリシア語）

中央アジアの騎馬民族スキタイ人の「スキタイ」はギリシア語だが、意味は、「大角鹿を部族の守護霊（トーテム）とする人々」のことである。

また、古代モンゴル人、突厥人（トルコ人）などの中央アジア系騎馬民族は、「鹿」という言葉に、ウル語とセム語の双方を借用していた。

ur--ur--i	ウル・ウル・イ	鹿	（ウル語）
s--ut--u--i	シッキ＝室韋	鹿	（蒙古語）
m--ar--ar--,	マラル	鹿	（蒙古語）
ur--usukku	ウル・ウスク	麁（ソ）	（セム語）
k--ar--asa	カラサ	鹿	（トルコ語）
g--ey--iku	ゲィーク	鹿	（トルコ語）

母音「ウ」で始まる言葉を借用するとき、民族のことば癖によって、冠子音s、m、k、gのちがいがある。また、「ウ」が「ア」や「イ」や「エ」に転じるのも、民族のことば癖によるものだ。ちなみに、ゲルマンの場合をいうと、たとえば英語では、

ur--usukku	ウル・ウスク	鹿	（セム語）
s--ut--u・kk<stag	スタグ	雄鹿	（英語）

h--ur--ut· >hart　ハルト　雄鹿　（英語）
hind　ヒンド　雌鹿　（英語）
ur--ur--i　ウル・ウル・イ　鹿　（ウル語）
· t--ur· >deer　ディァル鹿（英語）
doe　ドエ　雌鹿　（英語）
roe　ロエ　雌鹿　（英語）

このように、英語の場合にも冠子音ｓと、冠子音ｈ（硬気音）があり、また逆に、母音ｕを脱落させるという、計三種のウル語よりの借用・転訛法があった。

以上、「鹿」のウル語「ウル・ウル・イ」と、「大角鹿」のセム語「ウル・ウスク」の世界への伝播状況をみてきたが、西はイギリスから東は中国、朝鮮、ツングース（アイヌ）に至るまで、古代メソポタミア語の「鹿」「大角鹿」が伝播していた。したがって、この伝播から見るかぎり、日本語の「オシカ」「シカ」「カ」が、例外ということはありえない。やはり、日本語の「オシカ」はセム語の大角鹿、「ウル・ウスク」伝播・転用語だったと学問の上から断言できるのである。

そして、メソポタミアから日本への伝播コースは「サスム」という朝鮮語の鹿からいって、中央アジア↓シルクロード↓中国北部↓朝鮮半島↓日本列島なのである。

もう一つ、証拠がある。

現在の蒙古語では「守護神」「お守り」を、「サクスヨ」というが、これは獅子頭大鷲神・大角鹿（アスク・ウル・ウスク）から作られていた。ということは、日本語オシカ（忍鹿、大角鹿、神使）の語源としてのセム語「ウスク」が、中央アジアを通り、蒙古を通り、遼西・遼東を通り、朝鮮半島を通った証拠となろう。

なお、念のために、インド、マレー、インドネシア、ヴェトナム、フィリピンでの「鹿」と比べて、日本語の「オシカ」が南海回りでなかったことを証明しておこう。

まず、インドの梵語には、ウル語のウル・ウル・イ系と、セム語ウル・ウスク系の二系統の鹿があった。前者は、ムリガム、ハリナム、クリスナサーラムといい、後者は、リーヒツ、リーヒタムという。比較のポイントをいうと、日本の「オシカ」のような語尾「カ」（＝鹿）は、インド語にはないということである。

次にマレー、インドネシア語とフィリピン・タガログ語系の「鹿」がどう呼ばれていたかを調べると、

ur--ur--I　ウル・ウル・イ　鹿（ウル語）――語源
・r--us--a　ル　サ　鹿（マレー・インドネシア語）--借用、転訛
--us--a　ウ　サ　鹿（フィリピン・タガログ語）--借用、転訛

であり、いずれも語尾に「カ」の音がない。また、インドシナ半島のヴェトナム語の鹿も、ウル語の「ウル・ウル・イ」系で、定冠詞の「コン」をつけて、「コン・フロゥ」とか、「コン・ホァング」といっている。ということは、日本の「オシカ」とは、系統がちがうということである。

このように、インドから始めて、マレー→インドネシア→インドシナ→フィリピンの鹿を見て回ったが、日本語の「オシカ」は、南の海まわりの鹿とは比較できなかった。したがって、日本語「オシカ」は中央アジア→蒙古→朝鮮を回って渡来した、紀元前二〇〇〇年紀のセム語のウル・ウスク系だといえるのである。

さて、以上の説明で、『秀真伝』第一章にあった、タマツのオシカ・アチヒコの「神官」の意味としての「オシカ」が、実は獅子頭大鷲神のニン・フル・サグに仕える大角鹿の「ウスク」だった、とお分かりいただけたものと思う。

となると、ニン・フル・サグ女神そのものを、日本では何といっていたのか。「鳥」としては、すでに述べたように「飛鳥（アスカ）」と呼んでいたし、「神名」としては、大鳥神社、鷲（おおとり）神社などで「天日鷲命（あめのひわしのみこと）」を祭っている。つまり、天日鷲命がニン・フル・サグの日本式言い換えだったと考えてよい。

だが、そのほかに、『記紀』などにある《神代七代》のうち、六代目のオモダル神が、実は、ニン・フル・サグだった。また、オモダル神と配偶関係にある、妹アヤカシコ姫が、実は、大角鹿のウスク・オシカだった。

　では、なぜ、オモダルが獅子頭大鷲のニン・フル・サグなのか。また、妹アヤカシコネが、なぜ、大角鹿のウル・ウスクなのか、それを次に述べよう。

オモダル・獅子頭大鷲神

『秀真伝』第二章、アメ・ナナヨのアヤ（天七代の章）では、

　ムヨノツギ　オモダルノカミ　六世の継ぎ　於母陀流の神
　カシコネト　ヤモヲメグリテ　訶志古泥と　八方を巡りて

と記している。

『古事記』では、オモダルを「於母陀流」、アヤ・カシコ・ネを「妹・阿夜訶志古泥」と漢字表現し、他方『日本書紀』はオモダルを「面足」、アヤ・カシコ・ネを「吾屋惶根」、略して「惶根」、あるいはイムカシキノミコトとして「忌橿城尊」のようにも書いている。

　さて、前項でも述べたように、ニン・フル・サグは、獅子頭大鷲神であり、別名を「風」「旋風」（礫の嵐）のイム・ドゥグドゥともいっていた。

　風の日本語は、誰でもが知っているように「カゼ」である。が、紀元前三〇〇〇年紀のウル、

シュメール語の風「イム」も、日本列島に吹いていた。

イム　im　風（ウル語）
アマゥ　>オマゥ　amau　>omau　風（アイヌ語）
オモ　omo　風（日本古語）

このように、古代メソポタミアの「風」＝「イム」は、アイヌ語では「オマゥ」、日本語では「オモ」と転訛した。さらに東條操編『分類方言辞典』（東京堂出版）七頁、かぜ（風）の項に、〔補〕いぶ、とある。この「いぶ」（指宿（いぶすき）／イブ・風の吹く邑（むら）の地名）が古代日本語だったことは明らかだから、この「いぶ」は、シュメール語の「風」＝「イム」が、m↓bの転訛音で「イブ」になった日本語だと考えられる。つまり、オモダルの「オモ」は、「イム」の語頭母音のi（イ）がa（ア）↓o（オ）と変化したものだが、方言「いぶ」のほうは、母音iはそのままだが、語尾子音のm（ム）がb（ブ）に変わったものなのだ。

けむい、けぶい。さむい、さぶい。日本語内にあっても、このように「む」mと「ぶ」bは交換する。「む・m」と「ぶ・b」の交換は、世界人口の大半が持っていることば癖の一つで、なにも日本人だけが持っているというものではない。人類共通のことば癖なのである。したがって、日本語の「風」の方言「いぶ」は、アイヌ語の「風」の「オマゥ」や、日本古語の「於母（おも）」と同じく、その語源は、はるかなる古代のメソポタミアの「風」＝「イム」にあったと、音韻学、比較言語学の上からいえるのである。

さて、獅子頭大鷲のニン・フル・サグは、別名を旋風神、イム・ドゥクドゥといった。その「風」の「イム」が日本列島の古代に渡来していたのだから、いや、それのみか、セム語系の獅子頭大鷲の「アスク」も、「アスカ」として渡来しているのだから、イム・ドゥグドゥも渡来していなかったはずがない。

Im----dugud　イム・ドゥグドゥ　（ウル語）
ama--dahad　アマ・ダハドゥ　（渡り音）
omo---daal　オモダル　於母陀流（おもだる）

音韻変化の一つひとつを専門的に説明しだすと長くなるので割愛するが、以上の変化は、最近の歴史言語学の成果と照合して、誤りはない。

以上のことから、《神代七代》の六番目の神オモダルが、古代メソポタミアの獅子頭大鷲のニン・フル・サグ、別名旋風神イム・ドゥグドゥの日本名だったと知れた。つまり、天日鷲命（あめのひわしのみこと）という神名と、於母陀流・面足という『記紀』の神名は同じだったのだ。

また、この「鷲神」が蒙古の守護神や「お守り」にもなっていたことは、すでに述べてあるので、メソポタミア→中央アジア→シルクロード経由で日本列島へ渡来したことは、もはや、疑う余地がない。
それを証明する「例」を、二、三挙げておこう。
（一）二〜三世紀の馬韓王の〝王号〟のなかに、セム語の「イル・ズー」という旋風神、すなわちニン・フル・サグ神のセム語名である「イル・ズー」が、濆臣離児（フシリジ）（鳥・S神・ジー）という馬韓訛りで入っている（陳寿著『魏書』東夷伝「韓」条参照）。
（二）一〇世紀、華北に「遼」を建国した契丹人（満州人）の「神話集」には、賁中盞児（ふしりじ）ノ神（イル・ズー神）のことが載っている。
（三）中央アジア諸国の「戦神」という言葉に、「ウル・スラグ」があった。スペルはur—stagであるが、この言葉はウル・シュメール語の「武将」＝「ウル・サグ」ur--sagのr音介入による派生語か、あるいはニン・フル・サグ神からの派生語のいずれかであろう。

アヤ・カシコ・ネ＝大角鹿

さて、ニン・フル・サグ神の神使である大角鹿が、『記紀』その他でオモダル神の〝配偶者〟とされているアヤ・カシコ・ネだと証明された時にこそ、初めてオモダル神がニン・フル・サグ、イム・ドゥグドゥ、イル・ズーの〝日本名〟だったという、必要にしてかつ十分な証明ができたことになる。

そこで、大角鹿の〝日本名〟は何だったかというと、前述したように、それは「オシカ」である。だが、「オシカ」では、どう見ても、アヤ・カシコ・ネにはなりにくい。そこで、「オシカ」の祖語形から検討してみると、以下のようになる。

ur ---usukku---nes　　ウル・ウスク・ネス　　動物・大角鹿・複数（セム語）
ara--h--asukku--nes　　アラ・ハスク・ネス　　（渡り音）
aya--k--asikko---ne　　アヤ・カシコ・ネ　　動物・大角鹿・複数（日本語）

この音韻変化は、弥生時代の倭人＝バンチェン文明の水田稲作農耕民（苗族（ミャオ）／川崎真治氏はインド系としている）のことば癖による変化である。騎馬民族だとこういう変化にはならない。「ウスク」は「オシカ」と変化するだけである。また、語頭の「ウル（動物・本義は犬）」も、ウヌ→イヌと変化して本来の「犬」になる。で、ウル→アラ→アヤという変化は、インド系倭人だけのことば癖と解すべきである。

一方、朝鮮語、韓語の「鹿（サスム）」は、「アヤ・カシコ」の語源と同じセム語の「ウル・ウスク」から出発している。だが、その訛り方が倭人と違うために、ウシュ・アスグ→シャスム→サスムというように変化した。

不可解といえば不可解な言語現象なのだが、これも民族のことば癖なのだからやむをえない。

ウル・ウスク　　大角鹿（セム語）――語源

サ・スム　　　　鹿（韓語）――転訛
アヤ・カシコ　　大角鹿（日本語）――転訛

オモダル神の配偶者アヤ・カシコ・ネが、二頭の大角鹿であり、韓語の鹿「サスム」と兄弟語であるということが、これで証明できたわけである。

したがって、この証明を加えると、前述した獅子頭大鷲神（オモダル、アスカ）が馬韓から倭国・俀国（日本旧国）へ渡来したという推定の、「必要にしてかつ十分な証拠」が得られたことになる。

『秀真伝』の第一章にあった、「ワカのクニタマツのオシカアヒチコ」という一節は、むろん『古事記』『日本書紀』にはないものであるが、その『秀真伝』独自の伝承から、「オシカ」がタマツ宮（日前神社）の神官であり、同時に「オシカ」がなぜ「神官」という古代日本語になったのか、そのいわれがこれでおわかりになるかと思う。

「カスガの神」「ヒノクマの神」の真義

ところが、この件に関して、まだ触れていない部分がある。それは、『秀真伝』独自の宮号である「タマツミヤ」、「アヒノマエミヤ」「クニカケ」と、『記紀』その他、現地でいわれている「ヒノクマ」「クニカカス」との比較検討である。さらに、この項の冒頭で述べた、奈良の春日神社の「カスガ」ということばの真義である。「オシカ」が忍鹿（おしか）で大角鹿、その上、獅子頭大鷲神オモダルの〝神使〟であったのだから、春日、タマツ、日前、国懸という宮号は、当然、獅子頭大鷲の原名であるニン・フル・サグ、または別名の旋風神イム・ドゥグドゥ、あるいはセム語系のイル・ズーと深いかかわりがある。

細かい説明は抜きにして、それぞれの語源と宮号の関係を示すと、次の通りである。

鳥　獅子　頭	
hu——ur——mah–sag	フ・ウル・マフ・サグ
hi——inu——mahi	ヒ・イヌ・マヒ
hi——no——mahe	ヒ・ノ・マへ

この「ヒ・ノ・マへ」を「日前」にあてている。が、『秀真伝』では、倭人のホツマ文字を使って「ア・ヒ・ノ・マへ」としている（注・語頭のアは倭人語で〝天〟の意）。

したがって、「日前」を「ヒノクマ」と訓（よ）むのは誤りで、「ヒノマエ」とする『秀真伝』の伝承の方が正しい。では、なぜ、「ヒノマエ」を「ヒノクマ」と訓みかえるようになったのか。

思うに、「ヒ・ノ・マへ」の原義は「鳥・獅子（頭）」なのだが、誰かが獅子を避けて「熊」に置きかえたのではないか。いずれにしても、旧官幣大社の日前神社は、『秀真伝』のように、「ヒ・ノ・マへ（エ）」と訓（よ）むのが正しい。

また、大鳥神社、大鷲神社の〝お酉さま〟の市に、縁起ものとしての〝熊手〟が売り出されるが、その熊手の「熊」も、どうやら「ヒノクマ」の「クマ」にかかわりがあるように思われる。

獅子頭から熊頭へのすり替えは、おそらくトーテミズムによるもの、それも古代朝鮮の檀君神話にある「熊女」が原因だと思われる。

中央アジアの東端までは獅子だったが、遼東半島附近で熊に変化した。古代朝鮮半島の北部では、熊は、虎と並んで〝神〟だったからである。アイヌ人も熊を〝神〟と崇めているが、古代朝鮮の一部でも〝神〟と崇めていたのだ。

次に、「国懸」だが、これは「大角鹿」である。

動物――――大角鹿	動物・大角鹿	
ur――――usukku	ウル・ウスク	（セム語）
h--ur--i h--asukka	フリ・ハスカ	（渡り音）
k--un--i--k--asuga-	クニ・カスガ	国・春日
k--un--i--k--akke	クニ・カケ	国・懸
k--un--i--k--akk--esu	クニ・カケス	国・懸
――――k--asuga	――カスガ	春日

母音ｕの頭にｈがつき、そのｈがｋにかわる音韻転訛の法則性は、かなり高度な説明が必要なので、ここでは省略するが、現実の面では、右に示したような推移で、古代セム語の「動物・大角鹿」が、上古の日本において、「クニ・カケ」「クニ・カケス」、あるいは語頭の「クニ」をはぶいて、単に「カスガ」ともなった。つまり漢字で「国懸」と書こうが、その実体は、「ウル・ウスク」の大角鹿だったのだ。その意味において、国懸大社を日前大社の〝相対の宮〟とする『秀真伝』の伝承は、日本史の真髄をついている。さらにまた、奈良の春日神社の「鹿」が神聖視されるのも、当然である。

名は体をあらわすというが、神社の名も例外ではない。ただ、そのことが、これまで判明しなかっただけなのだ。

では、和歌の国の「タマツミヤ」の「タマツ」とは何か。論理的に考えれば、この「タマツ」もまた、獅子頭大鷲か、大角鹿でなければならないはずである。

そこで、歴史言語学によって、その推理の正しさを証明しよう。

神風――――旋風……鳥

d Im--dugud-hu　ディンギル　イム・ドゥグドゥ・フ（旋風神）〔ウル語〕

ama--damad-　アマ・ダマヅ（渡り音）

ama--tamat　アマ・タマツ　天・玉津

結局、「アマ・タマツ」から「アマ」を省いた「タマツ」が、『秀真伝』の「タマツノミヤ」の「タマツ」であった。そして於母陀流との差異は、g→m、g→ゼロ、d→t、d→Iの転訛が特徴的で、あとはごく普通の転訛である。

このように、古代の日本にあっては、たとえ祖語が同じことばでも、それを話す〝部族〟のことば癖の如何によって、片や「オモダル」、片や「(アマ)タマツ」と最終の語形が異なってくる。

古代日本語を解く場合、我々は以上のことをたえず念頭に置かなければならない。『古語辞典』を編纂し、幾多の古語の解明を試みた国語学者諸氏に、果たして、前述のような配慮があったのだろうか。『辞典』の解説を読むかぎり、そうは思えない。

そもそも、弥生時代以降の日本語の「基礎語彙」は日本列島の外にあった。すなわち、紀元前三〇〇〇年紀のメソポタミアにあった〝神々〟が、そこからはるばる渡来したように、〝ことば〟も渡来したのである。そして、われわれ日本民族は、いくつかの民族が混血した、新モンゴロイドの混合民族なのだ。

チタル国とサホコ国

ところで、『秀真伝』の第六章、第七章、第九章には国名変更のことが歌われている。この伝承は『記紀』にはないことなので、少し突っ込んで検討してみたい。

チタルクニ　マスヒトコクミ　チタル国　益人胡久美（人名）
ヲコタレバ　タマキネツケテ　怠れば　タマキネ（人名）つけて
ヒタカミハ　ヤソキネニタス　日高見は　ヤソキネ（人名）に治す
タカキネハ　キミノタスケト　タカキネ（人名）は　君の輔弼と
タマキネハ　ユキテサホコノ　タマキネ（人名）は　行きて細戈（サホコ）の
クニヲタス　ミヤツノミヤゾ　国を治す　宮津の宮ぞ

マスヒトは「益人」だが、これは国の司祭者のことで、原義は指導者、知覚者のことである。コクミは「胡久美」で、純粋の古代人名であろう。またタマキネ、ヤソキネ、タカキネも古代人名で、語尾の「キネ」は尊称らしいが、語源はよくわからない。

歌謡の意味は、「チタル国の司祭前任者、胡久美（えびすのくみ）が政（まつりごと）を怠ったので、竺紫（ちくし）の大和（やまと）から指令が飛び、タマキネが細戈国とチタル国を統治するために、急遽宮津へ派遣された」ということである。種族争いによる政権交代を歌ったものかもしれない。

問題は、チ・タル国とかザ・ホコ国とかいうクニが、いったいどこにあって、今、何という地方なのか、ということである。

『秀真伝』によれば、宮津市へ出向き、チ・タル、ザ・ホコを統治したとあるので、両国は山陰地方の国々ということになろう。すなわち、後の因幡(いなば)国がチ・タル（千足）国、出雲国がザ・ホコ（細戈）の国だと思われる。

では、何故「チ・タル」が「イナバ」に、「ザ・ホコ」が「イヅモ」に国名変更したのか。『秀真伝』第九章によると、こうある。

サホコクニ　カエテイツモノ　細戈国　変えて出雲の
クニハコレ　アメノミチモテ　国は是　天の道もて
タミヤスク　ミヤナラヌマニ　民安く　宮成らぬ間に
イナダヒメ　ハラメバウタニ　稲田姫　孕めば歌に
ヤクモタツ　イツモヤエカキ　八雲立つ　出雲八重垣
ツマコメニ　ヤエカキツクル　妻籠めに　八重垣つくる
ソノヤエカキハ　その八重垣は

この歌謡によって、「サホコ」は出雲から名前を変えたこと、出雲に変わる前は「細戈国」であったことがわかる。

では、いつ、どうして「サホコ」から「イヅモ」へ変わることになったのか。

この歌謡によって、「サホコ」は出雲であり、国名変更の時期は、どうやら蘇民将来＝スサ

石を射る部隊（左）と弓を射る部隊（右）（『シルクロードの倭人』より）

ノヲ尊渡来の時代（弥生時代早期）だったらしいことがわかる。そういう意味において、『秀真伝』の伝承は貴重である。

前項ですでに述べたことだが、古代の人々が戦争に際して用いた主たる武器は、矢でなく紐で投げる〝石弾〟だった。また、弓矢が発明された後でも投石弾兵の地位は低下せず、メソポタミアや古代ローマのレリーフに見られるように、矢を射る部隊と石を射る部隊が並び立っていたことがわかっている。

古代の中国に、石を射る弓＝投石機があったことはよく知られている。例えば、「弩」が「いしゆみ」、「弾」が「はじきゆみ」である。また「弾」が動詞になると、「弾丸を機械で発射する」の意味になる。

古代の日本にも、投石用の紐で投げる石の弾丸があった。『日本書紀』では、その「投げる石弾」を「異佐誤（いさご）」と書いている。また一般には「飛礫（つぶて）」ともいう。「イサゴ」「ツブテ」を遠くへ投げる道具の紐のことを「チ」といった。

中国語の「石」の「シャク」や「セキ」という読みも、実はウル語の「石弾」を示す言葉「ア・サグ」から「ア」が落ちて、サグ→シャク→セキとなったものだ。つまり、中国語の「石」も日本語の「いし」も、どちらもメソポタミアのウル、シュメール語の「石弾」＝「ア・サグ」を祖語としている。

原郷のメソポタミアからシルクロードを経て中国大陸を通ってこない限り、古代言語は日本へ伝わってこない。そして、伝わる際には当然朝鮮半島を通過する。ゆえに、朝鮮語の中には日本語と兄弟語の関係にある古代メソポタミア語が数多く残っている。

例えば、「石弾」「石」の朝鮮語「ソク・チャー」、あるいは「ボソク」「バック・トル」などは、すべてウル・シュメール語の「石弾」＝「ア・サグ」、またはセム語の「石弾」＝「アスク」からきており、本来的な朝鮮語ではない。中国語の「石」、日本語の「イサゴ」と同様に、すべて古代メソポタミアからの渡来語である。

このことから、「チタル国」の「チタル」とは、「紐（チ）・石（タル）」という古代日本語で、意味するところは投石弾兵だということがわかる。ウル・シュメール語の投石弾兵は、「イグナ」（男紐石）と言った。これがセム語になると、語順が変わって「イナグ」となる。この「イナグ」の語尾が変化して、古代日本で「イナギ」になった。漢字では「稲置（いなぎ）」とか「因支（いなぎ）」と書く。弥生時代中期（前五世紀頃）から古墳時代（紀元二世紀～六世紀）にかけての日本では、その稲置・因支が、（一）投石弾兵の隊長、（二）地方豪族の「姓（かばね）」、（三）地方豪族の「氏名」をあらわしていた。これがさらに変化して因幡（いなば）となった。

また、伯耆(ほうき)は、高句麗語の伯句(はくく)、伯古(はくこ)、発岐(ばっき)と同じで、「武士」の意である。その「ハクク」「ハタキ」を邪馬壱国(やまい)では「獲支」と書いていた。これと、「戈」――日本語の「ホコ」が、セム語の「カック」を語源とすることから、戈を持つ武士を「獲支」というようになった。

『記紀』の文意も、このことを念頭に置いて読むとはっきりする。

例えば、日本武尊（古代神話に出てくる人物）が、なぜ、尾張の人、田子稲置(たこのいなぎ)・乳近稲置(ちぢかのいなぎ)を遠征軍に加えたのか。また、国の名に「投石弾兵」＝「チ・タル」というような〝不思議な名〟がついたのか。これは、「チ・タル」だけでは解明できない問題で、チ・タル国（因幡国）および伯耆国（古音ハクキ、現音ホーキ）とか、その西隣のサホコ国（出雲）とかを検討する必要がある。

さて、「戈」の日本語の「ホコ」が、セム語の「カック」kakkuを語源とすること、伯耆が三世紀高句麗語の伯句、伯固、発岐と同じで「武士」であるということ。その「ハクク」「ハクキ」を邪馬壱国では「カッキ」＝「獲支」と書いていたこと、また、戈を持つ武士の「獲支」を、〝稲荷山鉄剣銘文〟では、「獲居(ワタゴ)」と書いていたこと等々は、すでに川崎真治氏著『白鳥と騎馬の王』（新国民社）に詳述してある。

その説を基に、チ・タル国、ホコ国、ザ・ホコ国を三つ並べて書くと、

チ・タル　投石弾兵　――因幡国

ホコ　　　戈を持つ武士　——伯耆国

ザ・ホコ　ザ・戈（ザは感嘆詞）を持つ武士——出雲国

このように、予想もしていなかった命名の体系が浮かび上がってくる。勝手気ままに〝クニ〟の名をつけたのではなく、三つの国名には一貫性があったのだ。

次に、天神川流域（鳥取県）は、青銅（または鉄剣）の戈を持った武士が守備していたので「ハクキ」国と呼ばれるようになった。

言語学系統からいうと、「チ・タル」も、「ハクキ」も、共に扶余・高句麗系のことばである。根源はセム語系だが、近い祖語は高句麗語である。ということは、歴史的に何を物語るのか。読者諸賢にも是非考えてもらいたいところである。

次に、出雲の旧名の「ザ・ホコ」は、細い戈とあて字するのが一般的らしいが、国名の「ザ・ホコ」の場合には「ホコ」が高句麗語の伯固から来ているので、「ザ」もまた同系の高句麗語、ないしは古代朝鮮語で解くべきであって、そうでないと整合性が得られない。とすると、「ザ・ホコ」は「蛇（ザ）・伯固（ハクコ）」、蛇をトーテムとする部族の武士という意味（感嘆詞）になる可能性がある。

出雲の旧名＝ザ・ホコの意味が、蛇をトーテムとする部族の武士だと言われたら、読者は抵抗を感じるだろうか。『記紀』のスサノオ伝説、八俣（やまた）の大蛇（おろち）退治を知っている人ならば、恐らく「蛇（ザ）・武士（ホコ）（韓音ムサ）」説に対して抵抗を感じないと思う。

以上、因幡、伯耆、出雲の旧国名と、『秀真伝』でいわれている「チ・タル」「ハクキ」「ザ・ホコ」について論じてきたが、日本海に面したこれら三国の〝名〟は、いずれも国を守る「武士」、あるいは古代インド・ペルシア流に言うと、武士が「総督」だったため、その「総督」の武士がどういう性格の武士なのか、その相違によって、「チ・タル」「ハクキ」「ザ・ホコ」と命名されたのだと、私は解している。

最後にもうひとつ。武士の総督のほかに、その上位者としての霊的指導者、つまり司祭者がいるのが古代の習慣だった。『秀真伝』によると、チ・タル国の祭政面での統率者を「マスヒト」と呼んでいる。胡久美（こくみ）（人名）という人物がマスヒト（官職名）だったという伝承なのだが、前述の註釈のときには、そのマスヒトを「司祭者」、原義は「指導者」「知覚者」としておいた。ところが、マスヒトの「マス」が、太占（フトマニ）と密接な関係があることがわかったので、そのことを次項で説明するとしよう。

フトマニの「七里ハヤモリ」

フトマニ（太占。フトは美称）とは、古代の「占う人」のことである。古代中央アジア、あるいは古代のシルクロードにおいて、宗教的に高い境地に到達したシャーマンの呼び名であった「フト」と「マニ」が合わさってできた言葉である。

また、太占でいうシチリハヤモリとは、「七里結界」「シチリ・ケッカイ」「シチリ・ケッパイ」「シチリ・ケンパイ」に相当する。「七里結界」とは、仏教用語で、魔障(ましょう)を入れないため七里四方に結界を設けるという意味である。

日本古代の神の観念をいうと、神の宿るところは、高木、森、山とされており、われわれの先祖はそれらの周囲に常磐木(ときわぎ)を植え、または玉垣を結いめぐらして、神座、神域、神籬(ひもろぎ)にした。臨時の場合には四方に小柱を立て、しめ縄を張りめぐらし、中央に榊を立てて「ひもろき」とする。この「ひもろき」は、仏教の結界と同じ「魔障を寄せ付けない神域」のことである。

古代朝鮮語の「山」は「モリ」といった。これは神聖な山のことで、例えば牛頭山は「ソシ・モリ」という。そして、司祭者が易断を行う聖山を「カシ・モリ」といった。「カシ」はウル語の「易断」を示す「カ・アシュ」が訛ったものである。

香椎宮(かしいのみや)は、神功皇后伝説の「さにわ」の神社として名高い。「さにわ」は、神がかりした巫女の発する「神語」を「人語」に翻訳する司祭者のことで、要するに一種の易断者である。ゆえに、「カ・アシュ」から変化した音、「カシィ」(香椎)と名がついた。

この「カシィ」が橿原の「カシ」となり、さらに「ハヤシ」(拝師・拝志・林)と変化した。平安時代のハヤシ郷は、その地に易断者「さにわ」が住んでいたところである。また、林(はやし)姓の人に神官が多かったのも、そのためであろう。

フトマニは鹿の肩骨に溝を刻み、波波迦(ははか)の木を箸(はし)のように削り、鑽火(きりび)をつけて焼く。そして、骨の裂けた占形(うらがた)によって吉凶を定めるという卜占の法であった。

では、このときなぜ他の動物の骨を使わずに鹿の骨を使ったのか。

中国殷文化圏の殷人が、亀甲に「卜辞(ぼくじ)」（甲骨文字）を刻み、鑽火で焼いてできた占形で吉凶を占ったことは有名である。また、古代中国の姜人(きょうじん)（韓商人）が、牛骨を焼いて占ったことも知られている。

このように、亀甲、牛骨を焼く卜占の法は、前十六世紀から前十一世紀にかけて、河南省の「殷墟(いんきょ)」を中心にして行われていた。

彼らはなぜ亀と牛を選んだのか。それは、亀が海神の使者、牛が天帝の使者であるという観念があったからである。占いを行い、神意を伺う場合に、神の使者たる亀の甲羅や牛の骨を焼いてその意を問うたのである。

そこから類推してみると、鹿の骨を焼く「フトマニ」は、鹿を神の使者と信じる「ニン・フル・サグ神」の氏子＝スキタイ人の風習だったのかもしれない。

匈奴（フン族）の中にも、ニン・フル・サグ神の氏子がいる。そして「太占」を「フトマニ」と中央アジア語で呼んでいるので、鹿占いは、スキタイ人や匈奴のリーダーや司祭者（シャーマン）によって広められた「神事」だったと考えられるのである。

アマガツ・天児

『秀真伝』第十二章は「アキツヒメ・アマガツの章」という。

アマガツは一般に「天児」と書く。古代にあった厄除けのお守りの一種である。『秀真伝』にはその素材について書かれている。

タダニツクレバ　カレキナリ　　漫然に作れば、枯れ木なり

春日の神がこのように答えているので、アマガツの主な素材は木の棒であろう。

さて、どういう霊力がアマガツにあったか。それについても春日の神が答えている。


　輿につけておくと、前駆の禍障を除く。

　嫉妬の呪術をかけられても、免がれる。

　呪詛されても、アマガツが身代わりになってくれるので、死を免れる。


だから、嫁入りのときには、かならずアマガツを作って輿に立てるという。

また、藁で作るアマガツを、空這う天児（アマガツ）といい、布で作るアマガツを神児（カンガツ）といい分けた。

では、アマガツの起源はどこにあったのか。これもまた古代の中央アジア、シルクロードである。原型は青銅製であった。古来、これらの青銅製金具を「竿頭飾金具」（ポール・トップ）といった。もちろん、ただの飾りではなく、トーテム＝部族の守護神像である。その頭部にとりつけた「竿」をアマガツと呼んでいたのが「天児」の源である。

ちなみに、海の「アマ」と、天の「アマ」が同源だという説があるが、どうも違うようで、日本語の海「アマ」は、ウル語の海「アーバ」が転じてできた略語のようである。また、古代サカ族が用いていた「アーバ・イ・ガル」（大きい海の意）が、「バイカル」（湖の意）に変じている。

ゾロ・稲・農耕文化

稲のことを『秀真伝』では「イネ」と書かずに、ほとんど「ゾロ」と書いている。「イネ」と書かれているのは後編の一部だけである。この「ゾロ」と「イネ」の語源はなんなのであろうか。この問題に関する「鹿島史学」の成果は、世界に先駆けて「文明世界」を再建したシュメール人の創世努力を認識することであり、また、米作りのルーツを明らかにすることにも繋がるであろう。

中原和人氏の検証によれば、一万二〇〇〇年前の「大洪水」以後、バンチェン文明が再建されたのだが、陸稲にせよ、水稲にせよ、稲の栽培はメコン河流域の照葉樹林帯、東亜半月弧と呼ばれる雲南高原、およびコラート高原で始まったという。

雑穀栽培の始まりはアフリカ・ナイル河上流域のサバンナで、これに瓢箪などの小道具を使用することを思いついたのはニジェール川流域の住民である。これら初期の農耕文化は、その後すべてインド亜大陸へ集約されている。

したがって、アジア、ヨーロッパをふくめた地域の「稲」「米」ということばは、古代インド語の「稲」「米」が語源になっている。

サーリ　Sali　稲、米（梵語）
ウ・リシュ　u--ris　稲、米（インド原語）
ヴリーヒ　v--rihi　稲、米（梵語）

稲の学名「オリザ」も、英語の米の「ライス」も、梵語の「ヴリーヒ」も、日本語の「うるち」も、すべてインド原語の「ウ・リシュ」（語の構成は、穀物「ウ」と蛇女神「リシュ」）からの借用・転訛である。

一方、梵語の「サーリ」は、東アジアへ伝播して朝鮮語の「米」の「サル」、日本語の「銀シャリ」または白米の「シャリ」になったのだが、実はもうひとつ、サーリ→サル→ソロ→ゾロと転じていたことが『秀真伝』によって知れたのである。

では、なぜ『秀真伝』の編者は、一般的な日本語としての「イネ」を使わずに「ゾロ」を使ったのか。あるいは、『秀真伝』が、オオタタネコ系の神官・三輪氏が作成した家伝書なので、そのことからいうと、なぜ、オオタタネコ系の人々が、「イネ」といわずに、「ゾロ」といったのか。三輪氏系が、「イネ」といわずに、「ゾロ」といっていたところに日本民族形成史の謎がある。

どなたもご存知のように、古代神官の三輪氏は、蛇神である三輪山の大物主命を祀った祭主オオタタネコの子孫である。つまり、民俗学でいう「蛇巫（蛇かんなぎ）」の家系なのだ。この蛇巫という点を、従来の国史学者は見落としていたようである。

蛇巫の起源は、バンチェン王国のシュメール人王家ナーガ族の蛇トーテムから始まっている。その流れを汲む日本にも、縄文時代から蛇トーテミズムがあり、蛇巫がいた。蛇神の祭主・オオタタネコという〝名〟の中にも「蛇」が入っている。

ダ　蛇　エジプト語。中国語
タ　蛇　倭語
サ　蛇　韓語
ナーガ　蛇　梵語
ナガ、ナカ　蛇　倭語〈那賀（ナガ）、那珂（ナカ）〉
タ・ナカ　蛇・蛇〈もしくは人（タ）・蛇（ナカ）〉
タ・ネコ　田根子。種子（「タ・ナカ」からの母音屈折語）

このように、三輪蛇神の祭主、オオタタネコには、古代ネーミングの定法どおり、トーテムの「蛇」が入っていた。

また、中臣氏の遠祖のなかにも、タネコノミコトがいる。『秀真伝』によると、中臣氏と三輪氏が肝胆相照らす仲のように語られているが、両氏の遠祖・始祖の名が共にタ・ネコなので、肝胆相照らしたのも決して偶然ではない。出自、トーテムがなせる業なのだ。そして、そのことを『秀真伝』が強調しているということは、非常に興味深く、あたかも、日本古代史の深淵を覗(のぞ)き見するような思いがしてならない。

なお言えば、日本語に「稲」のイネ、ゾロ、シャリ、「米」のコメ、ヨネの同義異語があることは、日本語の系統を論じる場合、ゆるがせにはできない問題である。

稲の二系統、すなわち（一）イネ、（二）シャリ、ソロ、ゾロの問題は、すでに語源のインド語の稲を紹介したとき、お気づきになったと思うが、そもそもの古代インドにも二系統あったのだ。改めていうと、ウリシュ・ヴリーヒ系と、サーリ系なのだが、このうち前者はウル語系であり、後者は、実は古代エジプト語系だったのである。

ウ（穀物、ウル語）。シャ（穀物、エジプト語）。イシュ（蛇女神、ウル語）。イシス（蛇女神、エジプト語）。リシュ（蛇女神、インド語）。

古代インド亜大陸には、ウル語、シュメール語を話す人々と、エジプト語を話す人々が混在していた。したがって、「稲」を「穀物・蛇女神」で表すという概念は同じであっても、その「穀物」を何というかで、二つの「稲」ということばに分かれた。具体的にいうと、ウル・シュメール系では、「ウ・リシュ」となり、エジプト系では「シャ・リシュ」となり、そこから①ヴリーヒと②サーリに転訛した。そして、それらが日本へ伝播してくる間に、①は「ウルチ」になり、あるいは「ビネ・ピネ」から「イネ」になり、また②が「シャリ」「サル」「ゾロ」となった。日本語の「稲」にも、ウル語系とエジプト語系の二種類があるということである。

以上の説明で理解されたと思うが、日本語の系統や形成史を論じる場合にも、このように紀元前三〇〇〇年紀のオリエント語、インド語からスタートしなければならない。これが超古代の〝バンチェン文明〟に連なる「倭人のルーツ」であった。

柳田國男によると、蝮捕り(まむしと)名人を「ニガテ」という地方があり、そのニガテの家柄を「フヂハラ」とか「カヂハラ」とかいうそうだ。この場合、ニガテの「ニガ」は、梵語の「ナーガ」で、ナーガ→ネーガ→ニガと転じたものだし、語尾の「テ」は「人」ということである。つまり、「ニガテ」は「苦手」とするのは誤りで、「蛇人(ニガテ)」という一種の職業名であるとするのが正しい。そして、そのニガテの家柄を「フヂハラ」と呼んだのである。

ハタレ・禍鬼・妖術師

『秀真伝』第八章に、次のような単語が出てくる。

(1)　ニシキオロチノシムミチ　錦大蛇を使う妖術師

(2) ハルナハハミチ　ハルナ蛇を使う妖術師
(3) イソラミチ　イソラを使う妖術師
(4) ミタルキクミチ　ミタルキクの妖術師
(5) イヅナミチ　狐を使う妖術師
(6) ナルカミモトムアエノミチ　鳴神モトム・アエの妖術師

これらの「ミチ」は禍鬼（ハタレ）（妖術使い）である。縄文時代、すでに「ミチ」というシャーマン（宗教の伝道者）が活躍していた。

さらに、似たようなシャーマンの記述は以下のとおり見られる。

・約五〇〇〇年前、オロッコ人の霊媒者イタコが、十三湖（とさみなと）の南方で信仰を集めた。
・約四五〇〇年前、アイヌ人の占師ゴミソが東日流（つがる）地方で信仰を集めた。
・約一七〇〇年前、荒吐族のオシラ様が南部地方（恐山（おそれざん））で信仰を集めた。

「イタコ」はオロッコ人の、「ゴミソ」はツングース（アイヌ人）の、いずれも縄文時代のシャーマンであるが、「オシラ様」は弥生時代の荒吐五王（あらとごおう）・長髄彦（ながすねひこ）の子孫である。

古文書には「野之霊（のづち）（野槌（のつち））」「伊加豆知（いかづち）（雷）」など、「チ」がひんぱんに出てくる。「チ」は「生命」「生霊」の意で、野槌は「野の生命」または「野の生霊」をあらわし、雷（イカツチ）は「伊加の生命」または「伊加の生霊」のことであろう。

日本語の「イノチ」（生命）は、ウル語で生霊をしめす「ル・チ」がインドを経て変化し、

「ツ・チ」または「ヅ・チ」と転じて日本列島へ渡来したことにはじまる。やがて弥生時代を経る間に「の」と「つち」が合成されて「のづち」になると、①さそり、②まむし、③妖怪の類の意味になり、「いか」と「つち」が合成されて「雷」になったのであろう。

日本には、縄文時代から色々なものが吹き寄せられ、多くの文化が積み重ねられてきた。そのため、日本語は複雑怪奇な言葉となっている。

ミソギ・禊・斎戒沐浴

『秀真伝』第九章に、次の一節がある。

タカマハムツノ　ハタレカミ　高天は六の　禍鬼神
ハチノゴトクニ　ミダルレバ　蜂のごとくに　乱るれば
カミハカリシテ　ハタレウツ　神謀りして　禍鬼討つ
キミハミソギノ　サクナダリ　君は禊の　佐久那太理(さくなだり)

これは、高天原に六種の禍鬼神（妖術使い）があらわれ、蜂のように暴れたので、神々が寄り謀ってハタレを討った。そのため、ハタレ神の父君であるスサノオは慙愧(ざんき)にたえず、滝のように水をあびて禊(みそぎ)した、という意味である。

『古事記』では、このあと、二十六部族の神々が「禊」によって生まれるという「貴子誕生説話」を記している。『日本書紀』を読むと、本文に禊のくだりはなく、たんに三貴子は陽神イザナギと陰神イザナミの二神の間に生まれたという記述のみがある。この『秀真伝』と『古事記』に記されたような、禊によって神が生まれるという発想はどこから得られたのだろうか。

これに関して、紀元前三〇〇〇年頃のメソポタミアのウル・シュメール語と、それにやや遅れたセム語の「沐浴」「洗濯」という言葉が、西はゲルマンの英語から、東はインドの梵語、中国語、契丹語、さらに日本語までふくめて、広い範囲にわたって伝播している。

日本神話の「みそぎ」も、契丹神話の「ニソ」と「サホナ」も、もとを尋ねれば、すべてメソポタミアにあった言葉である。「みそぎ」が「身澆(みそそ)ぐ」または「身滌(みあら)う」と解されることがあるが、「み」は「身」ではなく、語源的には「水」のことである。語源の一つであるセム語の「ミスー」は「水」の意味であるし、ウル語の「イ・ラフ」または「ア・ラフ」が「洗う」という単語として、我々の先祖に伝わったのである。「沐浴(ミソギ)」は、セム語の「ミスー」とウル語の「アグバア」（斎戒沐浴）の重ね言葉で、のち変化して「みそぎ」となったのである。

古代メソポタミアには、ウル人によって創造された絵文字、さらにそれから発展した楔形(くさびがた)文字（楔状(けつじょう)文字）があった。はじめは石に刻んだが、後にその表記には粘土板を用いている。その粘土板に書かれたシュメールの王統紀には、最初の王朝であるキシュ王朝を皮切りに、各王朝の王の名前がずらりと書かれてある。

ギルガメシュもその一人で、ウル王朝の栄光を詠った世界最古の長編詩集『ギルガメシュ叙事詩』では、森の番人、妖術を使うフンババを斬り殺したギルガメシュが、返り血を浴びた身体を洗うために、ユーフラテス河の岸辺に至った、とある。

彼は身の汚れをすすぎ武器を洗い
房々した髪の毛をうしろへ振りかけ
汚れたものを投げすてた
上衣を着なおしベルトをしめ
ギルガメシュが冠をかぶると
ギルガメシュの凛々しさに
大女神イシュタルは目をあげた
「来てたもれギルガメシュよ
わらわの夫になってたもれ
そなたの果実をわらわに――」

このくだりでもわかるように、『ギルガメシュ叙事詩』と『古事記』を比較すれば、冥府行き、妖術使いとの戦い、勝利、禊（体を洗う）、求愛、そして出産と、そのプロセスがよく似ている。『古事記』にある、イザナギが根の国のイザナミを訪ねて行くくだりは、いくつかのシュメール神話の写しである。シュメール人の神話が原典であって、古代日本人が、ガド族の語部などが永い間伝承していたそれを、八世紀の『古事記』編集のときに、巧みに日本化したのであろう。

ヒミツ・しめ縄

「神道」のルーツは北から伝来した文化だという説と、南から伝来した文化だという説がある。神道の「しめ縄」は琉球列島、日本列島、そして朝鮮半島南部に分布している。その分布から、かつては中国大陸にもあったと思われるのだが、今日ではその風習は見当たらない。習俗としての「しめ縄」は、漢人社会から姿を消したようである。

さて、『秀真伝』では、「しめ縄」をどのように取り扱っていたのだろうか。

第二十二章、興津彦ヒミツの祓いの章を読むと、驚いたことに、「しめ縄」を「ヒミツ」と呼んでいる。

ムスブ　ヒミツ　ノ　キヨハラヒ　結ぶ　しめ縄　の　清祓い

「ヒミツ」が、結ぶもの、すなわち「縄」だったのは、この一句によって歴然である。

神社に張られるしめ縄は、雄蛇と雌蛇の交尾の象形である。いうなれば男の蛇神と女の蛇神の交合を象どった神の縄である。

古代メソポタミアでは、この両蛇神を「ニンギシュジダ」、または、「ニンギジダ」と呼んでいた。壷の絵、鉢の絵、あるいは護符の粘土板に、蛇神ニンギジダの意匠がしばしば見られる。

つまり、このニンギジダが、しめ縄の原点とも考えられるのである。

『史記』三皇本紀冒頭の、古代中国の風姓・太皞伏儀氏と、その配偶者である女媧氏の神像は共に蛇身人首で、しかも、両尾をしめ縄のように幾重にもからませて交尾している。中国神話の太皞伏儀と女媧は、メソポタミアのニンキジダの写しだったといえるであろう。

ニンギジダ（『シルクロードの倭人』より）

伏儀と女媧（『シルクロードの倭人』より）

もちろん、古代の日本にも蛇神ニンギジダは渡来していた。縄文土器の飾りとして刻まれた蛇のモチーフが、おそらく蛇神ニンギジダであろう。縄文土器に多く見られる蛇モチーフは、文様や造形としても際立って多く、それがなぜなのかは長く謎とされてきたが、バンチェン↓インド↓メソポタミア↓中国と結んだ延長線上に日本の蛇がある、という理解の仕方をすれば、謎は謎でなくなる。

日本の縄文時代の壷に蛇モチーフの飾りがあるのは、古代インドの水入れに蛇が描かれているのと思想的には同じであろう。

しめ縄の素材は稲藁である。稲藁を左回りによじってしめ縄を作るから、水田稲作農業と深い関わりのあることがよくわかる。その稲を『秀真伝』では「ゾロ」と書いていたことは先にも述べた。そしてその「ゾロ」が、古代インダス文明の梵語「シャリ」から来ている倭語の「シャリ」と同意であることも述べた。

古代インド語の「稲」（イネ）の原語は、穀物神の「ウ」と、女神「リシュ」を合成した「ウ・リシュ」だが、この女神リシュとは蛇の女神のことであって、エジプト神話における蛇女神の「イシス」である。

エジプトに豊穣をもたらすナイルの洪水は、イシス女神の「涙」によって起きるとされている。そのイシスという名は、メソポタミアでは「涙」の意味なのである。ウル・シュメール語の「蛇女神」＝「イシュ」（またはイシ）が、セム語圏に入り、エジプト語圏に入り、インド語圏に入り、それぞれの国に応じて、イシュタル女神、イシス女神、あるいはリシュ女神に変化していったのであろう。

有名な志賀島出土の「漢委奴国王」の金印は、蛇紐である。これは「委奴国王」の信奉する神が「蛇神」であるということを、漢帝国の官吏、外交官が知っていた証拠で、秦人系、大国主命の委奴国は〝蛇神〟の国であるというコンセンサスが漢と倭の双方にあったと言えるであろう。

元という強大な国を樹立した北部モンゴル人は、民族の始祖は、蒼き狼と白い鹿だと、自族のトーテムを述べている。これは、東胡（新モンゴロイド）の男とミタンニ人（アーリア人）の女との混血によって生まれた民族であることを示唆したものである。

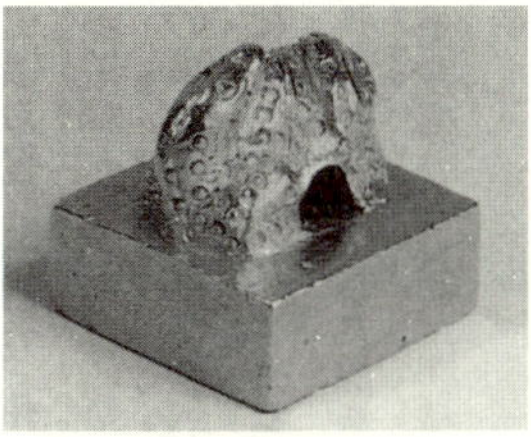

「漢委奴国王」印

また、南部モンゴル人である契丹人は、白馬と青牛が始祖だと伝承している。これも、白馬に乗った胡人（ミタンニ人）の男と牛飼いであった鮮卑族の女との混血によって生まれた民族であることを示唆したものである。

これら北倭の歴史を記録したのが、浜名寛祐氏の『日韓正宗遡源』および鹿島曻氏の訳した『契丹北倭記』であり、鹿島氏はさらに研究を深めて『倭人興亡史』として発表した。

この著作によって、神武東征のとき北倭が九州へ南下して南倭となり、互いに融合して日本人となっていった歴史、いうなれば『記紀』に隠された本当の日本史を明らかにしたのである。

その後、研究は引き継がれ、古代大和に建てられたユダヤの「秦王国」に至る道程が明らかになった。すなわち、『契丹北倭記』にいう「東表国（とうびょう）」（都・宇佐神宮）が約一〇〇〇年続いたあと、天孫降臨が行われて、日本列島に鉄鐸、銅鐸の先進文化圏が成立した。それを知ってユダヤ人（ゼブルン族）イエス・キリストの一行も、インド・ガンジス河下流域から船出して日本へ渡来した。

やがて、農業、漁業、金属業、織物業、土木業などが興り、宗教や文化活動などが盛んになると、自然に人口や国も増えて、利権争いが起こるようになった。そして、日本列島には鉄製品、青銅製品など、いわゆる「黄金の品」を求めて諸民族が渡来するようになった。約四世紀にもわたって連続して行われたこのような移民の受け入れを、『記紀』は「神々の降臨」として描いているのである。

七のヒミツ

『秀真伝』では、「しめ縄」のことを「ヒミツ」と呼んでいたが、歴史言語学的にいうと、この「ヒミツ」は、阿蘇の「七五三」の「シメ」や、韓国の禁縄「イム・チュル」と同系統である。また、その謎を解く鍵は「七」である。

「七」という数字が日本においても聖数であることは、十一月十五日の〃七五三の祝い〃でも推察できよう。ところが、韓国においても「七」は聖数で、たとえば、七聖殿とか、百済の七支刀とかのように、「七」は「聖」の代替だった。

では、こういった「七」を聖数視する観念は、いったいどこから来たのであろうか。

沖縄の久高島で十二年毎の丑年に行われるイザイホー祭では、神女（ナン・チュ）になる婦人は、七つの橋を渡り、七つ屋にこもる。なぜ、神女になる人が、「七」を冠した橋を渡り、家にこもるのか。六でもよいし、八でもよいと思うのだが、それがそうではなくて、必ず「七」なのである。

『古事記』にも、七媛女の話がある。『神武紀』の皇后えらびの段だ。

ここに七媛女、高佐士野に遊行べるに、伊須気余理比売その中にあり。ここに大久米命その比売を見て、歌をもって天皇に申しけらく。

やまとの　たかさじのを　七行く　おとめども　誰をし枕かむ

と。このとき、伊須気余理比売は、その媛女どもの前に立てり。すなわち、天皇、御心に、伊須気余理比売の最前列に立てるを知り、歌えらく。

かつがつもいやさき立てる兄をし枕かむ

と答えたまひき。ここに大久米命、天皇の命をもちて、その伊須気余理比売に詔を告ぐ。時に、その大久米命の黥ける利目を見て、奇しと思いて比売歌いけらく。

あめつつちどりましとなど黥ける利目
と、うたひき。故（大久米命の文身由来を聞いたあと）、その嬢子（七媛女の姉御・伊須気余理比売）は天皇に「仕え奉る」と申す。

このように、『古事記』の七媛女とイザイホー祭の神女ナン・チュとは、聖数の七で結ばれていたのである。

次に、セム語で「ウルク」市と呼ばれる町について、当のウルク人、そしてウル人は、「ウルク」といわずに「ウヌグ」といった。また、ウルク城内にウルク市の守護神であるアン大神、イナンナ女神、ニンスン女神などの聖なる寝殿が七つあったので、ウルク市の別称を「七つの寝殿」＝「ウブ・ウムン」と呼ぶようになった。この別称は本名の「ウヌグ」市、あるいはセム語の「ウルク」市とともに四方へ普及していった。

古代朝鮮では、七を含んだ別称と、そうでない本名の二つを合せて、自民族語の数詞「七」、すなわち、「イルコブ」を作った。

URUK--ub--七　ウルク・ウブ・ウムン
Iruk--op--u　イルク・オブ・ウ↓イルコブ　七（韓語、朝鮮語）

一方、扶余・高句麗語、さらに日本語の場合には、本名に「ウヌグ」を使った。

Unug--ub--七	ウヌグ・ウブ・ウムン		
Nag----om---	ナン・オム	難隠	（高句麗語）
Nan----a----	ナナ	七	（日本語）
Nan---------	ナン	七	（久高島方言）

参考のため、英語とドイツ語の「七」の由来を述べておこう。さらに、「七」のマークである〝カゴメ紋〟を国旗に入れているイスラエル、ユダヤ民族にも言及しよう。

なお、語源のウル語の「七」「イ・ミン」（ウ・ムン）は「五・二（イ・ミ・ン）（ウ・ムン）」である。

I--min	イ・ミン	七	（ウル語）
Ia---min	イァミン	七	（ユダヤ語）
s--je--ben	ジィベン	七	（ドイツ語）
s--e-----ven	セ・ヴン	七	（英語）
〔j--〕ben--ja--min	ベニヤミン（ユダヤ民族の部族名。英語読み＝ベンジャミン）		

このように、西セム語の一種であるイスラエル語にも、ゲルマンのドイツ語・英語にも、「五十二」の「イ・ミン」というウル語の「七」がはっきり伝播していた。高句麗、日本、朝鮮では、ウル市の〝本名〟と〝別称〟から「ナンオブ」、「ナナ」、「イルコプ」といった「七」を作っていたが、ウルク市より西方では、ウル語の「七」の「イ・ミン」がそのまま伝播し、ゲルマンの場合には冠子音のsが付き、mがb、vに訛った。

また、イスラエル・ユダヤ民族が、なぜ七のマークの〝かごめ〟を紋章としていたのか。それは、十二部族の一つであるベニヤミン（北朝王国）のサウル王が、「生まれ・七」といっていたからである。ゆえに、彼らが国旗に七のマークをつけるのは当然である。さらに、ユダヤ教の神器「メノラ」の燭台も、ローソク立てが七本になっている。

イザイホー祭の神女「ナン・チュ」の真義は、「七(ナ)・人(チュ)」である。『古事記』の七媛女(おとめ)と同じで、かつ「イザイホー」の語義は「選ぶ」という意味だと沖縄人はいうのだが、これはすなわち、七媛女の中から一人の神妃、もしくは王妃を選ぶという儀式が本来のイザイホーの姿だったからに他ならない。

umun	ウムン	七	（ウル語）
er--umun	エルムン	七	（インド古語）
ay--apu'	エヤブ選ぶ		（インド・ドラヴィダ語）

er--abu' エラブ選ぶ（日本語・沖縄古語）
āj--apu> iz--aihoo エジャーブ→イザィホー 選ぶ（今は祭の名称）

以上、稲の藁で作った「しめ縄」に、なぜ、藁の茎を七本、五本、三本と垂らすのか、その由来について、「七」を説明した。ちなみに、「五」と「三」については、長話になるので今回は割愛したい。ここでは、「ヒミツ」の解明にしぼって話を進める。

七（聖）・縄・ウル語 imin--gu--ur イミン・グ・ウル

これが、韓国の禁縄「イム・チュル」と、『秀真伝』の「ヒミツ」（しめ縄）の祖語である。その転訛は次のとおり。

Imin--gu--ur>imi'tsu'r イム・チュル（韓国）
b--Iimi'tsu ヒミツ（日本語）

日本語の場合は母音I（イ）の前に硬気音bが冠せられ、代わりに「ウル語源明示接尾詞」のウルが落とされた。したがって、『秀真伝』にある「しめ縄」の「ヒミツ」は、韓国語の「イム・チュル」とまぎれもない兄弟語であることがわかる。

また、これを民俗学的にみると、韓国の「禁縄」は三十八度線より北にはなく、蒙古や中央アジアにもないので、明らかに水田稲作文化圏に属する習俗だといえよう。言葉の面、習俗の面、どちらからいっても、日本の「しめ縄」「しりくめ縄」「ヒミツ」は、韓国の「イム・チュル」と同系である。

このほかにも、まだ両民族は同系だといえる根拠がある。

韓国語の「米」を表す「サル」と、縄文ホツマ語（倭人語）の「ゾロ」が、同じバンチェン王国のインド語「サーリ」から出ているので、その「稲」の藁で作られた「イム・チュル」と「ヒミツ」が同系でないわけがない。

紀元前一五〇〇年頃、バンチェン王国（メコン河流域のクニ）のシュメール人と苗(ミャオ)族の移民団が北九州へ渡来して〝弥生文明〟を伝えた。この水田稲作文明が、やがて「倭人文化」として韓国へ渡り、朝鮮農耕文化として定着した。すなわち、古代倭人と古代三韓人は、部族的・文化的にも《同系》だったのである（拙著『検証！ 捏造の日本史』参照）。

その《同系の農民》が、古代インドの稲作民＝「亀トーテム」の部族であるという仮説を、川崎真治氏は『日本語の発祥地はメソポタミア・鶴と亀』（読売新聞社・ヨミブック）で述べている。むろん、亀と蛇は違う。が、古代中国の「玄武」を見ると、その想像上の動物は亀と蛇の合体だった。このことからいえば、亀トーテム族と蛇トーテム族は、もとは同一部族、あるいは合従連衡のパートナーだったといえよう。

そもそも亀頭と蛇頭は、ともに人間の男性の〝亀頭〟に酷似している。その意味で同根ともいえる。したがって、亀トーテム族の農民が、蛇の女神であり、地母神であるリシュ神、あるいはニンギジダを祀ることは、大いにありうるのである。

『秀真伝』を作成した大物主家（公孫氏）の三輪氏（イッサカル族）は、大和三輪山の蛇神を祀る神官の家柄なので、蛇紐金印の委奴（いど）国王家および蛇神（竜神）信仰の新羅王家、あるいは、亀神話のからんだ金官加羅の金首露王家と、同族的なかかわりあいがあった。すなわち、「蛇神」と「稲」と「しめ縄」からいって、インド・インドシナ半島以来の三輪氏の先祖は、南韓の蛇トーテム族、亀トーテム族と同族関係にあったといえる。

以上が、歴史言語学の手法を用いて、『秀真伝』独特の用語から割り出した「倭」「韓」および「インド」の〝水田稲作文化〟関係史である。なお、「ヒミツ」に関しては、あとでもう一度、「降雨呪術」の話のときにも触れてみたい。

縄文文字ウパラ

蛇トーテム族が縄文時代のはじめから日本に住んでいたことは、縄文土器の蛇モチーフの装飾によってもうかがえる。さらに、縄文中期の甕（かめ）の器面には、オリエントの古代文字で「ウパラ」と読める三文字がある（次ページ写真参照）。

一番上の渦巻きは、古代エジプトの象形文字「ウ」である。次のトンボによく似た文字は、ウル、シュメール、セムに共通した「パ」という文字で、意味は「羽」「葉」である。そして最後の文字は、ウル、シュメール、セムに共通した「ラ」という文字であって、後世のヘブライ文字の「ラ」の祖形である。

これが解明できたのは、井村亮之介氏のおかげである。

井村氏は、この甕がどうして岡谷市岡谷にあったのか、当時の舶来品と思われるものが、どのように縄文人（オロッコ人）の故郷・諏訪湖地方に持ち込まれたのか、舶来品と思っていたものは当時の岡谷人の手によって製作された土器なのかと、一心に追求し続けていった。

あちこちの大学へ行き、これは文字か単なる装飾か、文字ならどこの文字で、何と読めるのか、意味はどうなるのかと、来る年も来る年も尋ね歩いたそうである。その結果、「ウパラ」の文字を発見するに至った。そして、その研究を引き継いだ歴史言語学者、川崎真治氏によってその謎は解かれ、超古代の蛇女神を信仰し、礼拝する言葉が「ウパラ」であると判明したのである。

長野県岡谷市岡谷出土甕
（縄文中期）加曽利E式
東京国立博物館蔵

長野県中信地区出土の縄文土器「甕」の蛇モチーフが、古代ウル語の「グパラ」であり、それが転じてサンスクリット語の「ウパラ」

となり、詳細は割愛するが、さらに転じて日本語の「礼拝」となった、という語源的解釈は揺るがないであろう。

トホカミ・エヒタメ

渦巻の絵文字は「ウ」であると述べたが、その渦巻については、卜部(うらべ)神道の呪文では、「トホカミ・エヒタメ」と言う。三輪社(大神(おおみわ)神社)の神官もこの呪文(「エミタメ」ともいう)を使っている。

例えば、『秀真伝』第十四章では、

ヤキミ　トホカミ　エヒタメゾ
ツギ(次)アイフヘモ　オスシカミ
スエ(末)ハ　ミソフノ　タミメヒコ
モト(本)ナカ(中)スエ(末)ノ　ミクラ(三座)アリ

とある。この歌の意味はまだよくわかっていない。

だが、同じ第十四章にもう一ヵ所、トホカミ・エヒタメが出てくる。

ワガココロ　マネケトホカミ　　わが心　招け　トホカミ
エヒタメノ　クニハミチノフ　　エヒタメの　国は　ミチノフ（陸奥）
ウツハモノ　マネカバウエニ　　うつはもの　招かば上に
アラワレテ　ハタレヤブレバ　　顕われて　禍鬼　破れば
サワリナシ　ミノスガナレバ　　障りなし　身の清明なれば
カミココロ　メグミテハナニ　　神心　恵みて花に
ミヲウルゾ　イセノオシエノ　　実を得るぞ　伊勢の教えの
アメニコタエテ　　天に応えて

この歌の意は、陸奥の「うつはもの」が障りをなしているので、花が咲いても実がならない。そこでトホカミ・エヒタメに祈ると、顕現して禍鬼の妖術を破ってくれた。その結果、身体が清明になったので、神のお恵みがあり、ようやく咲いた花に実がなるようになった。伊勢の教えの「天にとどいて応報がある」ということである。

このように、『秀真伝』では、トホカミ・エヒタメを霊験あらたかな神と位置づけている。神祇官中臣氏の本族とされている卜部氏の伝承に、太占（ふとまに）の兆体（まちがた）というのがある。その兆体には「トホカミ・エヒタメ」という符号がついていて、順にそれらを「曲線」で結んでゆくと次ページの図のような渦巻になる。これと反対の巻き方の渦巻が、前項のウパラの「ウ」である。これは群馬県出土の縄文土偶の胸部にもある。

また、渦巻は蛇のとぐろを表象しているともとれる。つまり、トホカミ・エヒタメという神は蛇神であったとも思われるのである。

ソロモン神殿の門前に建てられた二本の聖柱に巻きついた蛇神像や、当時、世界最大の外洋航行船だった、ソロモン王のタルシシ船の柱に巻きついた蛇神の像、それがトホカミ・エヒタメの実体であり、我々がいうところの竜神である。

船名に竜とつける場合が多いのも、船の守護神としてトホカミ・エヒタメを船柱部に祀っていたからである。竜を船名に好んで入れるのは日本ばかりではない。中国でも韓国でも同じである。

また、太占（ふとまに）の兆体（まちがた）の五点を順に曲線で結んだものが渦巻になるのは、竜神がただの竜神ではなく、大船のマスト、あるいは聖柱に巻きついた竜だったからである。古代中国の建築物や日本の神社建築に竜が巻きついた柱をしばしば見かけるが、その柱の竜こそがトホカミ・エヒタ

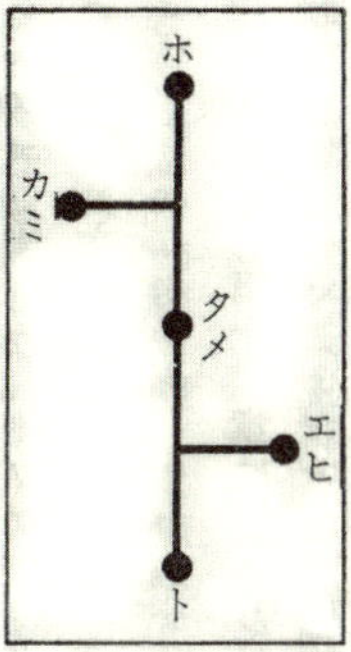

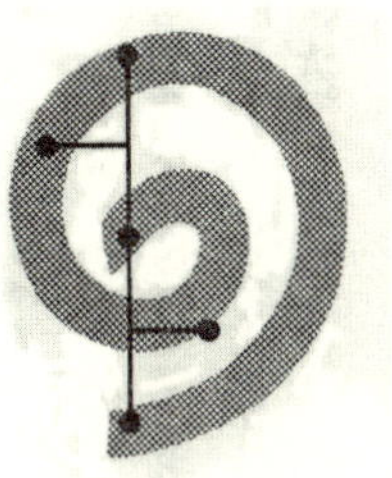

メなのである。

われわれの先祖が、いかに蛇を神聖視し絶対視していたか、このトホカミ・エヒタメを見ることでいっそう理解できるだろう。

拝む（オ・ガム）、ウバラ、トホカミ・エヒタメ、これらの語源は、すべて蛇からきている。超古代のシュメール文明から渡来した、縄文神ナーガ族のトーテムである蛇神がそのルーツであることはいうまでもない。

タナカ祈祷と、竜田神

『秀真伝』には、花は咲いたが実にならないので竜神に祈ったという記述がある。では、雨が降りつづき、洪水になった時にはどうであろうか。『秀真伝』第三十二章にそのことが述べてある。

コホノナツ　アメヨソカフリ　九年の夏　雨四十日降り
ヤマシロダ　アワウミアフレ　山背田　淡海溢れ
タモミモチ　ナゲキツグレバ　田も黴　嘆き告ぐれば
ミコトノリ　ミケヌシオシニ　勅宣り　御気主大人に
イノラシム　アワクニミヲニ　祈らしむ　近江国（ちかつあはうみ）三尾に

タナカガミ　ハレヲイノリテ　　田中神　晴れを祈りて
カゼフナス　コレオホナムチ　　風生なす　これ大名貴神（おほなむち）
タナカノリ　　　　　　　　　　田中祈祷

「タ・ナカ」という言葉は、「蛇（タ）・蛇（ナカ）」または「人（タ）蛇（ナカ）」という倭人語、古代日本語である。なお、語頭の「タ」を「人」とするのは、セム語の文法である。古代高句麗にも、この文法があったことは、古墳壁画の銘文「多牛土兮（タゴドケ）」によって確認されている。
　言語学の面でもう一つ興味深い点をいうと、三輪、三尾、大田田根子、田中神という神々の対比である。

三輪　ミワ　　　　　　蛇神
三尾　ミヲ　　　　　　亀神（洪水の神）
オホ・タ・タネコ　　　蛇神三輪神の祭主
……………タナカ　　　洪水・長雨を止める神（蛇神）

『秀真伝』の後編の作者と自称している大田田根子の「タ・タネコ」と、タ・ナカ祈祷の「タ・ナカ」とは、言語学の面からいうと等質である。そして、その『秀真伝』の前後編が「タ・ナカ」神社の三尾社から出たということは、まさにグッドタイミングであった。なお、三尾の「ミヲ」が、「蛇」でなく「亀」である説明は長くなるので割愛するが、後に述べる「亀」の話のとき、三尾君（みおのきみ）始祖の磐衝別命（いはつくわけのみこと）の生母が「亀姫」だったということだけは、必ず書くつもりである。

近江国の三尾（みお）というのは、琵琶湖の西岸・安曇川流域にあって、縄文遺跡、弥生遺跡、古墳群などが多く存在する、古代の要衝の地であった。この三尾の田中神社の境内にある三尾社から、ホツマ文字で書かれた『秀真伝』の原本が発見された。その『秀真伝』に、長雨をストップさせる祈祷呪文「タナカノリ」が記されてあった。

それによると、神々のトーテムは次のようになる。

ミワ	蛇神
ミオ	亀神（洪水の神）
オホタタネコ	蛇神三輪神の祭主
タナカ	洪水・長雨を止める神（蛇神）

長雨を止めるために祈る神もまた蛇神である。これは、イシス蛇神がナイル河の洪水を起こすという古代エジプトの原始観念と非常によく似ている。

『秀真伝』第三十九章には、日本武尊（やまとたけるのみこと）（『日本書紀』の創作人物）が東征の折、駿河の焼津野（やいづの）

で、先住民による火攻めにあったとある。野火に囲まれた武尊は、

髪　梳き清め　白檀の　太刀をハラミの　御柱と　祈るヒミツ（尻久米縄）の　清祓い
竜田の神の　顕われて　コノシロ池の　竜の雨　降り　火を消せば　皇軍　勇みて賊を半ば討つ

と詠ったと記されている。この一文でも知れるように、降雨を祈った神は竜神である。「ヒミツ」が「尻久米縄」であり、「シリクメナワ」は「蛇・蛇」状の縄のことである。これこそ蛇男神と蛇女神が絡み合ったニンギジダの象徴であった。このとき顕われた神が竜田の神、降った雨が竜の雨とされたところをみても、祈った相手の神が蛇神、ひいては竜神とされることに疑いはなかろう。

花が咲いても実のならないときは、柱の竜、トホカミ・エヒタメに祈り、長雨で困ったときは、蛇神、タナカに祈り、降雨祈願のときは、柱を立て、ヒミツを張って、ニンギジダに祈る。古代の日本人が、蛇神、竜神に傾倒し、祈祷し、頼みにしていたことがよくわかる。

ただし、日本の古代神道が、蛇神、竜神系のみでないことは、神社の鳥居から、狛犬、神馬、神牛、神鹿、神亀などが存在することでもわかる。神道は一神教ではない。日本民族が多くの渡来民族の混血であるように、神々も混血して多神教となっている。「和」こそ、日本神道の真髄なのである。

呪文・ホツマ・東方

これまで、『ホツマ・ツタヱ』を『秀真伝』と漢字表現してきた。この「ホツマ」を「秀真」と表記したのは、『日本書紀』の編集執筆者である。

『日本書紀』神武紀に、以下の記述がある。

神武紀三十一年（実は十五年）夏四月、
始めて秋津洲（あきつしま）の名あり。昔、イザナギノ尊この国を名付けて「倭（やまと）は浦安（うらやす）国、細戈千足国（くわしほこちたるくに）、磯輪上秀真国（しわかみほつまのくに）＝秀真（ほつま）国、これを袍図奔句儞（ほつまくに）という」と、詔（みことのり）し給う。

このように、「秀真」を「袍図奔（ほつま）」と読めと、わざわざ割注してある。

だが、この「割注記事」に疑問を感じた川崎真治氏は、『記紀』を言語学的に調べ直し、「ホツマ」「ホヅマ」は、「アヅマ」と同義の「東」だったということを明らかにした。

このあたりの解説については、川崎真治氏の著書『混血の神々』（講談社）、『日本語の謎を解く』『日本語の発祥地はメソポタミア・鶴と亀』（読売新聞社）、『白鳥と騎馬の王』（新国民社）それぞれに詳しい。

東を示す「アヅマ」「ホヅマ」がチュルク語系なのに対して、「ヤマト」はペルシア語系言語である。どちらも中央アジアを通って日本へ伝来した「東」という言葉なのだが、原語系統が異なっている。祖語をたどれば同じウル語の「ア・グップ」にたどり着くが、それが多種の民族間に伝わるうちに変化している。

すなわち、「アヅマ」・「ホヅマ」→「ホツマ」という「東」と、「ヤマト」、奈良の大和(やまと)に通じる「東」とに分かれている。

このようにしてようやくはじめて、九州の「倭国」（邪馬壱国(やまい)）と奈良の「俀国(たいこく)」（秦王国）との言葉の変化がわかってくる。すなわち、紀元三世紀、奈良大和に「秦王国」が成立し、ユダヤ系シメオン族、大国主命の長男が王となった。その後、九州以外の地を支配下においた秦王国は、その子孫が十四代の王位を継承したが、六世紀になって、レビ族系の秦氏へ政権を委譲した。そして、東アジア諸国から秦王国は「俀国(たい)」と呼ばれるようになったが、それは九州の「倭国」に対して〝より大きな国〟という意味である。五三八年、百済から仏教も公伝されて、秦王国の王は天子と呼ばれるようになっていく。その後の歴史は前著に詳しいが、それらの豪族名に、彼らの由来の謎を解く「鍵」が隠されているように思う。

そこで、次頁の「秦王国豪族名一覧表」を、その次の「歴代天皇陵の分析解明表」と対比しながら、ぜひ読者の方々にも熟慮・推敲していただきたい。

秦王国、豪族名一覧表

ハタウジ	秦（はた）氏	シメオン族（秦始皇帝の後裔）
ワニウジ	和玥（わに）氏	シメオン族
ハジウジ	土師（はじ）氏	シメオン族
ハダウジ	羽田（はだ）氏	シメオン族
ウジウジ	宇治（うじ）氏	シメオン族
アベウジ	阿部（あべ）氏	シメオン族
カツラギウジ	葛城（かつらぎ）氏	ゼブルン族
ヤマトノアヤウジ	東漢（やまとのあや）氏	レビ族（秦王国・倭国の天子）
モノノベウジ	物部（もののべ）氏	レビ族
オオトモウジ	大伴（おおとも）氏	レビ族
イカツノオミウジ	烏賊津（いかつのおみ）氏	レビ族
カシハデウジ	膳（かしはで）氏	レビ族
インベウジ	忌部（いんべ）氏	レビ族
ヤマトウジ	大和（やまと）氏	レビ族
オオミワウジ	大三輪（おおみわ）氏	レビ族
ヒマツリウジ	日奉（ひまつり）氏	レビ族
オギウジ	雄儀（おぎ）氏	レビ族
ミワウジ	三輪（みわ）氏（神祇官）	イッサカル族
オオシコウチウジ	凡河内（おおしこうち）氏	イッサカル族
ヘグリウジ	平群（へぐり）氏	ダン（I）族
タジヒウジ	多治比（たじひ）氏	ガド族
コセウジ	巨勢（こせ）氏	ガド族
ツモリウジ	津守（つもり）氏	ガド族
ミシマウジ	三島（みしま）氏	ガド族
カワチノフミウジ	西文（かわちのふみ）氏	マナセ（I）族
ソガウジ	蘇我（そが）氏	ヒッタイト人（製鉄族）

歴代天皇陵の分析解明表

従来“天皇陵”といわれている古墳群(すべて)はユダヤ系部族の陵墓であった。
〈宮内庁所陵部『陵墓要覧』(平成5年)〉にもとづく天皇陵を考察する。

代	天皇	陵墓名	形式	古墳名	部族
1	神武(じんむ)	畝傍山東北陵(うねびやましとらのすみのみささぎ)	円丘	ミサンザイ古墳	ガド多治比氏
2	綏靖(すいぜい)	桃花鳥田丘上陵(つきだのおかのうえのみささぎ)	円丘	塚山古墳	レビ大和氏
3	安寧(あんねい)	畝傍山西南御陰井上陵(うねびやまのひつじさるのみほどのいのえのみささぎ)	山形		ガド三島氏
4	懿徳(いとく)	畝傍山南纖沙渓上陵(うねびやまのみなみのまなごのたにのうえのみささぎ)	山形		ガド
5	孝昭(こうしょう)	掖上博多山上陵(わきのかみのはかたのやまのうえのみささぎ)	山形		ゼブルン葛城氏
6	孝安(こうあん)	玉手丘陵陵(たまてのおかのえのみささぎ)	円丘		ダン平群氏
7	孝霊(こうれい)	片丘馬坂陵(かたのおかのうまさかのみささぎ)	山形		レビ忌部氏
8	孝元(こうげん)	剣池嶋上陵(つるぎのいけのしまのえのみささぎ)	前方後円	中山塚1〜3号墳(丘陵上の郡集墳)	レビ物部氏
9	開化(かいか)	春日卒川坂上陵(かすがのいさかわのさかのえのみささぎ)	前方後円・堀	念仏寺山古墳	レビ大三輪氏
10	崇神(すじん)	山辺道勾岡上陵(やまのべのみちのまがりのおかのうえのみささぎ)	前方後円・堀	柳本行灯山(やなぎもとあんどんやま)古墳	レビ日奉(ひまつり)氏
11	垂仁(すいにん)	菅原伏見東陵(すがわらのふしみのひがしのみささぎ)	前方後円・堀	尼辻宝来山(あまがつじほうらいさん)古墳	シメオン和邇氏
12	景行(けいこう)	山辺道上陵(やまのべのみちのうえのみささぎ)	前方後円・堀	渋谷向山(しぶたにむかいやま)古墳	シメオン土師(はじ)氏
13	成務(せいむ)	狭城盾列池後陵(さきのたたなみのいけじりのみささぎ)	前方後円・堀	佐紀石塚山古墳	イッサカル凡河内氏
14	仲哀(ちゅうあい)	恵我長野西陵(えがのながののにしのみささぎ)	前方後円・堀	岡ミサンザイ古墳	シメオン土師氏
15	応神(おうじん)	恵我藻伏崗陵(えがのもふしのおかのみささぎ)	前方後円・堀	誉田御廟(こんだごびょう)山古墳・誉田(こんだ)山古墳	レビ大伴氏

16	仁徳(じんとく)	百舌鳥耳原中陵(もずのみみはらのなかのみささぎ)	前方後円・三重堀	大仙陵古墳・大山(だいせん)古墳	レビ物部氏
17	履中(りちゅう)	百舌鳥耳原南陵(もずのみみはらみなみのみささぎ)	前方後円・堀	ミサンザイ・石津丘古墳・百舌鳥陵山古墳	レビ大伴氏
18	反正(はんぜい)	百舌鳥耳原北陵(もずのみみはらきたのみささぎ)	前方後円・堀	田出井山古墳・楯井古墳	レビ忌部氏
19	允恭(いんぎょう)	恵我長野北陵(えがのながのきたのみささぎ)	前方後円・堀	国府市野山古墳	シメオン秦氏
20	安康(あんこう)	菅原伏見西陵(すがわらのふしみのにしのみささぎ)	方丘・堀・中世城郭跡	宝来城跡	レビ日奉氏
21	雄略(ゆうりゃく)	丹比高鷲原陵(たじひのたかわしのはらのみささぎ)	円丘・堀	高麗丸山古墳+平塚古墳	イッサカル三輪氏
22	清寧(せいねい)	河内坂門原陵(かわちのさかどのはらのみささぎ)	前方後円・堀	西浦白髪山古墳	ガド巨勢氏
23	顕宗(けんぞう)	傍丘磐杯丘南陵(かたおかのいわつきのおかのみなみのみささぎ)	前方後円(丘陵上の円墳か)		シメオン土師氏
24	仁賢(にんけん)	埴生坂本陵(はにゅうのさかもとのみささぎ)	前方後円・堀	野中ボケ山古墳	イッサカル三輪氏
25	武烈(ぶれつ)	傍丘磐杯丘北陵(かたおかのいわつきのおかのきたのみささぎ)	山形・前面堀		新羅
26	継体(けいたい)	三島藍野陵(みしまのあいののみささぎ)	前方後円・堀	太田茶臼山古墳	ガド三島氏
27	安閑(あんかん)	古市高屋丘陵(ふるちのたかやのおかのみささぎ)	前方後円・堀	高屋(たかや)築山古墳	ガド津守氏
28	宣化(せんか)	身狭桃花鳥坂上陵(むさのつきさかのうえのみささぎ)	前方後円・堀	鳥屋ミサンザイ古墳	ガド三島氏
29	欽明(きんめい)	檜隈坂合陵(ひのくまのさかあいのみささぎ)	前方後円・堀	平田梅山古墳	ガド津守氏

30	敏達(びだつ)	河内磯長中尾陵(こうちのしながのなかのおのみささぎ)	前方後円・堀	太子西山古墳	ガド多治比氏
31	用明(ようめい)	河内磯長原陵(こうちのしながのはらのみささぎ)	方丘・空堀	春日向山古墳	ガド巨勢氏
32	崇峻(すしゅん)	倉梯岡陵(くらはしのおかのみささぎ)	円丘		ガド三島氏
33	推古(すいこ)	磯長山田陵(しながのやまだのみささぎ)	方丘	山田高塚古墳	マナセ西文氏
34	舒明(じょめい)	押坂内陵(おさかのうちのみささぎ)	上円下方（八角）	忍坂段塚古墳	シメオン秦氏
35	皇極(こうぎょく)	＊斉明に同じ			
36	孝徳(こうとく)	大阪磯長陵(おおさかのしながのみささぎ)	円丘	山田上ノ山古墳	イッサカル
37	斉明(さいめい)	越智崗上陵(おちのおかのえのみささぎ)	円丘	車木ケンノウ古墳	ゼブルン葛城氏
38	天智(てんじ)	山科陵(やましなのみささぎ)	上円下方（八角）	山科御廟野古墳	イッサカル秦氏
39	弘文(こうぶん)	長等山前陵(ながらのやまさきのみささぎ)	円丘、空堀	園城寺亀丘古墳亀丘古墳、平松亀山古墳	レビ東漢氏
40	天武(てんむ)	檜隈大内陵(ひのくまのおおうちのみささぎ)	上円下方（八角）	野口王墓古墳	レビ東漢氏
41	持統(じとう)	檜隈大内陵(ひのくまのおおうちのみささぎ)	円丘（八角）	野口王墓古墳（天武と合葬）	レビ東漢氏、（レビ上宮法皇の父）
42	文武(もんむ)	檜隈安古岡上陵(ひのくまのあこのおかのえのみささぎ)	山形	栗原塚穴古墳	イッサカル凡河内氏
43	元明(げんめい)	奈保山東陵(なほやまのひがしのみささぎ)	山形		ゼブルン
44	元正(げんしょう)	奈保山西陵(なほやまのにしのみささぎ)	山形		ゼブルン

これら二つの一覧表は、中原和人氏の検証で明らかにされた、古代史研究の偉大な成果である。これまで正史とされてきた『記紀』の陵墓名をもとに、宮内庁所陵部が作成した神武天皇以下の『陵墓要覧』を分析解明した結果、初代神武天皇から四十四代元正天皇に至るまでの「歴代天皇陵」といわれてきたものが全くのデタラメで、これらがすべて「秦王国豪族」族長たちの陵墓であることが明確となったのである。

鹿島史学が追求してきた、失われた大和のユダヤ王国の実態が明らかとなり、唐と新羅王家によってつくられた虚像である「天皇家」が、いかにして秦王国の日本歴史を抹殺してきたかがわかるであろう。なお、詳しくは『失われた大和のユダヤ王国』を参照されたい。

鶴と亀の秘史

『秀真伝』では「鶴」について、第十六章「妊娠(はらみ)つつしむ帯」の章に、雄鶴雌鶴の御腹帯説話として記述がある。

ヒタカミニツル　タテマツル　日高見国に鶴奉る
ハネサキミレバ　フソヨナリ　羽根さき見れば番(つがい)鳥なり
カレモノハネヲ　ヨリタタシ　故、諸羽を撚りたたし
ヲツルヲタテニ　メヲヨコニ　雄鶴を経糸に　雌鶴を緯糸に

ケフノホソヌノ　オリモッテ　羽毛の細布織りもって
ヨソヤソナワル　ミハラヲビ　白鳥（ヨソヤソ）が護る御腹帯

妊娠五ヵ月に入ると、妊婦は「岩田帯」「ひたち帯」をまいて安産を祈る。『秀真伝』では、その岩田帯を鶴の羽毛で織ったという。その腹帯をまいたのがイザナミノミコトであり、お腹の子は天照大神（あまてるのかみ）であるというのだ。

われわれ日本人の多くは、結婚式に鶴と亀を飾る。それは満州・朝鮮にいた頃からの奇子朝鮮＝扶余族・東胡の習慣だったのであろう。天皇家の血筋に、鶴をトーテムとする部族が入っているという伝承は、こういうところにも表れている。三世紀の馬韓語では、その鶴・白鳥を、「不例狗邪秦（フレクヤシ）」といい、セム語では、「ア・ラ・ガシュ」といい、『秀真伝』では、ウル語の「ガシュ・ラ・フ」の転で「ヨ・ヤ・ソ」といっている。

ガシュ・ラ・フ→ジャシャ・ヤ・フ→ヨソ・ヤ・ソ　白鳥
gas---　la--　hu>jasha ---　ya--hu>joso---　ya--so　白鳥

なお、「ガシュ」は「鴉」、「ラ」は「反」、「フ」は「鳥」を表す限定接尾辞である。

ところで、鶴を祖神とした部族は、アジアのどこにいたのか。この問題は長くなるので割愛するが、興味のある方は川崎真治氏の『白鳥と騎馬の王』（新国民社）をご覧いただきたい。

亀船

亀をトーテムとする部族が日本民族の中にいる。『秀真伝』には、この亀の問題が三つに分かれて語られていて、第一は亀船、第二が天海の亀、第三が亀姫である。

第一の亀船からいうと、『序章』に次のような意味の歌句がある。

色々の家に伝承があり、伝記もあるが、それぞれの家によって多少の変異がある。どこの家の伝記が正確かということは、いわくいい難しである。例えば、わが家のホツマ・ツタへには、「カモわれて豊玉姫も渚にて猛き心に泳がせば竜や蛟の力得て恙も無みの磯に着く」とあるが、他家の伝記には、「フネわれて竜と蛟の力得て」とある。

このように、総じて七家のシルシフミ（家伝書）は異なりがちである。だが、わが三輪家のホツマ・ツタへと、中臣家の三笠紀は「瓜二つ」のように同じである。

伊勢の神官・中臣家（エブス人）の『三笠紀』のことはひとまずおいて、ここで取り上げたいのは「カモ」と「フネ」の相違である。『秀真伝』では、「船」（舟）の呼称に鴨船、亀船、鰐船の三種を使い分けていた。豊玉姫の乗っていた船は、『秀真伝』では「カモ」といい、他書では単に「フネ」と伝承している。だから『秀真伝』の伝承のほうが、ディテールが細かいと、三輪家では自讃している。自讃のとおり、『秀真伝』には古代の船の伝承がある。特に第二十六章と第二十七章に集中している。

志賀彦　船問えば　鰐彦がいう　大亀（船）ならば　月越えん　鴨（船）は一月　大鰐（船）は速（下略）

鴨（船）われて姫も建スミも穂高神も渚に落ちて溺るるを（下略）

釣船よりぞ美穂崎の鰐（船）得て此処に着くことも（下略）

急使飛びて告ぐる筑紫のハテツミ神と乙玉姫と鰐（船）のぼり西の宮より山背に到りて問えども（下略）

室津に亀（船）の迎え待つ（下略）

美穂姫と亀（船）に乗り行く加古島や（下略）

沖津島鴨（船）つく島に吾が寝ねし妹は忘らじ世のことごとも〔歌謡〕

沖津島鴨（船）を治むる君ならで世のことごとをえやは防がん〔歌謡〕

船はいにしえ島津彦　朽木に乗れる　鵜の鳥の　安曇川行く　筏乗り　棹さし覚え船となす　子の沖津彦　鴨を見て　櫂を作れば　孫の志賀彦　ホワ（無駄）に成すなよ

金析命は　大亀（船）を作る　その孫ハテカミの子の　豊玉姫と水波女と　船造る神

六つ船　魂ぞ（下略）

天皇は　筑紫に御幸　室津より　大亀（船）に召して　鵜戸の浜　加古島宮に（下略）

皇子タケヒトと　傳（傳役）種子命　多賀より出でて　西の宮　大鰐（船）に乗りて

鵜戸の浜　宮崎宮に　到ります（下略）

『秀真伝』では、このように船の種類を「亀」「鴨」「鰐」の三語で言い分けていて、おそらく船の形態、構造がそれぞれ違うと思うのだが、残念ながら、それらがどういうものであったか推定はむつかしい。しかし、船の呼称が三種あったということは正しいと思う。ウル語・シュメール語・セム語にも、筏舟、お椀舟、箱船、曳き船、遠洋航海用の大船、ウル市・ウルク市の同盟船というように、何種類かのことばがあった。だから、わが国の古代に三種類の船の「言い分け」があったとしてもおかしくはない。たとえ亀、鴨、鰐という生物の名で言い分けられていたとしても、である。

天海の亀

『秀真伝』には、古代津軽への言及がしばしばあるが、秘史『東日流外三郡誌（つがるそとさんぐんし）』とのかねあいもあって真理はよくわからない。しかし、『秀真伝』にある津軽関係の記録、とりわけ「名辞」については興味のもたれるものばかりで、例えば現在の岩木（イワキ）山の古名は「イ・キキ山」といい、往来（イ・キキ）山と書くが、『秀真伝』では、それがそうではなくて「ヰ・ユキ・ヤマ」とある。

この「ヰ・ユキ・ヤマ」を歴史言語学によって分析すると、鹿児島・最南端の「ヒラ・キキ岳」、開聞（かいもん）岳と同じ意味になる（注・今は開聞（ヒラ・キキ）をカイモンと字音読みしている）。

ウル語、シュメール語で「五色亀」を「ググ」、gu—guと呼んだ。その「ググ」が古代中国へ伝播すると、ググ→クク→キキ→キ、亀（キ）と変わった。

　ところが、開聞岳の場合には、

「ウル語・五色亀」　フラ・ググ→ヒラ・キキ　h—ura gu—gu>h—ira kiki

　と転じたのである。その証拠に、開聞岳の山麓にある枚聞神社には、枚聞神の亀神が祀られている。亀神というのは、浦島太郎伝説で名高いあの竜宮の亀姫とか、塩土老翁命などと同じで、亀をトーテムとする海人族の守護神である。では、なぜ、開聞岳に亀神を祀ったのか。それは、開聞岳の頂上が、古代航海者の「灯台」の役目をしていたからである。沖縄方面から北上してくると、水平線上にまず現れるのが開聞岳の頂上である。そして、その水平線上に浮かぶ姿が五色亀に似ていた。だから、山の名を「亀の岳」＝「ヒラ・キキ岳」と呼んだ。すなわち、海人族にとっては〝天海の亀〟なのであった。

　なお、付け加えれば、「岳」の「ダケ」は、ウル語の〝神山・霊山〟「ダカン」の倭人訛りである。セム語でも「ダカンヌ」または「タカンヌ」という。したがって、セムの大船「ウリ・ツム」（ユダヤ人のタルシシ船・遠洋航行船）に乗って来た船員（水夫）が鹿児島（加古島）の開聞岳をヒラキ・ダケと呼んだといっても、けっして言語学的におかしくはない。

　それにひきかえ、ウル人、シュメール人の船員なら、語頭に「ウル語で」という「フラ」「ヒラ」が必要ないので、単に「ググ・ダカン」「キキ・ダケ」といったと思う。

こういう言語系統の違いが、日本の各所にある。津軽岩木山の古名「イ・キキ」と「ヰ・ユキ」も、もとをただすと、そういうケースだった（注・「キ」一音でも亀「キ」である）。

h--ur--a--gu--gu	フラ・ググ	五色亀	ウル語
h--ir--a--ki--ki	ヒラ・キキ	開聞（岳）	
w--iyu--ki-----	ヰユ・キ	威雪（山）	ホツマ語
i--ki--ki	イ・キキ	往来（山）	津軽古語
iw--a--ki--	イワ・キ	岩木（山）	現在

硬気音ｈの接頭は、すでに説明した。そのｈが、『秀真伝』ではｗにかわり、津軽古語ではなくなっている。ただし、語源明示接頭辞の「ウル」が、イラ→イヤ→イハ→イワと変化している。また、ことばの意味としては、「ヒラ・キキ」「ヰ・ユキ」「イ・キキ」「イワ・キ」が、すべて「五色亀」なので、当然、岩木山の頂上が、古代航海民にとっての「天海の亀」、航路の「灯台」であった。

日本の古代年号に「霊亀（れいき）」（七一五年〜七一七年）「神亀（じんき）」（七二四年〜七二九年）「宝亀（ほうき）」（七七〇年〜七八一年）があったのも頷ける話であった。

亀姫

亀の話の最後は、皇妃となった亀姫である。
『秀真伝』第三十七章、第十三段にはこうある。

オホカミニ　ミテクラオサメ
カモスミガ　ニヒトノマエニ
トリケアフ　キミタノシメバ
ワランベガ　イロヨキトリヲ
ホメイワク　イヨカマハタヨ
キミトケズ　マテニトフイマ
ワランベガ　カマハタハナニ
イワクコレ　ハヤリウタナリ
オホクニガ　ムスメカマハタ
ウツクシク　アメニカガヤク
カレナツク　ヨカウチニユク
ミチスガラ　ヨキヒトエンハ
シルシアレ　ホコトリイノリ
オホカメヲ　ツケバナルイシ

大神に幣帛納め
鴨積命が新殿前に
鶏蹴合う天皇たのしめば
少童が色よき鶏を
誉め曰く『いよ、カマハタよ』
天皇解けず左右に問う今
少童がカマハタは何
曰くこれ流行歌なり
大国が娘カマハタ
美しく天に輝く
故なつくよかウチに行く
道すがら佳人得んは
瑞兆あれ矛執り祈り
大亀を突けば化（な）る石

コレシルシ　ウチノカメイシ　　これ瑞兆ウチの亀石
カエルノチ　サラスガムスメ　　帰還後サラスが娘
ヨビノボセ　カマハタトベヲ　　呼び上せカマハタ戸辺を
キサキトシ　イワツクワケノ　　皇妃とし石衝別の
ミコヲウム　イムナトリヒコ　　皇子を生む諱鳥彦

これに似た話が『古事記』にも載っている。

『古事記』第十一代垂仁天皇の条がそれで、

山代大国之淵が女、苅羽田刀弁を娶して生みませる御子は落別王、次に五十日帯日子王、
次に伊登志別王、またその大国之淵が女、弟苅羽田刀弁を娶して生みませる御子は石衝別王、
次に石衝毘売命、亦名は布多遅能伊理毘売命にして、凡てこの天皇の御子等十六柱なり

とある。

これとは別に、一書に曰くとして、石衝別王は、羽咋君、三尾君の祖と記してある。

一方、『日本書紀』にはこうある。

天皇、山背に幸す。時に左右奏して申さく「この国に佳人あり。綺戸辺と申す。姿形美麗し、山脊の大国不遅の女なり」と申す。天皇茲に於いて矛を執りて祈いて曰わく「必ずその佳人に遇わば、道路に瑞見えよ」と。行宮に至りますころに大亀河の中より出たり。天皇、矛を挙げて亀を刺し給う。忽ちに白石に化りぬ。左右に謂りて曰わく。「この物によりて推しはかれば、必ず験あらむか」とのたまう。仍りて綺戸辺を喚して後宮に納れ給う。磐衝別命を生む、これ三尾君の始祖なり。

このくだりには問題が多い。

『古事記』『日本書紀』そして『秀真伝』では、伝承が少しずつ食い違っている。イハ・ツク・ワケ王（磐衝別命）にかぎっていうと、生母の名が「亀姫」であるが、

古事記――大国の淵の娘・弟刈羽田刀辨
日本書紀―大国不遅の娘・綺戸辺
秀真伝――オホクニの娘・カマハタ
同　――サラスの娘・カマハタ

というように、若干のズレがある。

そこでさらに、娘の名前の核心部をローマ字表記すると、

woto karihata　ヲト・カリハタ（古事記）
―― kanihata　―― カニハタ（日本書紀）
―― kamahata　―― カマハタ（秀真伝）

となっており、相違する箇所はri・ni・maと、「弟」の有無である。いったいどれが「歴史的」に正しく伝えられた〝名〟なのだろうか。

実は、『秀真伝』が最も正確な伝承だったのである。では、何を根拠に、そう断定するのか。それは、「亀」という言葉によってである。

そもそもこの物語は、亀に始まり亀に終る。歌謡の中に出てくる、亀トーテムの族長である父の名「カマハタ」と、娘である亀姫の名「カムハタ」とを中心に読み解くべきであろう。

古くには、子の名は父の名と母の名の双方を入れるという名づけの慣習があり、いわゆる崇神王朝時代（四〜五世紀）までは、その慣習が続いていた。応神朝（六〜七世紀）からは居住地の名が人名になるが、それ以前までは父の名と母の名が子の名前に入っているのが普通であった。

苅羽田刀弁、綺戸辺という『記紀』の記録は、『秀真伝』の「カマハタ」より後世の、漢字化された記録である。亀姫カムハタの父の名が、「フチ」または「ウチ」であるのは天孫族の「天海の亀」を表している。

古代人は、その逞(たくま)しい航海術で、加古島(かこしま)の開聞岳(かいもんだけ)＝ヒラキキ岳、伽耶(かや)の亀旨峰(きしほう)＝イユキ山、東日流(つがる)の岩木山(いわきさん)＝イキキ山などを目印に往来していた。それらの山麓には必ず湖の「淵(フチ)」があって、海人族のコロニー「ウチ」があったのである。これが、『記紀』に出てくる落別王(おちわけのきみ)・祖別命(おふちわけのみこと)（オフチは兄亀(オフチ)にも通じる）の名前の由来である。

海人族の祖フェニキア人は、前一五〇〇年、タルシシ船によって九州国東半島に到達し、海岸に一大製鉄基地を築いて鉄製品と青銅製品を中国の「殷文化圏」に供給する工場に仕上げた。これがアジア全域の文化水準を引き上げ、ソロモン王の宝庫といわれるほどになったのである。ここに世界の富を独占した「ソロモン王の栄華」の時代が幕開いたのであるが、彼らフェニキア人（ユダヤ人）はその「オッフル」の基地、タルシシ船の目的地を「秘密」にして、メソポタミアの人々に知らせないようにした。

これが、「ホツマ」「アヅマ」「東」さらには「ヤマト」の原義を、イスラエル人たちが後世まで秘密にした本当の理由であろう。

第五章　世界文明の流れ

青銅器文明のルーツ

青銅器のルーツはメソポタミアではない。前四〇〇〇年頃に、すでにバンチェン文明では前文明からの知識に基づいて、銅と錫の合金で小型製品が作られていた。縄文土器の特徴をもつ灰黒色陶器、灰黒陶も持っていて、シュメール文明最古の青銅文化を始めていたのである（鹿島昇著『倭人興亡史Ⅱ』参照）。

司馬遷の『史記』が「竜馬が図を背負って河水から出たという竜の瑞祥によって、官名に竜の字を用い、軍隊を龍師といった」とするのは、バンチェン人のトーテムが蛇であることを示している。蛇の最大のものが龍になるからである。そして、竜が河から上がったという吉兆（「ノアの方舟」でメコン河から上陸した悦び）を、本柱に蛇像が巻くという形で示したものが、『秀真伝』の「トホカミ・エヒタメ」の真義でもある。

モーゼがカナーンを望んで行ったという故事、蛇像と杖の伝承は、まさに「トホカミ・エヒタメ」であり、大物主王家から分かれたと自称する藤原氏が、藤（トホ）を族名とするのも、この人々が、蛇を信奉するシャーマンであることを示している。また、フェニキア人のトーテムである船首に巻きついた蛇身も同じく「トホカミ・エヒタメ」である。

このように、蛇トーテムを追うと、フッリ人の伏儀氏に始まり、同系ラガシュ人の女媧氏、ユダヤ人、フェニキア人系奇子朝鮮から、わが国の古墳時代の大物主王家にまで至るのである。

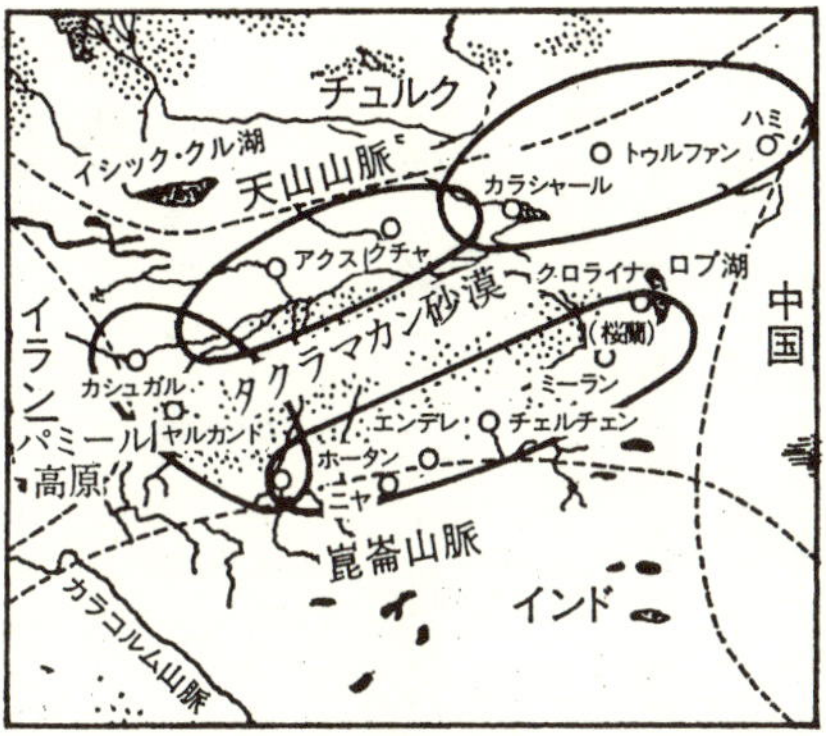

西域四文化圏

伏儀氏のトーテムは蛇神であるとともに雷神でもあり、ナーガの歌謡「雷沢を踏んで——」の部分は、彼らが他の雷神部族と通婚したことを示している。

『倭人興亡史』によると、「西域四文化圏」に描かれた、タクラマカン砂漠の北部のイッシク・クル湖からクチャを経て、カラシャール、トルファンにかけての一帯が、奇子朝鮮、または「シウ殷」の故地である。シルクロードを東遷していた扶余（ふよ）は、西方のアラル海とアム・シル両河に挟まれた原野地帯に、今日のフェルガーナを中心として建国し、インザク神の名によって、国号を「サカ殿」と名付けた。その王家は昔姓で、サカ族の王を自称し、王号を「シウスサカ（禊を受けたサカ族の王）」といっていたのである。

また、砂漠の南部、ホータンからチェルチェンを経て「さまよえる湖」といわれるロブ湖畔の楼蘭に至る地帯が、辰国の故地でもあった。

『倭人興亡史』の耶律楚材（阿海太子）

●耶律楚材

一〇世紀に、西域諸族は北部に元、南部に契丹を建てることになるが、元は蒼き狼と大鹿を、契丹は午と牛をそれぞれトーテムとする部族であって、そのルーツは扶余と奇子朝鮮に遡る。十二世紀には、契丹は満州から内モンゴルを支配していたが、女真族の国、金に敗れ、その王族はチンギス汗に従うことになった。

耶律楚材は遼（契丹九一六年〜一一二五年）の皇族の子孫である。楚材とは「外国で用いられる人材」という意味で、自国を亡ぼした他民族の王家に仕えた父が、わが子に与えた名だった。二歳にして父を失った楚材は、漢族の大学者楊氏の〝才女〟として知られた母から教育を受けた。彼の学問はレベルが高く、天文暦算、地理、歴史、宗教、医薬、易卜にまで及んでいたので、チンギス汗から何を聞かれても、即座に答えることができた。チンギス汗は息子のオゴデイ（のちの太宗）に、「耶律楚材は天から我が家に賜った人である。国政をすべてまかせよ」

と言ったと伝えられている。

まことに、史上稀に見る〝偉大な人物〟であった。

耶律楚材がチンギス汗に仕えたのは、そうするほかなかったのかも知れない。あるいは、彼がチンギス汗の世界征服を予想し、積極的に汗(ハン)（大皇帝）の側に侍ることを希望したとも考えられる。野獣のようなモンゴル軍は、放置しておけば世界中で蛮行をくり返し、人類を未開の時代にひき戻す可能性さえあったのである。それを救うには、チンギス汗の絶対的な権威を利用するほかない。モンゴルの軍隊は、チンギス汗の言うことだけは聞く。そうであれば、人類を破滅から救う方法は、チンギス汗の側にいて、信任を得、文明的な助言を与えるのが最上の策だったのである。

陳舜臣も『中国の歴史』九「草原からの疾風」の項で次のように述べている。

☆　　☆

その後、さまざまな場面で、耶律楚材は諫言によってモンゴル軍の蛮行を抑えています。長城を越えて中原に入った遊牧民たちは、よく耕された田地を見て、こんなことをさせておくのは勿体ない、田地をつぶして牧草場にしよう、などと言い出すのです。耶律楚材は辛抱づよく、農耕のことから、それによって得られる年貢のこと、遊牧場にするのにくらべて、どれほど有利であるかなどを、わかりやすく説き聞かせました。彼が諫めたために、大虐殺が何度も避けられたといわれています。

☆　　☆

史書の著すところによると、契丹王族、耶律楚材は、ジンギス汗の大軍に従って阿海太子と呼ばれる最高位の要職につき、サマルカンドに至った。

異域の河中　春終らんと欲し
園林（えんりん）は深密　頼れし墻（かき）に閉ざさる
東山　雨は過ぎて　空は青く
西苑（せいえん）　花は散って　乱翠（らんすい）かさなり
杷欖（はらん）　碧枝（へきし）初めて実り
葡萄（ぶどう）の緑架（りょっか）　すでに龍をくねらす
等閑（のどか）に春はくれて芳菲（ほうひ）は歇（や）み
葉底（ようてい）　翩々（へんぺん）として　疲れし蝶のものうき

瑠璃（るり）の鐘（かね）　中なる葡萄の酒
琥珀（こはく）の瓶　中なる杷欖（びわ）の酒
万里　遐方（かなた）に　この楽しみを獲（え）たり
妨げず　終老（しゅうろう）　天涯（てんがい）に在（あ）るを
寂寞（せきばく）たり　河中府（サマルカンド）

藁をつらね　万家に及ぶ
葡萄親しく　酒は醸々
杷欖　開花を見たり

いずくんぞ　流砂の過ぎるを　躊躇(ためら)わん
寂寞たり　河中府
流れに臨み　草盧(そうろ)をむすぶ
樽を開き　美酒を傾け
網を投げて　新魚を得
客あれば　同じく句を連じ
人なくば　書を看る
天涯　この楽しみを得
ついに老ゆる　また如何(いかん)せん

このとき、楚材は実父履(り)に託された祖国、契丹の再興成らずと嘆じたのであろうか。

『契丹北倭記』の「サマルカンド」

サマルカンドについて、井上靖氏は次のように述べている。

☆　☆

往古、ソグド人たちは砂漠の中に要塞都市を造り、マラカンダと名付けた。いまのサマルカンドだ。前三二九年に、西欧から来た侵略者が灰にしてから、この都市は今日まで十何回かの興廃を繰返し、その度に異民族の「都」になる運命を持った。悉万国、颯秣建国、薩末鞬国、撒馬爾罕国など、中国の史書は時代時代でサマルカンドにさまざまな文字を当てているが、私は『大唐西域記』に記されている颯秣建国というのが好きだ。この四字だけが荒亡と離散の匂いを持っていない。事実また西域記には、土地は沃壌、気宇は和暢、多く善馬を出し、人性は勇烈と註がつけてある。——ただ遺憾なのは、この名前の使われた時期が頗る短かったことだ。(『運河』筑摩書房)

☆　☆

アム河とシル河はアラル海に注ぐ二大河で、その間にはキジル・クムの原野が広がり、この南方をシルクロードが横切って、さらに南方にアライ山脈が聳えている。辰国の故地、コータンから楼蘭にはじまり、奇子朝鮮の故地バルハシを過ぎ、扶余の故地サマルカンドを見てきた。

ここで箕子朝鮮に目を転じてみよう。箕子朝鮮は「奇子朝鮮」と書くのが正しく、中国東北または北朝鮮に建てられたクニではない。

『契丹北倭記』（倭人興亡史）第二十四章を引用しよう。

「そこで、周の武王はイシン討伐の志を棄て、箕子を封建しようとした。だが、箕子はこれを拒否したので、韓・燕二国が来寇した」

殷墟（殷文化圏）とは何か

中国史の「殷」の時代、オリエントではペルシア湾に面する「イシン」という都市国家がメソポタミアの一部を支配していた。イシンの貿易者または海賊であったカルデア人は、マガン（バーレーン島）からインダス河口（インド）一帯を勢力下におき、〝海の国〟とも称していた。古代中国の殷墟といい、『史記』で「殷王国」といっているものの実体は、イシンの貿易を支配していた「海の国」のカルデア人の残した海賊基地の遺跡であった。

この海賊（七福人の貿易業者）たちが、中国大陸に古代インダス文明の象形文字を持ち込んで、いわゆる「甲骨文字」に発展したのである。

いくつかの例をあげよう。

・漢字の祖形にあたる古代中国の甲骨文字と、インダスの象形文字を比較し、かつ、甲骨文字中に南方文化の色彩が強いことが判れば、漢字の源流についての疑問は少なくなるであろう。

・中国には存在しない、南方の動物を示す文字の存在。これは、殷文化に先行する南海文化、または西南方のインダス文化が入ってきた証拠であろうか。
・古から現在にいたるまで、いわゆる「殷帝国」の背後にあるべき広大な領地からは何の出土品も発見されていない。殷の時代、中国大陸に、カルデア人の基地＝「殷文化圏」があったことは考えられるが、甲骨文字の存在をもって古代中国に〝殷帝国〟があったとするのは飛躍であり、無理な主張である。

殷墟出土の甲骨文字と、インダス文明の象形文字との対比については、鹿島昇著『バンチェン／倭人のルーツ』（新国民社）「殷本紀の謎」に詳しい。

司馬遷は、韓に先行する中国古代史を、オリエント史をモデルとして夏→殷→周→秦とした。そして、それぞれに〝放伐思想〟を裏付ける「伝説」を設けた。すなわち、前王朝の失政を明らかにして、暴力による新王朝誕生の必然性をくわしく述べている。そのため、オリエント史を借用・工夫して創られた『史記』各王朝の存在期間は、「五〇〇年大変説」によっておおむね五〇〇年とした。

紀元前六八〇年、マガンを支配した「海の国」の王ナブゼルキットイリシルの時代に、マガンは遠く華北・平陽～洛陽に植民してその地に「韓」という小国を建てたことがわかっている。司馬遷は『史記』の中で、大航海民族・海人族カルデア人の歴史を嫌がり、「マガンと韓の関わり」を抹殺したのである。また、オリエント史で「海の国」イシンのことは、アッシリア帝国史からも省かれている。そのため、読者に「イシン」（殷のモデル国）のことが判りにくいのは無理からぬことであった。

ところで、周とはアッシリアの西周、武王（発）はアッシュール・ニラーリ四世（前一〇一八～一〇一三年）のことである。韓とは、海の国のあとのバジ王家の王朝で、燕はそのあとのエラム王家にあたるから、海の国とイシンの遺臣はエラム王家成立後も抗戦したことになる。よって、イフルに逃れて都としたのである。また、「イフルは祖王キキタエが聖柱を立てた故地である」との記述もある。さらに「キキタエは神子『キリコエ』の別号である」とも述べられている。「神子」とは神官のこと、古代のシャーマン（男女）をあらわす。「聖柱を立てた」云々の故事は、ソロモン王の神殿前に立てられた二本の聖柱のことをいう。この「聖柱に竜神が巻きつく」話は、別のところでも述べている。

このイフルは、天山山脈の北部にあったものであろうか。このときの箕子国の位置は定かではないが、カラコル市西方に「箕」の銘の入った銅器が出土しているから、イフルを、西域最大の錫の産地であったイリ、またはイシク・クル湖周辺に比定できる。

『宮下文書』によれば、ビト・アディニとラケーの人々は前十一～一〇世紀、エラム王朝を倒したのち、東方の支配地を求めてシルクロードを東遷し、イリ河周辺に達したという。これを『契丹北倭記』は国常立命一行の遠征と記したのではないだろうか。

イリの東方、ズンガリ砂漠の東南に、今日も奇台（キタイ）という地名が残っているが、奇台は「キキタエ」のことであろう。おそらく、イリから奇台にかけての地域が箕子国の主な領域だったと見られる。

ところで、箕子国については、大凌河流域に孤竹(こちく)国があったという議論が行われている。一九七五年、台湾大学の李亨求氏は『中国東北の新石器時代及び青銅器時代の文化』という論文を発表した。

その中で、河北北部と熱河、遼寧、吉林、黒竜江の諸方面を考古学上の『中国東北地区』とし、この地区の新石器文化として、

(1) 細石器文化
(2) 彩陶文化
(3) 遼東半島の混合文化

を挙げ、次に青銅器文化として、

(4) 卜骨などの、中原の龍山(ロンシャン)晩期及び商(殷)代に相当する地方性の強い土着の『夏家店下層』文化
(5) 殷末から春秋直前までの石塊・石板の砌築を含む『夏家店上層文化』
(6) 青銅製礼器に見られる弧竹国文化
(7) 西周中期から戦国早期までの地方性がやや多く、中国文化の往来も少なくない、青銅製短剣に見られる『南山根文化』

以上、七つの文化を挙げている。

李は大凌河上流の喀左県北洞孤山の青銅器に『父丁孤竹亓亜』という銘文のものと、『箕侯亜矣』という銘文のものがあるとし、前者は殷晩期、後者は殷末周初で、箕族がこの地方で作ったものであるという。また、関連する（李の論文で取り扱う）出土器は、右二点を含めて、遼寧省喀左県北洞孤山の十二点、山湾子の二十二点と、凌源県馬廠溝小転山子の十六点、小城子の一点であるとしている。

この論文の仮説について、鹿島昇氏は次のように述べている。

「私の考えでは、大凌河上流を『孤竹』というのは、大凌河をユーフラテス、黄河をティグリスに見立てた箕子一族の『地名遷移』で、この付近が箕子国の南限だったのであろう。この箕子国滅亡の記録は、『神皇紀』底本の『神代根創定之申伝』にあり、のちに『宮下文書』によって説明したい」

扶余＝徐珂殷（サカイン）とは何か

いにしえ、カルデアの人々はイランからペルシア湾をこえて、遠くマラカンド（バクトリア／大秦）に建国した。この人々は、王家が神話のニギハヤヒ（昔姓（セキ））で、海人族（マラ族とメルッハ人集団）のクシャトリアであった。

一望千里、茫漠たるカスピ海は、一名ハザル海ともいう。

イラン北方に位置する世界最大の塩水湖で、周囲約六千キロ、面積三十七万一千平方キロに達し、日本海の約二分の一の広さであって、ここから東はアジアである。東に馬首を向ければ、やがて茫々たるカラコルム砂漠が拡がるが、突如として北方にアラル海が現れ、アム川とシル川の間には西域最大の都サマルカンドが見える。

唐代、サマルカンドは「康国」と書かれ、ソグド商人の根拠地となり、その周りに石国（タシュケント）、曹国（ジャグーダ）、何国（クシャニア）、安国（プハラ）、史国（ケッシュ）、倶密（クメード）などの諸侯国が散在した。この中の倶密（クメード）が扶余のはじめの都だったと、『倭人興亡史』第三十一章は記している。

〔歌詞〕

是よりさき　宛の徐　海を済り　船臻し　殷に倚り　宛難に居り

地を闢くこと数千里　弦牟達に築き　昆莫城と称し　国を徐珂殿と号す

〔意訳〕

これより先、バビロンではカルデア人の海の国王朝が亡び、ウル市のカルデア人は船を連ねてペルシア湾を渡り、インダス河を遡り、先行した箕氏朝鮮族を追い、銅山のあるフェルナーガに到った。地を開くこと数百千里、倶密（クメード）に築城し、コマ城と名付け、国をサカ殿と号した。

サカ殷はのちの扶余である。『宮下文書』ではニニギノ命の長子ホテルスが、底大湖西北の原野を開いてコマル国と称し、皇居を高原宮と称したとなっている。

さて、海の国が亡びたのは、中国史で「応韓（おうかん）」と書かれるバジ王家と、「燕（えん）」となっているエラム王家の侵攻によるが、エラム人はアッシリア軍の先鋒となって、なおもカルデア人を追ってシルクロードを東進した。

先に記した第二十九章に続いて、『倭人興亡史』第三十二章は次のように記す。

〔歌詞〕

是に至り、燕、塞を築きて曼灌幹（マハカン）に繞（めぐ）らし、城を襄平（じょうへい）という。将（まさ）にまた孛涘渤（はしほ）を越えて阻断を強行せんとす。二国は燕を伐（う）って之に克ち、渝をこえて孤竹に及び悉く殷の故地を回復す。秦、燕を滅するに及び、乃ちこれと約し、地を郤（しりぞ）く…千里に及び、孛水を以って界となす…故（もと）の如し。

〔意訳〕

ここに至り、燕は要塞を築いて曼灌幹（まはかん）（マラカンド）に廻（めぐ）らし、城を襄平（クチュク・デベ）といった。まさに孛涘渤（はしほ）（バルハシ湖）を越えて、箕子国と扶余との連絡を絶とうとした。二国（扶余と箕子国）は燕を伐ち、これに克ち、渝（大河）を越えて孤竹に及び、悉く殷の故地を回復す。秦が燕を亡ぼすに及び、乃ちこれと約し、地を郤（しりぞ）くこと千里、孛（はい）水（すい）（湖）を以って界となす、故（もと）の如し。

従来の訳によれば、マハカンが遼陽、ハシホが沛水(はいすい)の大凌河で、孤竹は山海関北方の孤竹営子になっている。さらに『前漢地理志』では「沛水塞外に出で、西南海に入る」とあり、この記述は大凌河のことなので、沛水(バイスイ)→ハスイ→ハシホと変化したという解釈は疑う余地がないように見える。

また、箕子銘の方鼎が台北市故宮博物館にあったのが判明し、これが大凌河南部の遼寧省喀左県で出土したというので、この解釈はますます真実めいてきた。加えて、燕の長城の発見があり、これは「燕が塞をマハカンに廻らした」という記述に一致する。

しかし、これらの解釈を総合すると、『倭人興亡史』の「ここに至り」とされる時間は、前二二三年、燕が亡びる十五、六年前頃ということになり、実際そのように説明されているのだが、そこには納得し難い矛盾がある。

中国史では、燕の太子丹が秦始皇帝暗殺に失敗したのは前二二七年である。『史記』燕世家では、燕の武成王二十七年、太子丹は荊軻(けいか)を派して始皇帝を襲わせるも、秦は燕都・薊(けい)を抜いた。燕王は遼東に逃げ、太子丹を斬って秦に献上したとなっている。ところが、秦始皇本紀では、二十年に丹が暗殺を企て、二十一年に王賁(おうふん)が薊(けい)を攻め、太子丹を殺した。燕王は東に逃れ、遼東の地を治めて王になったとある。

研究者たちもこのことに触れ、燕はすでに遼東を失っていたのに、どうして燕王が遼東に逃れることができたのかという疑問を提起している。

これについて、『漢書』匈奴伝にはこうある。

（一）趙（ちょう）（大夫餘）は胡貉（こらく）と境を接し、韓、魏とともに知伯を亡ぼして晋の地を分割した。

（二）のち義渠の戎は自立して城を築いたが、秦の恵王はその二十五城を奪った。

（三）義渠戎の王は秦の昭王の母、宣太后と通じて二子を生んだ。

（四）宣太后は詐（はか）って王を殺し、義渠を滅ぼした。秦は長城を築いて胡を防いだ。

（五）趙も塞を築いた。

（六）燕将秦開は東胡を破った。東胡は千余里退き、燕は造陽より襄平にかけて長城を築いた。

加えて、『倭人興亡史』は、第三十章で、燕の徐、すなわちウルのカルデア人の扶余建国を記したあと、第三十一章では燕が「マハカン」に塞を廻らして城を襄平とし、さらに燕は「ハシホ」を攻撃しようとしたため、扶余と箕子国は燕を破り、「ユウ」を越えて孤竹に及び、殷の故地を回復したとなっている。これは『漢書』の記録と一致する。

燕（エラム）が築城したというマラカンドの襄平城とは「クチュク」の漢字表現であり、この遺跡は、一九六二年～一九六四年に、タシケントの考古学者によって発掘されたものである。報告者のV・マッソンは、「この遺跡から、考古学者たちが永い間熱心に探し求めた前一〇～七世紀の古代バクトリア文化が発見された。この文化は多くの点でマルギアナのヤズ・デペを連想させ、類似点は土器、青銅製ナイフ、矢などに認められる。……クチュク・デペは他の部分から少し離れた建物跡であるが、高さ四メートルの防壁が走っていた。アムダリア本岸のステップに忘れ去られたこの建物は徹底的に防備されていた」と記している。

この「周囲の防壁」のことを『倭人興亡史』第三十二章は、「要塞を築いて、サマルカンドに廻らした」と記録したのである。

こののち、漢は匈奴の冒頓単于（ぼうとんぜんう）と争って東胡の平定を計り、燕人・衛満を使って奇子朝鮮を滅ぼそうとした。

その間、冒頓はその攻撃の鉾先を西域に向けた。西域に向かうまでに直接の目標になったのは月氏である。冒頓の父、頭曼が単于であったころ、冒頓は月氏に人質となっていたと伝えられているから、月氏を敵視する気持ちも強かったのであろう。それ以上に、月氏に代わって西域へ勢力を伸ばす考えがあったことは疑いない。

漢代の史書によると、匈奴のために原住地から追われた月氏は、南山山中に残った一部のものを除いて大部分は天山山脈北方のイリ河の流域に逃れたという。後に、南山山中に残留したものは小月氏、イリ地方に移動した大部分は大月氏と呼ばれるようになった。

ちなみに、一九六七年（昭和四十二年）『騎馬民族国家』（中央公論社）を著した江上波夫氏（東大名誉教授）は、これらの事実を調べていなかったのであろうか。従来の多くの歴史学者と同じく、なんとも迂闊（うかつ）なことであったと言わねばなるまい。

第六章　浅草の博士・弾左衛門は、エタモンの頭梁だった

長州征伐で、幕府軍はなぜ負けたのか

一八六五年（慶応元年）、第二次長州征伐が行われたとき、薩長連合の総大将・西郷隆盛の密命を受けた薩摩藩の御用党益満休之助らが、裏社会の博士ともいわれた江戸浅草の穢多・非人（狗神人）頭弾左衛門に対し、「汝はもともとわれわれの同族だから味方になってくれ」と切り出した。この結果、豪商越後屋などの陰のオーナーであった弾左衛門は徳川家を見限り、妻の実家だった長州鉢屋衆らに内応して、輜重隊（埋蔵金・武器・弾薬・食糧などの大阪城内にあった補給物資輸送隊）を出動させなかった。そのため、幕府軍は長州四境の戦いで全面的に敗北することとなったのである。

高視聴率を得たNHK大河ドラマ『篤姫』は、このような歴史的経緯のナレーションを省いたまま放送しているので、本当の歴史が伝わらない作品となっている。

そこで、この項では、古代の人々が信奉していた守護霊の神名によって古代史を解明し、同和問題の解明に一灯を燈したいと思う。

最初に、神代文字（カロシティ文字）の叙事詩として書かれた『秀真伝』が伝える「エタカバネ」の謎を明らかにしたい。

崑崙王尾茂太留尊

『秀真伝』第十五章に、ポンティコンの実から採った秘薬を、崑崙山脈の「山の道奥」として述べている。赤形国の王トヨクムヌノ尊の王妃ウケステメ（中国史のいう西王母）は、根の国でタマキネノ尊に仕え、女性シャーマンのコロリ姫の義妹となって、この不老長寿の秘薬を授けられたという。

ちなみに、中国史には、「前一〇世紀、周の穆王が遠く西王母を訪ねて、この千代見草を求めた」という故事が記され、この伝説を裏付けている。

この「根の国」はヘロドトス（前五世紀）が記す、アルギッパイオイ人（神聖視された民族）の国と思われるが、彼らが生活の糧としていた木の実「ポンティコン」のことを、探検史家松平千秋氏は、「一種の野生の桜桃で、今もこのあたり（アルタイ山脈の西端イルティシュ河流域）の住民はこれを食用・飲用にあてている」と記している。

また、同章は、根の国一族が肉食をタブーとして、「ススナ（清菜）をとって長寿をえた」

とくり返し強調し、同じ趣旨は『上記（うえつふみ）』（インド伝来のクシャトリア＝源氏一族の古文書）のウガヤ王朝史冒頭部分にも記録されている。従って、神道の「肉食タブー」は、実はバラモン教や仏教から導入されたものではなく、逆に、のちのサカ族の王族〝釈迦（しゃか）〟が、サカ族の王家にあたるアメニギ氏のタブーを継承したことになるのである。

西域とインドで、サカ族（ラピスラズリを商う羊トーテム族）の僧を「サンガ」というのは、エンシ時代（アーリア人侵入以前のインド）のラガシュ神官「サンガ」がルーツである。前一〇〇〇年以降、海の国のカルデア人が西域に逃れてサカ族となったとき、先導者シャーマンたちを「サンガ」と称えつづけた。また、ウルのカルデア人の主神は、有翼の獅子「ニン・フル・サグ」と大角鹿「インザク」の神で、『倭人興亡史』が扶余の前身を「サカイン」とするのは、この人々が「インザク」の一族であることを表す。

歴史言語学者の川崎真治氏は、西域に広く出土するインザクとニン・フル・サグのメタルについて考察しているが、シュメールのニン・フル・サグが、シルクロードでオモタル神になったとする指摘は重要である。また、『宮下文書』でも同義で、大角鹿「インザク」の一族であるとして、のちの匈奴二族の王名を、面足（おもたる）と尾茂太留（おもたる）という同名の二人の祖王として記録する。

だが、実は、前者は匈奴刀漫（とうまん）系の祖王、後者は匈奴冒頓（ぼうとん）系の祖王のことであった。すなわち、『宮下文書』は、国常立命（くにのとこたちのみこと）の王弟・クニサッチノ命の三子と四子を、ともに同名のオモタルとした。つまり、三子を「面足」、四子を「尾茂太留」と書き分け、さらに、スクナヒコナ（少彦名命）とコトシロヌシ（事代主命）をオモタル（尾茂太留）の子と記すのである。しかし、このような兄弟同名は他に無いから、この記述の合理的説明は、これらの系図が実際の家系を示すのではなく、二つの部族が同一のトーテムによって連合したものと解すべきである。実際、このころの神統図は、ゴートル・エクソドミィによる連合部族の合成系図なのである（鹿島昇著『倭と王朝』新国民社参照）。

『上記（うえつふみ）』の〝食肉タブー〟説話

『宮下文書』神武天皇の条に、「穢多（えた）は諸々の猛獣を殺し、また牛馬の皮剥（は）ぎて、革を製し、衣服並びに太鼓、下駄等を製することを業となさしむ」と記してある。

また、『上記（うえつふみ）』第六十九代彦（ひこ）天皇の条に、

① 奇日の国主がヤクロ島で漂流民に出会ったところ、「私どもは支那の者で、国王シニウが愚かで民を苦しめ国を滅ぼしたため、亡命して漂流し、十人のうち二人が助かった」といった。

② 亡命者五十人を愛媛県クマ山のシガラに、五十人を信濃のコムロ（コマロ・小諸）山に、五十人をチヂノク（陸奥）の津軽に、五十人を谷波（丹波）のコマ山に分け配った。

③ 三年の後この人々が百姓の女を犯したため、マナメ、ウナメ（牛馬のように醜い女の意か）を各々二十五人ずつ与えた。このクジド（異人）らに獣の姿をさせ、獣の皮を着せ、

手足を露出させておいた……

とある。

『上記』にいう第六十九代彦天皇とは百済王蓋鹵（国史の市辺皇子）のことであるが、王の世代は五世紀（四五四〜四七四年）である。このころ、北魏の大武帝燾は崔浩の献策で道教君主となり、沙門（僧侶）はみな〝穴埋め〟にするという「廃仏令」を実行し、そのため、四五二年、宦官らによって暗殺されている。前述の『上記』にある支那王シニウとは、この北魏の大武帝燾のことであろう。

北魏は三八六年、鮮卑の拓跋珪が建て、王は鮮卑族で、トルコ系とも東胡ともいわれた。『後漢書』は鮮卑を東胡（扶余・辰国）の末としている。後漢の初期、匈奴に代わって蒙古南部に勢力を強め、檀石塊が一族を統合したが、四世紀以降、東胡、柔然に服属し、六世紀半ばに庫莫奚（コマキ／コバクケイは誤り）となった。このコマ奚は、キキタエ神を奉じる契丹三族の筆頭であり、のちの高麗（高句麗）王家となるのである。

さて、『宮下文書』と『上記』に共通するのは、いわゆる「差別」の〝起源〟をチュルク（トルコ）系百済王朝とすることである。

『上記』の記載中、①の部分は蓋鹵王代に実際発生したことであろう。

だが、『東日流外三郡誌』によれば、この頃の津軽は「荒吐五王国」という独立国だから、百済王仇首（神武天皇）代から蓋鹵王代までの間（三世紀〜五世紀）に、百済が津軽を流刑地にすることはできないはずである。『上記』の記載が正しいとすれば、『三郡誌』の荒吐族は鮮卑の末で、神武東征のとき津軽に流刑されたのち、共通の祖である昔氏の考安系図（東表国王統譜）によって史書を作ったことになり、安部氏はその末となる。

いずれにせよ、流刑地のうち三か所が「コマ」であり、他の一か所・東日流（ツガル）が反源氏の荒吐五王国であることに意義があり、『上記』の記録について重要な部分は②の地域差別の部分である。ここにある丹波コマ山は山窩（さんか）アヤタチの本拠であり、クマ山のシガラは山窩忍者シノガラの本拠である。また、コムロ（コマロ／小諸）から八ヶ岳に至る地域には近年まで皮革差別が残っており、島崎藤村が記録している。

従って、『上記』（源氏の史書）①②の説話は、自らも倭人（クシャトリアの東胡）であり、朴・昔両姓の末である花郎軍団の源氏が、白村江の戦後、新羅占領軍となって倭国に侵入した当時の記録だったのであろう。彼ら源氏は、唐の代理人となった唐務悰（とうむそう）改め藤原鎌足（かまたり）（藤原氏）を司令官として推戴し、その家事奴隷（傭兵）近衛兵になることによって権力者側となった。すなわち、奈良時代の源氏は権力者であった。

やがて権力者が交代し、桓武天皇の平安時代となり、百済王朝が復権して倭人（農民）収奪者と化したとき、それまで同族の山窩・穢多（エタ）の人々が、津軽や関東以西の別所・千軒地などで抵抗を続けながら、引き続き藤原氏の重農体制による非農差別を受けてきたことを解消せず、むしろ藤原体制を継承して、この非農差別を定着させた事実を示す。

だから、このときの状態は、脱差別者の差別再生産なのであった。燕（えん）国公孫氏の帰化人であり、北陸の藤内（アイヌ部落への参入者）であったトウビョウ（東表）族が、革の蹴鞠を作った部族でありながら、鞍造りの昔姓（シャカ・サカ）族たちを非農差別の対象としたことに始まった差別再生産のくり返しなのである。

柳田國男は、藤原氏は「蛇」を捕らえた一族であったという伝承を記すが、そうであれば、藤原氏は山窩タヂヒの一族であり、山窩アヤタチが藤原氏の末子を名乗っていることにも符合する。だが、検証による事実は、藤原の「トウ」は「トウ（ホ）カミエヒタメ」の「トウ」で、東日流に亡命した狗奴国王長髄彦の義兄弟であった東表国王安日彦の蛇トーテム信仰「トウビヨウ」を表す倭人語であったことを示している。

「天皇系図」の改竄と、「邪馬壱国」史の偽造

この東表国は、紀元前一一〇〇年、「七福人」のエブス人・ヒッタイト人・殷人らが、華北から豊ノ国（北九州）へUターンして建てた国である。このとき、殷人たちは薩摩にも南下して旧薩摩隼人が生まれている。

東表国の王はエブス人であり、その王統は一〇〇〇年以上も続いていた。それらの王の在位期間は、初代クルタシロス一世（在位約三〇年）から五〇〇年を経て孝昭となり、孝昭（在位三〇年）から約四五〇年を経て孝安となった。孝安の後、孝霊↓孝元↓開化と続くが、孝元・開化はともに女王であり、邪馬壱国と狗奴国（東表国）が和睦したのち、

① 孝元は邪馬壱国王・安寧（天皇）の妃となり、
② 開化は百済系の依慮（懿徳天皇）の子・依羅（崇神天皇）の妃となっている。
『百済本紀』にいわく、
「（三四六～三七五年）近肖古王（実は倭大王崇神）在位。邪馬壱国と狗奴国（＝東表国）を合併して百済国を建てる」
とある。

こうして、邪馬壱国の扶余王家と東表国のエビス王家が和睦・融合したのであるが、『百済本紀』にも『記紀』にも、その詳しい史実はほとんど書かれていない。両書が「偽史」とされる所以であろう。

この①～②のとき、旧薩摩隼人（狗奴国系の人々）は女王孝元および開化に従って慶尚南道（朝鮮南部）に移動した。この人々が金官加羅の武士（朴氏や昔氏）となり、やがて奈勿王（三五六～四〇二年）のとき新羅を建国するのである。

旧薩摩隼人は、何故亡んだのか

『日本史年表』に、「七二〇年（養老四年）三月、奈良朝廷の律令制施行を不満とする大隈、日向の隼人族が叛乱を起こし」とあるが、この時の隼人族は「燕国」から南下した公孫康（事代主命・帯方郡守）系の「投馬国」＝「安羅国」の人々であった。

紀元三世紀、遼東の奇子朝鮮から渡来した旧薩摩隼人のコロニーは、加古島（鹿児島）の始良郡（韓国新羅の原郷、のちの始良郡）にあった。

七二〇年（養老四年）三月、倭人・薩摩隼人の叛乱（律令制を不満とする反乱）の際、旧安羅国（＝旧投馬国・邪馬壹国）の首都であった西都原（千数百の古墳群が存在する今の西都市）が、大宰帥大伴旅人が率いる官軍および源花法蓮（墨染めの衣をまとった源氏の棟梁）の率いる奈良朝廷の傭兵クシャトリア（花郎軍団）の連合軍によって陥落させられてしまった。

このとき、大隈・日向の先住民である薩摩隼人の士師族約五万人は、法蓮たちインド伝来の源氏騎士団の巧みな奇襲戦法に引っかかって、ことごとく戦死、または逃亡し、首都の民約十万人もすべて四散した（安羅国→投馬国→邪馬壹国〔女王卑弥呼らのクニ〕＝「倭国」滅亡史については前著参照）。

これ以後、鹿児島県大隅半島および宮崎県日向には、ユダヤ系レビ族の肝属氏、島津氏らが続々と入植し、鹿児島城下の阿多半島にも、同系の伊集院家及び島津家らが入植して地頭となった。そこへ肥後相良郡の白丁隼人（朝鮮の穢多姓・物部氏系の武士たち）がカーストを保持したまま来住して地侍となり、地頭たちはやがて戦国時代の封建領主となっていった。

このような流れから、薩摩藩は武士の数が多く、戦国時代～江戸時代には農民と武士の比率は六：四にまで達した。全人口内に占める武士の割合が四割にまで肥大し、農村の隅々まで下級武士が常駐するという軍事大国となったのである。

通常、武士の割合が一割である他藩と異なり、薩摩藩とその植民地琉球においては屯田兵制度が敷かれ、重農経済による農民への搾取が強化された。さらにその秘密を守るために国境線を固め、他国者の侵入を許さない厳戒体制を敷くこととなった。

鹿児島城下へ潜入しようとした幕府忍者隊の活躍を描いた書物『南国太平記』などを踏まえて考えると、薩摩藩の歴史は次のようである。

（一）『鉄砲伝来記』によると、一五四三年（天文十二年）、明の海賊王直がポルトガル人を案内して種子島に上陸し、日本に鉄砲を伝えた。二年後には博多に来て、ポルトガルとの交易を勧め、ガイド役として、中国の双嶼島（そうしょ）、寧波（ニンポウ）に二人の日本人を連れていった。
（二）ついで一五四九年（天文十八年）、薩摩藩士ヤジロー（エタモンの頭領・岩屋梓梁（しんりょう）ともいう）は、当時マレー半島のマラッカにいた宣教師フランシスコ・ザビエル一行を鹿児島に連れてきて、藩主島津貴久・義久父子に対面させ、『釣り野伏せ（つりのぶせ）』という集団戦法を会得させた。これにより、島津家は一躍九州一の鉄砲集団・戦国大名となり、豊臣時代には、九州勢を率いて上洛するほどの勢いを示した。ちなみに、『釣り野伏せ（つりのぶせ）』とは、野戦で軍を三部隊に分け、そのうち二部隊を左右に待機させておき、機会を捉えて敵を三方から囲み、包囲殲滅する戦法である。まず中央の部隊が敵に当たり、敗走を装い後退する。これが「釣り」であり、敵が追撃してきたところを左右から伏兵に襲わせる。これが「野伏せ」である。このとき、敗走を装っていた中央の部隊も反転し三方から包囲するのである。
（三）一六〇〇年（慶長五年）、関ヶ原の戦のとき、島津家は西軍に与（くみ）したものの、徳川家から敗戦の責めを問われることもなく、領地を減らされることもなかった。こうして、日本一の守護大名として存続した。

（四）幕末の志士西郷隆盛は、白丁隼人マガタンシ集団（菊池一族）の頭領であった。明治維新の際、最初は開明的な藩主・斉彬（なりあきら）侯を援けて奔走したが、やがて斉彬が、調所広郷（ずしょひろさと）（経済改革の実力者／お由羅（ゆら）騒動の黒幕）によって毒殺されると、それより藩の実権を握った保守派・久光らの藩主勢力と対立した。あまり頭の良くなかった久光の逆鱗に触れ、琉球（薩摩の植民地）へ島流しにされ、重い象皮病（ぞうひびょう）にかかったが、輩下の援けを得て復帰し、薩長連合の総大将に就任して維新回天の大事業を成し遂げた。現在では、象皮病治療用として山兎を獲るために猟犬を連れた、普段着姿の上野公園の銅像が有名である。

幻の「筑紫舞」

一九八〇年（昭和五十五年）六月、古田武彦氏を訪ねた筑紫舞の家元・西山村光寿斎氏は、長年、胸の奥深く秘めてきた「疑問」を次のようにぶつけた。

☆　☆

わたしが伝えております筑紫舞の中で、一番中心になる舞に『翁（おきな）』という舞があります。これは三人立・五人立・七人立・十三人立という舞ですが、わたしが師匠の菊邑検校（きくむらけんぎょう）から伝えられておりますのは七人立までです。それは、諸国の翁が集まって諸国の舞を舞う、という形

『出雲の翁』『尾張の翁』『難波津より上りし翁』『都の翁』『加賀の翁』『肥後の翁』ものので、『肥後の翁』『加賀の翁』『都の翁』『難波津より上りし翁』『尾張の翁』『出雲の翁』『夷（胡）の翁』の七人です。五人立の場合は『肥後の翁』『加賀の翁』『都の翁』『難波津より上りし翁』『出雲の翁』の五人。三人立の場合は『肥後の翁』『加賀の翁』『都の翁』の三人です。

実は昨年（昭和五十四年）、東京でこの「七人立」を演じました。ところが、国の文化財関係の方々から、「ここに出てくる『都』とはどこのことか。また、終始、肥後の翁（光寿斎氏の役柄）が中心になって舞が進行するのは何故か」と聞かれました。

実は、これらはいずれも、わたしが少女時代――昭和一〇年代のことですが――菊邑検校にお聞きした不審でございます。何でも聞きたがり屋の時期でしたから、「何でです？」と聞きましたら、検校は「それは申せません」と言われる。そこでわたしが遠慮もなく、「お師匠さんも知られんのとちがいますか？」と申しますと、「いや、私は知っております。けれども今は申せません。ですが、私の申した通りに、一つも違えずにそのまま覚えて、そのまま伝えて下さい。そうしたら、将来、必ずその真実を解き明かす人が現れます。ですから、必ず一つもたがえずに伝えて下さい」と、そう言われたのです。何かその口調に押されて、それ以上わたしには問い返すことができませんでした。

また、『肥後の翁』の件も、わたしが「お師匠さんが肥後の人やから、肥後の翁を中心にされたのと違いますか？」と申したことがあります。お師匠さんが肥後出身の方だということは、父から聞いて知っていたのです。すると検校は、こわい顔をして「そんなことはありません。わたしが肥後出身だから、こうした、などということは決してありません。昔から、ずっとそうなっているのです」と、そう申されたのです。その異常に緊張した返事に、ぎょっとしたことを覚えております。

ですから、わたしは弟子の者に教えるときにも、そのようにいつも答えていました。ところが昨年の、あの文化庁の方のことがありましてから、一段と、自分でも何とか、この大切な舞の御許が分からないものか、と考えあぐねるような日々が続きました。そうしたある日、古田先生の『盗まれた神話』という本に出会ったのです。

それを読んでおりますうち、御本の中で、景行天皇の九州大遠征、御本では「前の君」という筑紫の王者が九州一円を平定する話を挿入してあるところです、あそこの地図に「京（みやこ）」とありました。福岡県の行橋市のところですね。

それを見て、「ああ、この『都』ではないか」と思ったのです。と申しますのは、『翁』の中の『都の翁』というのが、どうも近畿あたりの都では筋書きがうまく納得できない。これは娘時代に感じたところ、また文化庁の方が指摘された通りなのです。そこではじめて、「九州にも『都』があったのか」そう思って驚いたのでございます。けれども、これはやはりこの本の著者の方に一度お伺いしてみよう。著者が書くときにお捨てになったものの中に、私にとって大事なものがあるかも知れないから、そう思って、こんなことは今まで一度もしたことはないのですが、直接お電話しまして、本日、娘二人を連れてお伺いした次第です。どうぞご教示のほどよろしくお願いします。

☆　　　☆

このときの会見の模様は、昭和五十八年六月発行の『よみがえる九州王朝』（角川書店）に詳述されている。だが、西山村光寿斎氏は著書内容の解説ですべてを納得されたのであろうか。

つづいて、昭和六十三年六月、鈴鹿千代乃著『神道民俗芸能の源流』（国書刊行会）が発行された。著者はあとがきの中で、「私は十三年来、傀儡子（くぐつ）・遊女・海人族といったさすらいの旅芸人達の足跡を調べ、八幡信仰圏に息づく民俗芸能や信仰の探訪を続けてきた。遅々たる歩みを続けるなかで、今はもう幻と考えられていた傀儡子の芸を伝承していた西山村光寿斎師にめぐり会った。『筑紫舞』というその不思議な舞に魅せられ、約八年間、光寿斎師より聞いた筑紫舞伝承の経緯をまとめ、本書においてはじめて活字にすることができたのは、私にとっては大きな喜びである」と述べている。

「筑紫舞」は〝肥後の翁〟を中心としている

以上のことを踏まえて、中原和人氏はさらに検証を重ね、次のような研究成果を得ることができた。

西山村光寿斎氏に傀儡子の「筑紫舞」を伝えた菊邑検校は菊池氏の出身であり、ニギハヤヒ系統のガド族である。すなわち、旧伊勢国以来の不思議な神縁によって、約二〇〇〇年の歴史をもつ菊池家の山の舞楽能が、九州王朝の筑紫舞として伝承されてきたのである。

肥後の翁を中心とする筑紫舞は「高木神」に捧げられるが、高木神とはニギハヤヒノ尊（みこと）のことである。『記紀』にいう「前の君」（「前つ君」ではない）とは猿田彦命のことであり、この猿田彦命初代はガド族である。この初代が前八十六年、今の博多にあたる糸島半島に、鉄鐸・銅鐸文化の旧伊勢国（王宮は吉武高木遺跡）を建てた。そして、猿田彦命二世が前原市の平原王墓遺跡に太陽神殿（日代宮）をつくり、王権を誇示する「三種の神器」を祀ったのである。そのとき神殿（祖先神を祀る墓陵）に奉納されたのが、筑紫神楽の始まりであろう。これがやがて天孫降臨神話の「筑紫舞」となり、九州一円に拡散していったものと考えられる。

その原型となる神楽は、対馬仁位の和多都美（わだつみ）神社の宮司一家に伝承されている可能性もある。もしそれが源流であったとすれば、日本民族の宝として大切に保存されてゆくことになるだろう。

舞自体は、七二〇年（養老四年）三月、大隈・日向の隼人族の叛乱に際し、旧薩摩隼人（投（とう）馬（ま）国・安羅（あら）国・邪馬壱（やまい）国のイッサカル族／公孫氏）と白丁隼人（人吉盆地相良（さがら）郡のレビ族／物部氏ら）が主導権を争った混乱の最中、山の神楽能が旧熊本城へ遷され、乱の終焉後、肥後の翁を中心とする筑紫舞になったと思われる。

筑紫舞における「翁」の変遷

筑紫舞における『都の翁』『肥後の翁』『加賀の翁』などの変遷を考察すれば、以下のようになるであろう。

(1) 三人立の場合――京都郡（行橋市）を中心に、東表国（縄文製鉄と弥生農業のクニ）が栄えた時代を表している。東表国の水田稲作文化は、すでに加賀（石川県）まで及んでいたから、越前・越中・越後の王として上洛していたのであろう。

(2) 五人立の場合――宇佐八幡宮（宇佐市）を中心に、倭国（九州王朝）・秦王国（近畿王朝）が共存した時代を表している。猿田彦命の旧伊勢国→大国主命の委奴国→神武の伊都国と、紐解くためには、めまぐるしく変遷した九州の歴史の知識が必要になる。

(3) 七人立の場合――博多（福岡市）を中心に、邪馬壱国（九州王朝）・俀国（近畿王朝）が繁栄・拡大した時代を表している。隋の天子煬帝に大胆な「国書」を送った俀国の天子アメタリシホコの事績を検証する必要があるだろう。

(4) 十三人立の場合――大宰府（福岡市）を中心に、都督府制（唐・新羅占領軍の軍政が敷かれた頃）の奈良時代を表している。この舞から、七世紀に中国人・朝鮮人との戦争に負けて植民地にされたという情報を得られる。

ただし、これは「筑紫舞」を旧伊勢国の大王陵、すなわち平原王墓遺跡または宗像古墳などに奉納する神楽だと考えた場合の仮説であって、現実の国々の変遷と霊能の世界との多少のずれを鑑みて判断すべきである。また、この舞が本来、旧伊勢国王・猿田彦命を祭っていた神楽が、高木神（ニギハヤヒノ尊）へ捧げる神楽として昇華したものだという点も考慮する必要がある。

●高木神系・白丁隼人と、公孫氏系・薩摩隼人の争い

高木神＝ニギハヤヒノ尊が率いてきた白丁軍団というのは、各部族ごとに編成された傭兵軍団だったのであろう。このように考えると、その後の古代史の展開がよく理解できる。日本の古代↓上代↓中世と続いた歴史の中で、この傭兵（百済王朝の近衛兵士）たちの果たした役割は大きい。それは、各時代の節目毎に同族・貴族の傭兵となって活躍した濊貊兵（常に帯刀していた武士）らによる杖刀戦法の功績であった（拙著『失われた大和のユダヤ王国』八〇頁参照）。

一方、当時（養老年間）の旧薩摩隼人とは、公孫氏（イッサカル族）系安羅国の兵士が邪馬壱国の武士となっていた、その倭国軍団兵のことであった。この旧薩摩隼人と人吉盆地の白丁隼人は、共に倭国兵として戦った「白村江」のとき、敗戦の憂き目をみて逼塞していたが、養老年間には、同系の隼人族として〝倭国防衛〟に立ち上がろうとした。だが、隼人族双方のどちらのリーダーもプライドが高く、叛乱軍の指揮者をめぐって、激しい主導権争いをくり返した。それが官軍側につけこまれる原因となり、やがて叛乱軍（邪馬壱国の隼人族）全体の敗因ともなっていったのであろう。

いわゆる神武東征の同盟軍として神武と共に戦った公孫康（事代主命／大物主櫛甕玉命）の兵である旧薩摩隼人と、のちに神武と和睦して十種神宝を捧げた多婆羅国の兵である白丁隼人が、ともに、六六三年（天智二年）の白村江の戦で敗戦し、その子孫たちが七二〇年（養老四年）、唐・新羅占領軍の植民地政策、律令制という農奴化政策によって苦しめられることとなった。

この「隼人叛乱」の主導権を争った王族同士の綱引きによって、平原の筑紫舞が遷されて山の筑紫舞となっていたものを、今度は菊池の筑紫舞に変えたということなのであろう。

この大叛乱は失敗して公孫氏の薩摩隼人は全滅し、卑弥呼らの邪馬壱国は亡び去った。代わりに、この叛乱を鎮圧した新羅の花郎軍団、のちの源氏は新しい八幡神（大神氏）としてのし上がっていく。かくして、八幡宮「放生会」の始まりとなった。

これらの歴史は富士文書『上記』にも記載があり、興味深い。

さて、このような永い歴史をもつ薩摩の白丁隼人（マガタンシ集団）とは、一体どういう部族だったのか。その淵源を辿り、隠されていた出自を明らかにしたい。

第七章　「エタカバネ」のルーツ

熊襲／朴・昔・金の鳥人（ニンフルサグ）

朝鮮の武士はどこから来たか。

『秀真伝』第六章「日ノ神」の項に、「月隅は、島津彦より七代住む。今、かねおりの、エタカバネ、宗像（むなかた）、安曇（あずみ）、助けしむ」とあって、支族を表す「エタカバネ」は穢多（エタ）の姓（かばね）のことであるとしている。

また、『秀真伝』の訳者・吾郷清彦氏は、島津彦より七代の王を「島津彦→沖津彦→志賀彦…○…○…金折尊（かなざきのみこと）→○」と記しているが、このあとが波提祇彦（はてぎひこ）で、その娘豊玉姫が火火出見尊（ほほでみのみこと）の王妃であり、その孫娘の玉依姫（たまより）がウガヤ五十一代王の王妃となるから、島津彦の一族はアメニギ氏の対婚部族のことであるとしている。

「カコシマ」は加古島と書き、水夫（かこ）の島、フェニキア人の基地、ひいては鹿児島のことである。

「サツマ」の地名も、蘇民サカ族との対婚部族を表しており、この地はのちに熊襲(くまそ)となる「朴(ぼく)・昔(せき)・金(きん)」の鳥人（ニンフルサグ）一族の植民地／狗奴(くぬ)国（＝投馬国）のことであった。

現在の島津家が島津彦の家老（海人頭）で、島津彦の姓である伊集院家はイシン王家のことだから、アメニギ氏の対婚部族にあたる。つまり実際には、隼人が毛人でエビス系の人々、熊襲が扶余の倭人と箕子(きし)国の韓人から成り、その各々が対婚部族のことを「エタカバネ」と称していた。本来の「エタカバネ」は、古代人の尊称だったのである。

従って、本来の「エタ」姓(かばね)の呼称と、のちの皮革姓差別とは別個のもので、これが誤解され、混同されるようになったのは、七世紀の白村江の戦い後、韓人王朝である中大兄(なかのおおえ)皇子（天智(てんち)天皇――彼は、前半のモデルが新羅の武烈王、後半のモデルが百済王豊璋で、合成された人物である）の奈良朝廷ができてからのことであった。

つまり、韓人王朝によって、日本を植民地として統治するための官製史書である『記紀』が創られる過程において、インド伝来のカースト制度が導入されたのである。

ちなみに、カーストとはポルトガル語で家柄、血統を意味するカスタに由来する語で、インドでは、カーストは、生まれを同じくする者の集団を意味するジャーティと呼ばれている。だが、日本ではカーストというと、次のようなインド古来の四種姓を指すものと理解されている。

司祭階級……………バラモン
王侯・武士階級………クシャトリア

農・牧・商の庶民階級…ヴァイシャ
隷属民………………シュードラ

実際のインドでは、この四種姓はバルナと呼ばれている。バルナとは本来、色の意味を表す語であり、白人系のアーリア人がインドに侵入当時（前一八〇〇年頃）、肌の色で支配者と被支配者＝先住民と渡来人との区別をしていたからである。

日本に渡来したマラ族、ヤドウ族（＝ヤーダヴァ）、リッチャヴイ族、カッシート人は、いずれもクシャトリア（王侯・武士階級）であった。クシャトリアはアーリア人とほかの人種との混血であり、多種多様である。詳細は中原和人氏著の『封印された古代日本のユダヤ』（たま出版）に詳しい。

国常立命の子孫は、匈奴冒頓部の王となった

『倭人興亡史』（契丹北倭記）および『宮下文書』を総合すると、燕王・箕子（きし）の養子となった国常立命（くにのとこたちのみこと）の子孫は匈奴冒頓部（ぼうとんぶ）の王となったことがわかる。

のちには高句麗となるが、新大王の末子・罽須（けいす）は、扶余王・尉仇台とも書かれ、尉姓であるが、『倭人興亡史』では、中国史の濊君南閭峙（かいくんなろし）、または扶余の王アグリナロトの子を同じ尉姓の「尉サト」と記している。また、『倭人興亡史』は卑弥呼も「尉ミコ」とする。この尉姓は

イリ王家を示すものである。

前漢から後漢の時代、漢は、イリまたはクルラを尉黎と書き、『漢書』の「西域伝」には、「匈奴西辺の日逐王は、僮僕都尉という官吏をおいて西域を管理した。常にカラシャール（焉耆）、危須、クルラ（尉黎）にいて諸国に賦税し、富給を執らしめた」と記してある。

この尉姓の王名は宋代（一〇世紀）まで続いた。

東トルキスタンのクチャ国の王家は漢代から唐代までずっと白氏（朴姓）であったが、西蔵ホータンの王家は、南北朝（五世紀）から五代および宋の初め（一〇世紀）頃までずっとビシヤヤ（尉遅・悉知）氏であった。突厥（匈奴）が西域の王を「イルテビル」と名付けたのもイリ王の意であるし、その祖王イリクカガン（イリ・クカ・汗）も同じである。

のちにこの地域を支配したウィグル人は、日本の平安時代の王族と全く同じ風俗を持っていたが、実は、両者はともに奇子朝鮮の文化を受け継いだ「韓人王朝」だったのである。

『倭人興亡史』第二章には、こうある。

〔歌詞〕

恭しく惟みるに　日祖名は阿乃迂翅報云戞霊明　辰云珥素佐煩奈に滐す

清悠の気の凝る所　日孫内に生まれる

〔意訳〕

恭しく考えるに、日祖は天神皇産霊尊（たかみむすびのみこと）である。

聖水によって王となり、清悠の気の凝るところ、日孫が生まれた。

皇産霊尊のシンマシュシフ（『史記』には箕子（きし）とも記されている）は、前十一世紀、イシン王朝が亡んだのち、カルデア人が建てた遼東半島の海ノ国、燕（えん）の始祖王である。フェニキア人のクニ・燕国の相続者は、国史では国常立命（くにのとこたちのみこと）となっている。

ウィグル王の宴卓（カラ・ホージャ壁画模写）

ウィグル王の楽人（カラ・ホージャ壁画模写）

『倭人興亡史』第三章には、こうある。

日孫国常立尊は「シウクシウ・スサナミコ」という。
国常立尊はわれわれの神祖である。

この「シウクシフ」は、東大国王の意味である。また「スサナミコ」は禊をする王のことで、宗教的に禊を行い、神前の水場（手水舎）でお清めをする、ユダヤ人と日本人の旧い習慣を示している。入浴の際に体を洗うのも一種の禊である。

『倭人興亡史』第三十章では、河南省南陽「宛」（戦国時代の製鉄基地）の徐氏一族、すなわちウルのカルデア人が「扶余」を建国した歴史を長々と記している。

『新撰姓氏録』の蕃人（外人族）の記録

わが国には秦姓の亡命者が多い。熊野にあった『宮下文書』の作成者は秦人（シメオン族）の徐福であるが、これら秦人（蕃人・外人とも）の渡来記録は次のようであった。

平安時代の初期、八一四年（弘仁五年）六月、万多親王らが朝廷で諸氏の系譜を集成した。

この『新撰姓氏録』には、左京右京と畿内五国に住む千百八十二氏の系譜をふくむが、そのうちの三百六十二氏がいわゆる蕃別（外国人）で、中国・朝鮮にその祖先を求める氏のことである。そのうち、左京の太秦公宿禰は、秦始皇帝の三世の孫孝武王から出て、その子・功満王が四一二年（仲哀天皇八年）に、融通王が四三四年（応神天皇十四年）に渡来したと記している。この融通王が弓月王で、百二十七県の民六四〇〇〇人を率いて、仁徳天皇の御代（四四〇年頃）に、諸郡に配置されたという。これらが秦の姓を与えられたが、この直系は雄略天皇のとき、別に「うずまさ」という号も与えられた。

太秦の人々／胡人はシルクロードから来た

『記紀』の記す月夜見命とは月氏の王であり、眞の里とは、のちの辰国のことである。ホータンはコータンともいい、『九鬼文書』『備後国風土記』および伊勢神宮などの蘇民将来伝説では巨丹の民との記述がある。

これら月氏の民は中国人であり、辰国の民は朝鮮人、巨丹の民は日本人をあらわす。

辰王国、月氏国、ホータンの王、そして楼蘭を結ぶシルクロードについて、吟遊詩人岑参の『胡笳曲』に「胡人月を望んで胡笛を奏す」の詩がある。

君聞くや　胡笳の声　最も悲し

紫髯緑眼の　胡人吹く
之を吹く　一曲なお　未だ終らず
愁殺す　楼蘭征伐の児
涼秋八月　蕭関の道
北風吹断す　天山の草
崑崙山南月　斜めならんと欲す
胡人月に向かって　胡笳を吹く
胡笳の怨み　まさに君を送らんとす
泰山はるかに望む　隴山の雲
辺域夜々　愁夢多し
月に向かって　胡笳誰か　聞くを喜ばん

この詩にいう胡人とは、西域人のフン族のことであろう。『契丹北倭記』にいう「弁那」はフンナと読むが、匈奴ものちにヨーロッパを侵略してフン族といわれた。今日のハンガリー人およびフィンランド人は共にフン族の子孫であって、中原和人氏は次のように解説している。「フィンランド人は実に複雑な混血人種なので、本来の性格を把握することは難しい。しかし、彼らの頭蓋骨を研究したレッチウスの分類によると、フン族（フィン族）は二つの群に分けられるという。ひとつは東方のカレリア群で、もうひとつは西方のダヴァスチア群である。前者は丈高く、痩形で、眼は灰色、肌は鳶色、暗褐毛が小環をなして肩に垂れ下がっている。後者は身体が頑丈で、眼は碧色、髪は明色、肌は白色を呈している。

タヴァスチア群は蒙古系の血の中へゲルマン人の血が混ざって表れた型で、カレリア群はスラブ的因子が加わった型である。世間では往々にしてフン族をコーカシア系のものと見ているが、それが約三〇〇〇年前に生まれた『新モンゴロイド』の蒙古系であることは疑いの余地がなく、シベリアにいるサモイェッドなどにその原型を求めることができる。

イェニッセイ河の水源地方はフン族の故郷で、そこにはコイバル人、カラガッス人、カマッシンツイ人、ソヨット人など、孤立したサモイェッド族が今なお残存している。彼らはトルコ族と混血したため、日常的にトルコ語を操っているが、コーカシア系の姿相からは、むしろ北シベリアのサモイェッドの様相を見ることができる」

この蒙古的・東洋的なフィン族（フン族）のフィンランドが、一九三九年〜一九四四年の五年間に、二度にわたって不法なソ連軍の攻撃を受け侵略されたソビエト＝フィンランド戦争において、国民が一致団結して立ち上がり領内を蹂躙させなかったことは我々の記憶に新しい。

一方、悪夢のような第二次世界大戦の末期に、突如として日ソ間の協定を破棄した独裁者スターリンの攻撃を受け、頼みとする関東軍も敗れてしまい、親子連れを含む満蒙開拓団の人たちは満州の荒野を放浪させられた。あの引揚げ悲劇を経験した日本人には、フィンランド国民の歴史が讃えられるべき記憶として理解されるのである。同じ新モンゴロイドであるフン族の住むフィンランドの輝かしい歴史を忘れてはならない。

コンロン「南道」の町コータン（ホータン）

さて、ロブノール河畔の楼蘭から二つに分かれる道がある。南行してアルティン・ターグ山脈の北麓に沿って行く、コータンからヤルカンドに向かう道が、いにしえの西域南道である。

この砂漠の町コータンについて、森豊氏は次のように述べている。

「古来、コータンは崑崙山脈の南にあたる要地であった。だが、古代コータンの都跡＝今のヨートカン一帯は、現在、坦々たる平地となっている。それは両側を流れる川が、崑崙の雪解け期になると洪水を出すために、毎年毎年、この都市を破壊し、粉々にして地下に埋めてしまったからである。

長年の村人たちの宝探しによって、その文化包含層から発見された古代貨幣の中には、西暦紀元元年ごろの国王のもので、古代インドのカロシティ文字と漢字によって記されたものから、新しくは唐代のものが出土したという。

とすれば、そのころまで、この古代コータン王国は栄えていたのであろう」

第八章
縄文時代から「倭人文字」は存在した

かつての韓国および日本にハングル文字はあって、神代文字はなかったのか？

約五〇〇〇年前ごろから、西域南道ではカロシティ文字を使用していた。この文字は、古代サカ族に伝わる月氏の公用文字であるが、のちに日本へ伝わって源氏の『上記』はこの文字で書かれ、山窩もこの文字を隠し伝えていた。また、李朝期の作といわれているハングル文字は合計二十五字であるが、もともとの原始諺文は三十五字であって、対馬北岸の岩盤にはその古文字が刻まれているという。

このハングル文字は李朝期に突然できたものではない。それ以前から朝鮮半島では漢字を吏読式文字として使っていたので、そうできたのもカロシティ文字の知識があったからなのだ。ゆえに、ハングル文字はカロシティ文字の延長上にあったということができる。

契丹でも『倭人興亡史』（契丹北倭記）は原則として一字一音になっている。日本の仮名文字にしてもそうだが、カロシティ文字を知っていたからこそ、万葉仮名を用いることができ、のちに仮名を作ることにもつながったのである。仮名文字はカロシティ語系の神代文字と漢字を合成した混合文字文化である。

七世紀初頭の『隋書』俀国伝には「（俀国・日本には）文字はなく、ただ木に刻みを入れ、縄を結んで通信するのみ」と記されている。

これを根拠に、「日本に文字が伝わったのは仏教伝来（五三八年）以後のことだ」とするのが一般的な見方だが、隋の使者裴清らは、俀国や倭国に「ホツマモジ」（神代文字）があって、すでに倭人の国に『秀真伝』などが普及しているとは思わなかっただろう。漢字のみを文字とみなして『隋書』俀国伝のような記録を残したのだ。

七世紀初め、「日出る処の天子、書を日没する処の天子に致す」の国書を隋に送って昂然の気を吐いた俀国の天子アメタリシホコも、倭国との北九州における戦闘であっけなく戦死してしまい、秦王国は元の奈良に復都した。

白村江以後、その秦王国も倭国も亡び、日本は中国人と朝鮮人の植民地にされたため、すべての公式文書は漢字文化に統一されてしまった。さらに、漢字で書かれた『古事記』『日本書紀』が、それまでの日本を記す唯一の歴史書だとされたために、「ホツマ」「ミカサ」や「ウエツフミ」の神代文字はなかったことにされたわけである。

縄文時代の「神代文字」

しかし、約一万二〇〇〇年前から五〇〇〇年前までの、長期にわたる日本海文化圏交流によって、カロシティ文字やブラフミー文字をはじめ、アヒルクサ文字およびイヅモ文字が、実は神代文字（かみよもじ）として生まれていたのである。

ナマヅガ人とはのちのサカ族のことであるが、『桓檀古記』に記された九つの民族の主流であり、檀君朝鮮または辰韓のルーツでもあった。人類最古の文字は、ナマヅガ人の陸上中継基地であるインダスで発見されており、このインダス文字が殷甲骨文字に発展したのである。『桓檀古記』は、ナマヅガ人を羊加と記している。羊加の字は姜族との対婚関係を示すから、ナマヅガ人または仰韶（ヤンシャオ）人は、前三〇〇〇年頃からバンチェンを支配したラガシュ系海人＝殷人と対婚したらしい。

次に殷人は、南族を異族とした。南族とは、江南に居住していたバンコ・トーテム族（盤古族）のことではないだろうか。また「叏（かい）」というのは、たぶん殷人が連れてきた奴隷であろう。『倭人興亡史Ⅱ』によれば、旧い羌（きょう）族は成都周辺（蜀国・四川省）にいたことになっているが、彼らが屡々（しばしば）甲骨文に登場する羌人である。ところが『説文解字（せつもんかいじ）』（略して「説文（せつぶん）」・中国最古の部首別字書）に「羌と氐（てい）は同族なり」とあって、「羌」はのちのチベット人、「氐」はタイ人と解されている。同書によれば「叏（かい）」もタイ人と解されているから、古（いにしえ）のバンチェン王国のドラヴィダ人（旧くからの奴隷族）を指すのであろう。

殷人が羌族（姜族）を異族としたことは、牛首姜姓のラガシュ人が黒陶人を追って羌族を生贄にしたことを示し、殷人がイシンの海軍＝「カルデア人」であることを根拠づけている。

前一五〇〇年、日本にバンチェン人が渡来して弥生時代が始まると、縄文人から弥生人へと神代文字が継承されて、東表国の公用語となり、前一世紀の天孫降臨の際には、猿田彦命が建てた旧伊勢国の文化として成立していた。

だから、三世紀の神武東征のとき撰上したという『ホツマ・ツタエ』は、当然のことながらアヒルクサ文字で書かれていたのである。

今ようやく、吾郷清彦氏、鹿島曻氏、川崎真治氏、佐治芳彦氏ら先学の努力によって、その全貌を知ることができるようになった。我々は、この貴重な古代文化史を無にしてはならない。

コータン（于闐）の玉文化

スタインは『砂に埋もれたコータンの廃墟』という著書で、旧都市遺跡コータンが、現在、首府の西方約一キロの地にある「ヨートカン」という村にあったことを記している。これに関して森豊氏は、この地の二つの川と、そこで採れるコータンの玉について述べている。

この崑崙山脈から流れ出る河から産する玉が、中国古代から珍重された「崑崙の玉」であり、于闐（コータン）の玉といわれているもので、中国の史書、文学に多く登場するものだ。

楼蘭から西に向かった砂漠に、ミーラン、チャルクリク、チェルチェン・エンデレ、ニヤ・ダンダンウィリークなどの古代小王国の廃都遺跡をたどってゆくと、やがてタクラマカン砂漠西南辺のオアシス、于闐にたどりつく。

この有名な遺跡の地は、現代にはスタインが、ヘディンが、また大谷探検隊が調査し、七世紀には玄奘（げんじょう）三蔵が『大唐西域記』に記し、十三世紀末にはマルコ・ポーロが『東方見聞録』に記したオアシスの町である。

崑崙山脈から発した川はカラ・カシュ河（白玉河）、ユルン・カシュ河（黒玉河）が合わさってコータン・ダリアとなる。于闐はこの二つの河の合流するオアシスに発達した町であり、この河から採れる玉がコータンの玉、崑崙の玉であった。

玉には軟玉と硬玉とがあり、より珍重されたのは軟玉である。玉は陽精の至純なるものと考えられ、そのものに多くの徳があるとされていた。天子は白玉を、公侯は玄玉を、大夫は蒼玉を帯びなければならず、天子の冠にも、刀の鞘にも飾られていた。

これらの玉は、多く異民族の貿易商人の手を経てもたらされた。それは東北の異民族のときもあれば、西南の吐蕃（とばん）（チベット族）、タングート、ウィグル族のときもあった。これらの商人たちは、上質の玉をみな崑崙の玉と呼んだのである。

于闐は「和田」「倭田」とも書く。カラ・カシュ河（白玉河）こそ、『宮下文書』が月夜見尊の王都と記した白玉池である。カラ・カシュの白玉河と、ユルン・カシュの黒玉河は下流で合流し、于闐の都はそのデルタ地帯にあった。そのあたりはまさに河というよりも池のようであり、『宮下文書』の描写が写実的になされていることがわかるのである。

第九章　シルクロードの「スキタイ文化」

バズィルィク古墳とスキタイ文化

鹿島曻氏は『符都誌要義』(新羅第十九代訥祇王の忠臣・朴堤上が著した史書の解説)の中で、次のように述べている。

「バズィルィク古墳は、旧ソ連領南シベリア、山地アルタイのボリショイ・ウラガン河岸にある古墳群のこと。一九二九年と一九四七〜一九四九年の二回にわたり、前六世紀〜前三世紀ごろのスキタイ時代の『凍結クルガン』が発掘され、世界的に有名になった。そして、これらの出土品を丹念に調査した結果、この文化の担い手が、歴史の父ヘロドトスの名著『歴史』に出てくるスキタイ人(同時代、黒海沿岸の草原地帯に強大な遊牧国家を建て栄えていたイラン系の遊牧民)と同じ種族であったことが証明されたのである」

この古墳文化の担い手について、ルデンコ氏らは、イラン系サカ族で中国史料の月氏だとし、江上波夫氏は月氏にしては北方に過ぎるとしたが、前にも述べたように、月氏には大月氏と小月氏の二部族がいたのである。

出土した遺物から見ると、バズィルィク古墳は、西アジアの西方のスキタイや中国との関係を保っていたユーロペオイド系であることは確かであるが、造営年代については、前五世紀説から、前三〜二世紀説まで説が分かれている。

これについて、増田精一氏は次のような詳論を述べている（『漢とローマ』平凡社より）。

「パズィルィク古墳群を残した古代遊牧民諸部族は、その君長たちを、前六世紀ごろからほぼ前三世紀にかけて、同時代における黒海沿岸のスキタイがその諸王を埋葬したのと全く同様、贅（ぜい）のかぎりをつくして、これらの墳墓に葬ったのである。

パズィルィクのクルガンがスキタイのそれと違うところは、骨角器・金属製品にとどまらず、あらゆる遺物をいまに伝えたその永久凍結にある。その槨室（かくしつ）には貴重な織物・羊毛・皮革製品・毛氈（もうせん）・木製品・金属製品そのほか各種の遺物が保存され、馬のみならず被葬者の遺体も残されていた。そして、いまから二〇〇〇年以上もまえに遺骸の側におかれたチーズも発見され、その味はまだ失われていなかった。

諸墳墓からは、遠隔地域からもたらされた種々の贅沢品を含む財宝が発見された。たとえば、中国産の刺繍のある絹布、前四世紀の中国青銅鏡、鋸（のこぎり）歯（ば）状の冠をいただいた四人の女司祭の姿をあらわしたアケメネス朝ペルシア（前五五〇〜三三〇年）のゴブラン織り、豹の皮革製品（青銅鏡入れなど）、西アジア産のコエンドロの種子、さらには、インド洋産の貝殻などがそれである。また、背の低いモンゴル馬のほかに、オリエント産の栗毛のアーリア馬が埋葬されていたが、これらはすべて乗用の去勢馬で、生のまぐさではなく、えりぬきの穀物を飼料としていた」

パズィルィク文化のさまざまな特色

「高車」

おもな移動手段は乗用馬で、陪葬馬には馬勒（くつわ）だけでなく、かならず鞍が付されていた。しかし、移動手段は馬だけではなかった。というのは、第五号墳から乗用馬とともに、轅（長柄の道具）をもつ四頭だての馬車が発見されているからである。

これは、この種のものとしてはただ一つの発見物で、約七〇センチの轂（こしき）と多数（各車両に三、四本）の細い輻（や）をもつ、一・五メートルの高さの四輪車であった。車体は上下二つの枠組からなり、これらは彫刻のある柱列で結ばれていた。轅の端には二つの首輪のある横木が縛りつけられており、これに二頭の馬が繋がれていたのである。

ところで、五世紀に北モンゴル高原に拠ったトルコ部族は、中国人から高車丁零と呼ばれたが、この名称は、彼らが高輪の車を使用したことに由来するという。だとすれば、高車丁零とは、高車を使用する丁零、つまりトルコ部族という意味であろう。このトルコ部族が用いた高車とは、パズィルィクのクルガンで発見された馬車に似たものであったかもしれない。

「スキタイ」の香りがする「ミイラ」

スキタイの埋葬法は、発掘の成果とヘロドトスの著述から知ることができるが、パズィルィク諸部族は、君長たちの遺体をミイラにして、スキタイの慣習そのままに葬った。

増田精一氏は、この状況が、ヘロドトスの『歴史』がスキタイについて述べるものと一致することを指摘し、さらに次のように述べている。

「パズィルィク人はまた、その死せる君長らをいずれもミイラにした。ヘロドトスによると、ミイラの風習はスキタイにも存在した」

文身(いれずみ)

さらに興味深いのは、被葬者に文身(いれずみ)がほどこされていることである。

これらの衣服や装身具の模様には、容器などの貴金属製品に描かれたスキタイ、アケメネス朝ペルシアの浮き彫り細工（これはサカ族系文化の流れ）と類似するものが多く見られる。

サカ族とは、前六〇〇〇年紀、今のトルクメニア地方に興ったナマヅカ文化という彩色陶器文化の担い手で、牧畜と農耕を営む、遊牧民のルーツとも言うべき複合民族であった。彼らはのちに、檀君朝鮮（檀君教団グループ）と番韓（海の国交易商人・マカン人）の主力となった。

芸術

パズィルィクのクルガン出土の芸術品もまた、とりわけ南ロシアのスキタイとの密接な関係を示している。パズィルィク芸術で重要なのは、オオシカ、ノロジカ、トナカイ、小型カモシカ、野うさぎ、ライオン、虎、猪などの動物像であるが、そのほかに、鳥、特に白鳥、ガチョウ、おんどり、猛禽、グリフォン、まれにはペリカン、魚のモチーフもある。なかでも注目に値するのはスフィンクスで、胴体と両手とは人間、下半身はライオンで、明るい色彩で表されている。

猛獣が有蹄類を襲う図文のヴァリエーション
aペルセポリス、bケレルメス、cクルーオバ、
dパズィルィク、eノインーウラ
（『符都誌要義』より）

動物が闘争する光景が描かれているものも見られる。たとえば、闘いあう山羊、野生山羊に喰らいつくライオンなどである。それと同時に、耳を持った有翼獣がオオシカを食いちぎり、ライオンが山羊に襲いかかり、鷲とライオンとが闘争しているもの、さらには、一匹の魚が牡羊の頭に食いついている描写さえある。

これら動物像の表現法には、ひとつの特殊な様式があって、それらは古代オリエント、とくにアケメネス朝ペルシアの芸術によく似ている。曲がった、または半ば曲がったしるし、点、コンマなどがそれ

グリフィン（鷲頭有翼獅子
スキタイの青銅製竿頭金具）
（『シルクロードの倭人』より）

で、それらは、みなぎった筋肉や肋骨、その他動物のディテールを表現するのに用いられている。また、動物の後半身を上に曲げ、胴体をS字形に表すのも独特の様式である。さらに、動物の体を、それが描かれる対象、円形飾り板金や鞍覆い、銜（はみ）、鞭の柄などにうまく嵌るようデフォルメしている。

パズィルィク芸術は独創的であり、ユニークである。それとともに、黒海沿岸のスキタイ芸術だけでなく、文明の発達したオリエント、特にアッシリア、アケメネス朝ペルシアの芸術との間にも多くの共通点を持っているのである。

大毛氈

一九四九年、第五号古墳から発見された二枚の毛氈は、他を圧倒するものであった。特に騎士像は、ペルシアのペルセポリスの浮き彫り、アケメネス朝ペルシアの印章、円筒に見られるものにあまりにもよく似ている。

前一〇〇〇年紀中期のアルタイ文化は、当時の文明地域との間の密接な文化的関係のもとに生まれ、発展したものであることがわかる。

パズィルィク文化の運命

アルタイ地域には、パズィルィク文化期以後、つまり、前三〜二世紀にも多くの遺跡が残されており、アルタイの住民が、埋葬様式をも含めた豊かでユニークな文化と慣習とを維持し続けたことを示している。首長たちを葬るため、大きな丸太の枠組みが作られて、遺骸は巨大な木槨(もっかく)に納められ、馬は完全装着の状態で墓壙(ぼこう)（墓穴）中の別の箇所に陪葬(ばいそう)された。

芸術も、基本的にはパズィルィク文化と変わるところはなかった。ただし、この時期になると、芸術の中にオリエント諸地域との結びつきを物語るものは何ひとつなく、逆に、秦漢時代の中国との関係が色濃く現れてくる。この中国の影響が、匈奴（前一〇〇〇年頃、苗族とアエタ族との混血によって生まれたフン族、のちの突厥(とっけつ)＝鹿島説でいうキンメリ人）を通じてもたらされたものであることは疑いなく、このころに匈奴がアルタイ地域に勢力を及ぼしてきた結果にほかならない。

新興勢力の遊牧民、匈奴が、前二世紀の前半、月氏に第二次の攻撃をかけて、その本拠を天山山脈の北方へ移動させ、アルタイ山脈地域、およびその西南に横たわるジュンガル盆地およびタリム盆地のオアシス都市国家群を制圧したという史料の記述を裏付けるものであろう。

さらに言うなら、パズィルィク古墳群を月氏の残した遺跡であるとする榎一雄教授やルデンコ・グミリョフなどの説の正しさを証明するものであろう。

チュルク族はウラルトゥと同盟し、のちにキンメリ（フン族）と合体して匈奴になった。増田精一氏が引用している「山地アルタイのスフィンスク毛氈」と、エルミタージュ博物館にあるウラルトゥのトプラク・カレー出土の「青銅グリフォン」を比較してみると、その類似性は明らかである。

この類似は、パズィルィク古墳の人々が「匈奴のキンメリ人に合したチュルク族とウラルトゥ人の末裔」であることの根拠になろう。

史料によれば、秦の始皇帝は匈奴の侵入に備えて万里の長城を造ったといい、漢の時代、匈奴（突厥）が突然強力になって漢を臣従させたとあるが、匈奴の前史は不明である。しかし、匈奴は元来ゴビ砂漠で孤立していたわけではなく、秦の始皇帝の時代までシルクロードと中国内陸を支配し、秦によって長城外に追放されたと考えられる。匈奴の二族というのはシルクロードを東行したキンメリ人と、早くから中国の内陸部を支配していたチュルク族であった。

ウラルトゥと扶余伯族

アラプハ（今のキルクーリ）のヨルガン・テペから出土したテキストによると、前二〇〇〇年紀の半ばから、アルメニア高地にミタンニのフッリ人が流入していたことがわかる。このテキストは変形のアッカド語で書いてあったが、ソビエトの学者たちは、文書の作成時代の母語がアッカド語なのではなく、フッリ語であったと考えた。

アルメニア高地は小アジアの東方にあって、そこにはユーフラテス河の大支流アルサニア河とアラリヤス河の河谷があり、南方にはタウロス山脈が走っていて、古くから原ヒッタイト族、カルトヴェリ族、ハヤシャ族などが住んでいた。フッリ人は、エジプトやカナーンの地からこの地に拡散して来たのだが、ヒッタイトの資料はこの地方をフッリ人の国と記している。

フッリ人（鹿島昇氏のいうフッリ人のこと。実際はエジプト人）は、前二〇〇〇年紀の半ばには、アーリア人の国であるミタンニ王国に従属し、シュッピルウマシュ王以降はヒッタイト国に従属するようになったという。

『桓檀古記』馬韓世家を解読すると、馬韓史の初めの部分が、前二〇〇〇年以降のヒッタイト史であることに気づく。前十三世紀末のヒッタイト崩壊の後、いくつかの小国家がヒッタイトの伝統を継ぎ、カルケミシュはハッティ国、オロンテスはハッティナ国と名乗った。そこにヒッタイトのムシュキ族やカスカイ族などが入ってきたのである。

アッシリア史は、「シャルマネサル一世の軍隊が、ウルアトリを撃破し、クティ族と戦った」と述べているが、このクティ族は恐らくグティア人のことであるから、ウルアトリはいくつかの部族の連合軍だったのである。前十一世紀以降、ウルアトリはビアイニリに承継されたが、アッシリア人はこのビアイニリをウラルトゥと呼んだ。

ウラルトゥはその当初から、ミタンニ人やヒッタイトのフッリ人、カッシュ人、チュルク人から成る、いくつかの部族の連合体だったのである。

ウラルトゥ人の誕生

前一〇〇〇年頃、フェニキア人（女）とヒッタイト人（男）の混血によって、ウラルトゥ人（血液A型）が生まれた。このとき、ウラルトゥ人によって小アジア（トルコ）のヴァン湖周辺に建国されたのがウラルトゥ王国であり、その初代王となったのがアマテル神（男神）である。

ヘロドトスは、『歴史』のなかで、前五世紀、ウラルトゥの故地に、「サスペイレス族（カルトヴェリ族）・マティエネ族（フッリ人）・アラロディオイ族（ウラルトゥ人）・アルメニオイ族（アルメニア人）の四族がいた」（カッコ内は著者補筆）と述べている。この人々はのちに、北西部でグルジア人に、南西部と中央部でアルメニア人にそれぞれ引き継がれて今日に至っている。

前七八〇年頃、ウラルトゥで英主アルギシュティシュ一世が即位した。韓国の史書『檀君世紀』は、この王を「彦波弗哈（ゲンハフッシュ）」と記し、日本の『宮下文書』は、「ウガヤフキアエズコトアイ」（ウガヤ王朝の祖）と記している。

また『契丹北倭記』第二十五章は、ニギハヤヒノミコトを「ニギシ」と記して、ウラルトゥのアルギシュティシュ一世がアッシリアを伐ったとき、高令が参戦していたと述べている。この高令はチュルク人のことで、アンドロノヴォーカラスク人の裔であり、今のトルコ人であるが、また高句麗の桂婁部でもあって、カルデア人をはじめとする南海諸族とともに韓民族の主流を構成している。ゆえにウラルトゥ史は、オリエント時代の韓民族史＝檀君朝鮮史でもあるということになる。

ウラルトゥの諸土は『上記』『宮下文書』などではウガヤ王朝と書かれているが、その系譜を記せば次ページのようになるであろう。

・天照大神	ウラルトゥ王・アマテル（※）	（前一〇一六～）
・オシホミミノ命	ウラルトゥ王・シャルドウリシュ一世	（前八五〇頃～）
・ニニギノ命	ウラルトゥ王・イシュプイニッシュ	（前八一七～八一〇）
・ホホデミノ命	ウラルトゥ王・メヌアシュ	（前八一〇～七八一）
・ウガヤ一世	ウラルトゥ王・アルギシュティシュ一世	（前七八一～七七〇頃）
・ウガヤ二世	ウラルトゥ王・シャルドウリシュ二世	（前七七〇～七四〇頃）
・ウガヤ三世	ウラルトゥ王・ルサ一世	（前七四〇頃～七一四）
・ウガヤ四世	ウラルトゥ王・アルギシュティシュ二世	（前七一四～六八五）
・ウガヤ五世	ウラルトゥ王・ルサ二世	（前六八五～六四五）
・ウガヤ六世	ウラルトゥ王・シュルドウリシュ三世	（前六四五～六二五）
・ウガヤ七世	ウラルトゥ王・エリメナ	（前六二五～六〇五）
・ウガヤ八世	ウラルトゥ王・ルサ三世	（前六〇五～五九〇）
・ウガヤ？世	北扶余（前期王朝）王・解慕漱	（前二三九～一九四）
・ウガヤ？世	北扶余王・慕漱離	（前一九四～一六九）
・ウガヤ？世	北扶余王・高奚斯	（前一六九～一二〇）
・ウガヤ？世	北扶余王・高（解）于婁	（前一二〇～一〇八）
・ウガヤ？世	東扶余（伽葉原）王・解夫婁	（前八六～四七）
・ウガヤ？世	東扶余王・金蛙	（前四七～紀元六）
・ウガヤ？世	東扶余王・帯素	（六～？）
・ウガヤ？世	東扶余王・都頭（于台・優台）	
・ウガヤ五十世	扶余王・尉仇台	（一三六～一六〇頃）
・ウガヤ五十一世	扶余王・扶台	（一六〇頃）
・ウガヤ五十二世	百済王・尉仇台二世（仇首）＝神武	（一八〇頃～二三四）
〔皇統譜〕の系譜 〔邪馬壱国〕の系譜		

※アマテラスオオミカミという呼び名は、本居宣長が勝手に付けた名前で、正しくない。

第十章　インド亜大陸の「日神王朝」

インド十六王朝時代の「日神王朝」

インド十六王朝時代（前七〇〇～四五〇年頃）の日神王朝諸国は、エブス人、カルデア人、フェニキア人などによって作られた国家である。

これについて鹿島曻氏は、「有史以前から、ドラヴィデアンによってインド洋の海上交通が行われていたが、この頃、西方バハルカッチャとバビロニアまたはバーベルとの間に海上交易があった。その結果、メソポタミアから文字が輸入されて印度文字（ブラフミイ、カロシティ文字）が成立した。これらの事情を考えると、すべての日神系諸国は、オリエントとマレー半島との間の貿易を支配し、そのうちいくつかの海人が、さらにインドネシアや中国ともつながっていたことがわかるであろう」と述べている。

鹿島曻氏の参考文献は、木村日紀が編集し、一九四四年（昭和十九年）に発表した『インド史B』というテキストであった。この書を見た鹿島氏は、戦後のインド史は退化し、自らを宗教史に限定してしまったかと思われるほどだと指摘している。

インド亜大陸へ、ペルシア帝国が侵入した

北方インドの君主制および共和制の諸国が漸次、マガダ帝国に統一された時代（前五五〇年頃）、西北インドでは各国が競い立って、前六世紀の前半には種々の小国に分裂し、統一の王がいなかった。これが原因となって、遂に外寇を蒙ったのである。

前五五五〜五三〇年まで、二十五年の歳月をかけてペルシア帝国を興したキルス王は、メディア、バビロニア、エジプト、リディアなどを征服すると、パルチスタンを経てインドへ遠征した。この遠征はガンダーラ方面では不成功に終ったが、カブール河畔においては成功した。この地方に先住していた種族はかつてアッシリアの所属であったが、後にはメディアの諸族となり、最後にペルシアの所属となってキルス王へ貢物を献じたのである。キルス王の長子カンピセスがこの地方の統治者となった。

また、ペルシア帝国第三代ダリウス一世（前五二二〜四八六年）の時代に、ガンダーラの国民が征服版図の所属民に加えられた。このことはバヒスタン刻文から明らかである。

かくして、インドを中心として、この地方は二〇〇年間にわたってペルシアの属国となった。このダリウス王はペルシアの内乱を平定し、版図を統一して王位に就き、さらに外征には最も

力を注いだ王である。彼は「十九回戦って九人の王を滅ぼした」と自称するほどで、トラキアおよびインドの西北部を征服し、その領するところはメディア、アッシリア、バビロニア、ユダ、フェニキア、シリア、エジプト、インドなど、西はドナウ河から東はインド河に至り、北はカスピ海、南はナイル河第一瀑布にまで及び、未曾有の大帝国を建設したのであった。彼の死後、その版図はクセルクセスに継承された。

「ガンダーラ」と「カンボジア」

鹿島曻氏の『バンチェン／倭人のルーツ』（新国民社）には、以下のような内容が述べられている。

すなわち、『インド史B』というテキストの中で、木村日紀は明瞭に、「紀元二世紀のインドシナ（カンボジア）のチャンパ国はインド十六王朝のアンガ国の移民である」ことを指摘しているのだが、鹿島氏のモデルでは彼らこそ卑弥呼たちの本家なのであった。

木村日紀は、インドのマドウラ人もまた、ペルシア湾沿岸から来た海人であって、そのことを「ヤドウとウルヴシュハは、海を越えて遠い地方から来た」としている。だが、鹿島曻氏の仮説では、マドウラ人の故地はペルシア湾に面する古来の良港、マルーワなのである。とすれば、ヤドウというのはカルデア人のことではないだろうか。

さて、甘謨惹国(カンボジア)は文献にも刻文にも常に健駄羅(ガンダーラ)と関係して記されている。健駄羅は、二世紀頃、東西文明がシルクロードの大中継地で出会い、ギリシャの彫刻文化とインドの仏教文化とが融合して、仏像崇拝の仏教（仏像彫刻）文化が花開いて王国を築き、インダスの聖地となった。ガンダーラとカンボジアとは、インダス→インド→インドシナという陸と海の交易ルートで結ばれた、友好国または兄弟国だったのであろう。

木村日紀はまた、「三世紀に南方安南にチャンパ国が建設されたが、この名は東部ベンガル州のチャンパ市と同名だから、その方面から移民されたことは確かだ。また、カンボジアでも考古学的な遺跡によってインドからの植民があり、その文化と美術が輸入されたことが証明されている。さらに、これより早く一世紀に、ジャワにインド人の植民があったし、マレー半島、スマトラ、バリー、ボルネオにも植民があった」と述べている。

以上を踏まえた鹿島昇氏の仮説は、このあと、アケメネス・ペルシアがインドに侵入したため、マガダ国がその支配に服して南洋海域（アセアン海域）に進出し、さらにその一部が北上して中国大陸に「宛(えん)」などの製鉄コロニーをつくり、朝鮮半島で濊(かい)王になったあと、弥生時代の日本列島に侵入したというものである。

さらに、インドシナのカンボジアが、インド十六国時代のカンボジアの移民であって、彼らが中国史の「韓」であり、また『桓檀古記』の「番韓」であったと推測している。

第十一章　『倭人興亡史』（「契丹北倭記」）

司馬遷の「史記」とは何か

司馬遷の『史記』が、オリエント史を漢訳して中国史に仕立てたものであるという事実は、これまで拙著でたびたび述べてきたが、その理由は、当時（前四世紀以前）の支配層がすべてオリエント伝来の封建領主だったからである。

前八一〇年頃、アッシリアのセラミス女王がエラム人（アラム語を話す人々）を率いてバクトリアへ侵入し扶余を破ったのち、エラム人がクチュク・テペに築城し、さらにバルハシ湖に進んで箕子国を攻撃した。その余勢で、黄河流域の同族と合して華北へ流入、アッシリアを「周」、エラムを「燕（奄）」と表す「金文」を残した。

中国大陸で出土した周代の青銅器は、ほとんどアッシリア傘下のエラム人が残したものであった。のちにアケメネス・ペルシアが亡命して秦を建てたとき、ペルシア宮廷のユダヤ人史官たちは、エラム人が自らを「燕」とし、アッシリアを「周」としたことを模倣し、ペルシアを「秦」の字によって表現したのである。

ゆえに、この時代の人々は、夏がウルク、殷がイシン、周がアッシリア、秦がペルシアの当て字であることを承知して、それらの史書を読んでいた。現代では、そのことを知らない作家が『史記』の内容を鵜呑みにして歴史小説を書いているのである。

『桓檀古記』の「北倭」と「南倭」

『日本書紀』が隠そうとしたのは、天皇家、正確には桓武天皇が百済亡命者であったということだが、この歴史の捏造に関連して、満州にいた倭人「北倭」が日本列島に侵入したという歴史も隠す必要があった。

天皇家が朝鮮半島から渡来したという事実は、平成天皇のお言葉もあって今日では広く認識されているが、戦前では最大のタブーであった。明治以降の国史学者の使命はこのタブーを守ることにあったといっても過言ではない。

彼らの主な目的はただひとつ、天皇家が朝鮮から移住したという事実を隠すことであったが、鹿島昇氏が命がけで翻訳した『桓檀古記』は、その真相を明記しているがゆえに、学奴たちにとって最も危険なテキストであった。結局、鹿島氏は恵まれることなく故人となり、彼がオーナーであった新国民社も誰かの手に渡ってしまった。

だが、彼の訳書『桓檀古記』は、不朽の功績であることに疑いはない。

契丹のルーツは奇子朝鮮の「エタカバネ」

北倭の契丹族が、もともとバンチェン王国から北上した倭人であり、エタカバネと尊称された武人の群であったことは、『桓檀古記』によって明らかにされている。

この契丹族は朝鮮にもいたし、日本列島にもいたのである。

そもそも、契丹族は倭人のルーツにとって重要な部族であって、馬韓、倭とともに海人的な特徴が多い。『魏志』東夷伝に「馬韓、牛馬に騎乗することを知らず」とあるのは、彼らが本来騎馬民族ではなく、基本的には海洋民族であることを表している。

『海東釈史』風俗の項には、「馬韓その俗居処は草屋土室を作り、形は家の如く、その戸土に在り、挙家、共に中に在り」とあり、『中華全国風俗志』順天の条には、「編柳を業とする者、楊水尺は地を穿ちて室と為し、火はその中に篝す」とある。

このことについて、八木奘三郎は、『支那住宅志』の中で、「かかる竪穴式細工場は古来、日鮮間にも行われている。日本では旧穢多が冬季の藁細工場として年々これを行い、暖気に向かえば必ず破壊してこれを埋めた。また朝鮮では、竪穴に三様の用途あれども、冬季限りの点においては日本と同一なり」と述べている。

川の名を姓とした深末怚室韋は、冬の間穴居生活をして寒気を避けたことから、楊水尺、山窩、穢多と通じるものがある。契丹、室韋、楊水尺、白丁、白丁隼人、エタのつながりはおのずから明らかであろう。

ちなみに、室韋とは、契丹の中で北方に居住した部族のことで、蒙古の東境、満州黒龍江省北境一帯の地に居住した。『魏書』によると、「室韋」を「失韋」、すなわち卑字に改字して、北魏の孝静帝の武帝二年、初めて朝貢した。隋以後は再び室韋と書き改め、南室韋・北室韋・鉢室韋・深末怛室韋・大室韋の五大部に分かれ、のち、契丹に同族として併合された。『隋書』室韋伝は、「深末怛室韋は川の名にちなんで部落名をつける。冬の間は穴居生活をして寒気を避ける」との記述がある。川の名を姓とする風習はアッサムのボド語族に始まるらしく、ボルネオのカリマンタン島のダワヤク族からわが国の山窩に至るものであって、山窩の族長は隅田川一郎とか石川清といった名を名乗ったのである。

そもそも契丹と馬韓は、共に奇子朝鮮（フェニキア人のクニ）の後裔であった。『倭人興亡史』第四十五章に、契丹王の美称を「シウクシウ。アヤシキヒシリニシフル。カラスベシラ。ムラシコナモメ」とあり、一方、『魏志』韓伝も馬韓王の美称を「シウクシフ。アヤシキヒシリニフル。カラスシラス」と記している。ともに表現が似ていて一見不思議であるが、馬韓王卓は奇子朝鮮の上将であり、契丹は東胡の末で、ともにルーツを同じくする北倭人である。

契丹人が実は北倭であって、その一部が朝鮮の楊水尺（ようすいじゃく）（白水郎（はくすいろう）／海人（あま））を通じてエタに繋（つな）

がり、室韋の一部が山窩につながることに注意すべきであろう。このことは、朝鮮の白丁（エタ）が白丁隼人であることに対応する。

また、室韋のうち鉢室韋は一〇世紀中期、渤海国が亡んだとき亡命難民となり、日本へ渡来して山陰の鉢屋衆となった。

鉢屋衆は平将門の臣になった

さて、鉢屋衆について、雲田謙吉氏は『出雲に於ける鉢屋を語る』の中で次のように述べている。

☆　☆

出雲地方一帯、とくに旧松江藩、広瀬藩、母里藩の三藩の旧城地および陣屋に居住する部落があり、現に竹細工を業としてその生活を営んでいる。この部落はもと鉢屋と称して、旧藩時代、各藩における十手捕縄を藩主より預かり、藩内の治安維持を保持するの重責に任じていた。

この鉢屋が史書に記載されたのは『出雲私史』および『雲陽軍実記』である。文明十二年十二月、出雲の一隅で失地回復の兵を起こした尼子經久が、自らの手兵が極めて少なく、堅固を誇る圓山城（富田城）に拠る塩治氏と戦うのに、正攻法では勝利を得ることが不可能であることを悟って、この地方に隠然たる勢力を持つ鉢屋衆の義心に頼ったのである。援助を求めた際、求めに応じて参戦し、尼子經久が中国十余国の主となる基礎を築くこととなった。

また、『出雲私史』には、

「富田（圓山城下）に盗賊を捕らえる者あり、これを鉢屋という。その先祖は平将門の臣なり。承平五年（九三五年）平将門の乱が起こったとき、その臣数十人をして京師を窺わせた。やがて関東に於いて将門が誅せられたのち、京都郊外に散居し掠奪を仕事としていた。

その頃たまたま、空也上人（空也念仏の祖）が御菩提池を通りかかられた際に、その服を奪わんとして来る者あり、上人曰く「わが服は汝が奪い盗るに任す。然しながら、そもそも汝も人なり、何ぞ独り五逆罪を犯し甘んじて地獄に堕落するか！」と説諭された。

これを聞くや、皆大いに承服せり。そこで上人はこれらに生産の法を授け、鉢を鼓して念仏し、且つ歳末に万歳を唱えて食を乞わせた。故に鉢屋というなり。

彼らの生産の法とは茶筅を作って之を鬻ぐ、故に茶筅という、上人之を朝廷に請いその罪を赦す。なお上人は、彼らの豪勇さを知るや、四条・五条の（賀茂川の）河原に置いて、非常時の警護役とした。故に番太といい、更番（夜中）に庶民を守る役目なり。また河原者というのは磧の邦言なり（後世、芝居役者の河原者に転訛）。のち遂に諸国に分遣す。（空也上人云々は、中世の「仏法説話」から引用せるものか／筆者注）

富田の鉢屋は国中の鉢屋の長なり。その長を苫屋という。非常のことあればその衆を率い苫を齎して住居を作っている。故にかく名付けたるなり云々」

と記している。これによると、鉢屋は平将門（カッシート人の王）の臣下の末裔ということになる。

次に『雲陽軍実記』を繙いて見ると、「富田の鉢屋は国中の茶筅頭にして部類大勢なり。しかも剛強の健やかなものなれば」と記録し、さらに、「彼の苫屋の頭二、三人密かに山中の館に呼び寄せ、汝ら代々富田に住し、わが先祖より父清定まで恩沢に預かりしこと、定めて忘れることあるまじ」と記している。

一五六六年（永禄九年）十一月、尼子氏が毛利氏に亡ぼされて以来、城主も数代にわたって変わり、さらに一六一一年（慶長十六年）、堀尾吉晴が松江開府を行って松江城に移城し、一六三八年（寛永十五年）には松平直政が松江一八六〇〇〇石を受けて入城、さらに一六六四年（寛文四年）、松江藩主松平綱隆に至り、二子を広瀬、母里に分封して新藩を設置し、やがて明治維新に至って廃藩置県を見るまで、鉢屋は忠実なる捕吏の責務を尽くしたのである。

なお、『出雲私史』にも『雲陽軍実記』にも、茶筅を作って之を鬻ぐという記述があったり、出雲の茶筅頭などの職業が彼らに与えられているが、その茶を点てて服するとは考えられないから、現在同様、竹細工を以って捕吏の職を副業としていたであろうと考えられる。

☆　☆

この茶筅を作るという記述や、茶筅頭の文字については、まだ研究の余地が残されていると思う。茶筅頭の言葉より推して、「鉢屋は山窩の定住したものである」とする説があるようだが、これは真実ではなかろう。もちろん山窩の職も一種の竹細工ではあるが、その生活信念において根本的な差異が存在している。このあたりは『明治維新の生贄』に詳しい。

鉢屋が竹細工を職業としたというのは山窩と同じであり、エタを差別することも山窩に似ている。また田楽、猿楽、万歳なども鉢屋の生業であったが、これも山窩のユゲイと同じである。こうした共通点は、日本に来た始めのころ、鉢屋が山窩の組織とつながっていたからである。

竹細工をするという山窩は、頼朝の職制では弾左衛門の支配するところと定められたが、この法は実行されなかった。雲田謙吉は、鉢屋が居付山窩（一か所に定住するようになった山窩）だという説を否定しているが、おそらくそれは誤りで、もともと鉢室韋が山窩になり、それが居付山窩となって平将門の軍団に入ったのではなかろうか。鉢屋衆は、始め難民として渡来したとき、取り締まりを避けて山窩アヤタチの支配を受け、そののち多くのものが居付山窩となって鉢屋と称したのであろう。

「承平・天慶の乱」とは何か

『出雲私史』には「鉢屋は平将門の臣なり」とあるのだが、契丹が渤海を亡ぼしたのが九二六年（延長四年）で、将門（クシャトリアのカッシート人）が常陸大掾平国香を殺したのが九三五年（承平五年）である。承平二年頃から、海賊が南海道などに出没したと報じられていて、九三六年（承平六年）には藤原純友（クシャトリアのマラ族）の乱が始まっている。「承平・天慶の乱」は単なる地方軍の叛乱ではなく、わが国の政権（朝廷政権）を取るか取られるかの戦争であったのだから、鉢室韋が率いる渤海難民も将門・純友軍に参加していたとみるべきであろう。

このことから、『出雲私史』の「将門既に誅せらるる後、京外に散居し掠奪を以って事となす」という記述は史実だと思われる。彼ら鉢屋は鉢室韋であり、満州から南下した北倭であったから、同じクシャトリアの難民の軍であった将門・純友軍に加担して天下取りを狙うほかに生きる道はなかったのである。

そもそも鉢屋とは、契丹の鉢室韋が海賊や難民となって日本に渡来したもので、日本の京都政権にとって招かれざる客であった難民には、律令制下の農地は与えられなかった。かれらは、官の追求を逃れるために山窩の山師と協力してその組織に参入し、のちに居付山窩となって平将門らの軍隊に入ったと考えられる。

その後盗賊や野武士になったが、人間の臓腑から漢方薬を作った売薬の行商人や、拝み屋(医者)、万歳師、隠密や忍者にもなった。一方では、米問屋、運送業、両替商などの商業にも進出して、戦国時代には隠然たる力を蓄えて石見銀山の開発に関与した。今でいえば商社の情報網を握ったのである。

明治維新における「鉢屋衆」の活躍

この鉢屋衆が毛利家の忍者部隊となって戦国時代に活躍し、幕末の動乱期には長州藩奇兵隊の主力となって四境の戦および戊辰戦争を戦い、ついに明治維新を成功させる原動力となった。

鉢屋衆の「軒猿(のきざる)」といわれていた忍者が、戦国時代に織田信長の武将となり、やがて関白として大阪城を築いた豊臣秀吉の正体である。また泉州堺の豪商で、豊臣秀吉の茶道の師匠でもあった千利休も同族であった。秀吉とそのお伽衆（とぎしゅう）であった利休が茶室づくりに腕を競い合うが、その四畳半の茶室とは、彼ら上忍（じょうにん）（忍者の家元）同士の密かな情報交換の場であった。こうして海外の情報も検討される中で、二人は朝鮮出兵を巡って対立するようになり、結果、利休は殺されてしまったのである。

明治維新は、フリーメーソンの革命？

最近、インターネット上で、明治維新の最中（さなか）の慶応元年三月に長崎市上野彦馬の写真館で撮られた宣教師・フルベッキ博士と「玉」大室寅之祐を囲む勤皇志士四十六人の写真が出回っている。それをフリーメーソン陰謀説のミステリーに仕立てた本も出版されているようだ。

昭和六〇年頃に出版された犬塚きよ子氏の著作『フリーメーソンの占領革命』『フリーメーソンのアジア管理』『ユダヤ問題と日本の工作』を読むと、ユダヤ人の結社と英米欧の秘密結社フリーメーソンとは、まったく関係ないことがわかるのではないだろうか。それらを読めば、戦前の日独伊「三国協定」によって騙されつづけてきた日本国民のユダヤ人に対する偏見や誤解も解けるであろう。

ふたつの世界観の争い

ところで、世界観には大きく分けて二つある。ひとつは自由を尊ぶ民主主義世界であり、ひとつは少数の独裁者が自由を抑圧する共産主義世界である。しかし、これをメーソン的に解釈すれば、ひとつはアングロサクソン（英米）・メーソンであり、もうひとつはラテン（大陸）・メーソンであって、同じ秘密結社フリーメーソンでありながら、行動と目的の異なるふたつの世界観の存在となる。

フリーメーソンという枠内での米ソの対立は、ある意味、国会のなかの与党と野党の対立のようなもので、概念的にはメーソン的な理想構造であるといえよう。

ラテン系メーソンは革命や破壊によって一国を転覆させるが、かれらは日本にも影響を与えている。明治維新の長州藩、とくに高杉晋作によって結成された奇兵隊などの構想もその影響を受けている。

田中彰氏は『高杉晋作と奇兵隊』（岩波新書）で、「この奇兵隊は、外圧に対しては果敢な民族的抵抗を試みるとともに、第二次征長を中心とした内圧に対しても、つねに第一線で命を賭して戦った。この奇兵隊をインドのセポイの乱や中国・太平天国の乱の日本版（当然それはインドや中国とは歴史的条件が異なる）であるとしても、あながち過大な評価とはいえないだろう。私が奇兵隊の成立を、アメリカ独立におけるミニットマンと対比したのは、奇兵隊をそうした世界史の視野のなかでとらえたかったからである」（カッコ内は著者補筆）と述べたあとで、藤田昭三氏の『維新の精神』（みすず書房）を引用して次のように述べている。

「かつて藤田昭三氏は『一たび〝身分〟・〝格式〟・〝門閥〟の原理を取り払って〝志〟による結合の原理を打ち立てた場合には、横の連結はもはや士族の間の連結に止めることは出来ないはずである。奇兵隊が生まれた所以（ゆえん）である』といい、いや奇兵隊のみならず、戊辰の役における長州の本陣はその名も〝衆議所〟と名付けられていた。——人々はこの事実を見て、〝コンミユーン〟の名から〝ソビエト〟の名や〝人民会議〟の名を想起しないだろうか」

これは、「奇兵隊」→「衆議所」→「コンミューン」という、いわば連想の論理であるが、現実の奇兵隊においては、より複雑な形態をとってそれを貫いていたのである。

松下村塾がかかげた、武家政治否定のうえに立つ南朝的天皇親政主義が生み出した奇兵隊は、明治初頭の立憲君主制確立期における複雑な問題のなかで、しだいに「コンミューン」化し、天皇制を否定する方向を示したために、元老による執政を目指した人々によって抹殺（諸隊反乱として鎮圧）されることとなった。

このことを、第二次大戦後のＧＨＱによる日本占領政治によって規定されてきた、昭和二〇年以降の歴史に重ね合わせて考えると、三〇〇年の鎖国によって日本人に定着した島国的世界観などは消し飛んでしまう。

世界が二つの世界観の対立と融和の中にあることは確かで、今後とも日本は、その中に非白人として組み込まれていくことで国際人、あるいは国際的になるという概念は、フリーメーソン的秩序を肯定することになるのである。

幕末のフリーメーソン日本支部

日本にフリーメーソンが最初の一歩をしるしたのは、一八六四年（元治元年）である。当時の日本は、尊皇攘夷運動が最高潮に達し、生麦事件をはじめとして外国人殺傷事件が相次いでおり、世情が不安定であった。

一方、欧米各国は国力を膨張させ、植民地獲得に余念のない時であった。フリーメーソンの記録によると、イギリスの植民地経営の先兵役は——彼らはすべてフリーメーソン結社の各地・上流階級の浸透を基盤として、その地の為政者が自然に統治権を提供するよう仕向ける巧みな戦略をとっていたが——すでにインド併合に成功し、中国でもアヘン戦争、太平天国（長髪賊の乱）によって香港を割譲し、上海など五港の開港を定めた南京条約の締結をすませていた。次のターゲットは、当然、幻の黄金の国ジパング、日本である。

開港された横浜港の外人居留地に駐屯していた英陸軍第二〇連隊内には、先例によりアイルランド系移動軍人結社「スフィンクス結社」が存在し、このメーソン結社がその一番乗りの集会を挙行した。翌一八六五年（慶応元年）、居留地外人メーソンは恒久的結社の結成をのぞみ、イギリス大結社に日本の新結社設立を申請した。その結果、一八六六年（慶応二年）一月に許可状を得て、スコットランド系西インド地区の前副大棟梁カートライト出席のもとに、「ヨコハマ結社」第一回集会が催された。

「スフィンクス結社」が第一回集会を行ったその年に、長崎に大浦天主堂が創建されていることは、キリスト教の進出とフリーメーソンの進出が深いかかわりをもっていることを裏付けている。

さらに、横浜には一八六九年（明治二年）に「オテントサマ結社」が、一八七九年（明治十二年）にスコットランド系「スター・イン・ジ・イースト結社」が設立されたが、おどろくべきことに、一八七三年（明治六年）に早くも日本地区大結社が設立され、チャーレス・ヘンリー・ダラスが初代地区棟梁に就任している。英国メーソンが日本に強い期待を抱いていたことが推察できるであろう。

神戸にも一八七〇年（明治三年）にスコットランド系の「兵庫結社」と「大阪結社」ができ、ついで一八七二年（明治五年）にイングランド系「ライジング・サン結社」が生まれ、一九一四年（大正三年）には「アルビオン・イン・ザ・ファーイスト結社」が設立されたが、第二次大戦直前に閉鎖された。

長崎では一八八五年（明治十八年）にスコットランド系長崎結社が設立されたが、長崎が貿易港としての機能を失うとともに、メーソンも次第に衰退していった。

また、朝鮮京城（ソウル）にはスコットランド系「ハンヤン結社」が設立されている。

以上は戦前のイギリス系普通結社である。同系統の高級結社「ローヤル・アーチ・チャプター」設立の要望は一八七〇年（明治三年）ごろから起こりはじめ、正式許可が下りたのは一八七五年（明治八年）六月であった。これは横浜に会堂を建設している。

明治維新の前後、日本は諸外国の圧力によって各地の港に治外法権の外人居留地を設けていた。横浜、長崎、函館、江戸（東京）、神戸、大阪などの居留地では、領事裁判権、行政権、警察権を外国人が掌握し、永代借地権をもっており、植民地的性格を帯びた地域となっていた。

その後、一九一一年（明治四十四年）、外相小村寿太郎の努力で不平等条項の撤廃を実現したとき、外務省は、在日メーソン結社での外人集会は黙認するが、アジア各地で行われているような現地人のメーソン加盟は禁止する方針をとった。

この決断のおかげで、戦前の日本は、インド、フィリピン、仏印（インドシナ）、中国のような現地人メーソンの暗躍による内政混乱、いわゆる「メーソン禍」に直面する事態を避けることができたのである。

中国はメーソンを悪用している

中国では、すでにメーソン風の血盟秘密結社が「反清復明」（清に反し、明に復す）をモットーとして、一七〇〇年代から二〇〇〇年あまり続いており、風土的にも歴史的にもメーソンを受け入れる素地があった。

アメリカ生まれの弁護士梅華銓（ばいかせん）（米系メーソン員）がフリーメーソンの国際性に着目して、

上海に外国人との混成結社設立運動を起こしたことに端を発し、一九二八年から一九三八年までの一〇年間、欧米系メーソンと、フィリピン、中国人メーソンとが攻争を繰り返した。

そのころから、華北、満州、南京、杭州、成都など中国各地の結社はすべて閉鎖、または上海に移転し、やがて時代は十五年戦争にいたる。

その十五年戦争までの一〇〇年間、英米メーソンは、在中国のキリスト教系学校、キリスト教系病院などの幹部、宣教師、ロータリー・クラブの幹部などに高級結社員を赴任させ、同時に、外国と連絡のある機関、ＹＭＣＡやボーイスカウトの幹部のなかに、メーソン員に適合する人物を推薦するように指令する方針をとっていた。

上海の海軍特別調査部が聴取したイギリス人メーソン員は、ロータリー・クラブとメーソンの関係について次のように説明している。

「両者は主義も組織も同じで、集会の日時も等しく、上海でのメーソン員の過半数はロータリーである。異なる点は、後者は結社（ロッジ）や殿堂（テンプル）をもたず、ホテルで昼食を共にすること、会員の大部分が商人であることだけである」

また、中国人メーソンに反対する米系華北地区大結社（アメリカ、マサチューセッツ大結社配下の現地結社機構）の棟梁ギリスの中国評にはこうある。

「世界人口の五分の一を占め、キリスト教国ではない中国は、メーソンにとって重要な国である。中国に古代宗教たる仏教と儒教主義の倫理が存在することは、宗教的には絶好なメーソン培養地でありうる。しかし、中国はつねに秘密結社と政治とが混合している。国民政府はトリアド（哥老会）などの秘密結社から発展したものといわれているだけに、将来、中国大結社ができると政治と密着する恐れがある。

ＹＭＣＡは、国民党補助機関となって政治結社化している。ミッション・スクールは政治宣伝学校となり、孫逸仙（孫文）崇拝を押し付けられている現状である。すべて中国の主権回復・政治的目的達成のためである」

このギリスの危惧は、白人メーソンによるアジア管理を目的とするメーソン員にとっては当然ともいえる。しかし、現地機関の長がいかに努力しても、中心となる英米メーソンの総司令部の方針が本国の政策によって左右されてしまうために、現地が切り捨てられるケースもたびたび発生することになる。これが「国際結社網」の力であり、本当の恐ろしさである。

ユダヤ人とフリーメーソンは関係ない

上海での調査の結果では、アングロサクソン・メーソンは、多額の献金が可能なユダヤ富豪の少数が加盟していただけで、全メーソン員の一％程度であった。また、ナチスの迫害から逃れた避難ユダヤ人一万八〇〇〇人の中には約一〇人の独墺系メーソン員がいたが、彼らが上海のメーソン結社に同胞としての救済を要求したところ、「最高会議や上部大結社からそのような指令がない」との理由で拒否されている。

「自由、平等、友愛」の大看板を掲げているにもかかわらず、メーソンにとっての「平等」とは白人の平等であり、ユダヤ人、東洋人に対する人種差別が甚だしい。その内部事情は犬塚きよ子氏の著書『フリーメーソンのアジア管理』の中で明らかにされている。以下にその一部を紹介する。

☆

ヒットラーの演説とナチスの宣伝によって、欧米の反ユダヤ団体は「ユダヤ人のみのフリーメーソン結社『ブナイ・ブリス』がメーソンの裏にあって、メーソンを支配している。恐るべき秘密結社である」という偏見を、世界に向かって故意に語りつづけている。

これは、メーソンの内部機構を体験的に調査研究した非メーソンがいないのと同様に、ブナイ・ブリスの本体を研究した非ユダヤ人がいないことと、ユダヤ人自らが釈明することを想定していないから行えたことである。

日米の開戦直後、私のブナイ・ブリスを研究したいとの希望にこたえて、上海で力のある篤信家のユダヤ人指導者、R・D・アブラハムが、自らブナイ・ブリス上海支部員であることを明かして贈ってくれた『ブナイ・ブリス便覧』(一九二六年版、サムエル・S・コーホン編集)が手許にある。ポケット版で、虫眼鏡でようやく読めるような極小の活字で四二〇ページあり、ユダヤ教、世界のユダヤ大勢、歴史、ブナイ・ブリスの発祥と当時の状況など、ありとあらゆるユダヤ関係記事が収まっている。

同書によると、ブナイ・ブリスの前身「Bundes　Bruder」——ドイツ語で同信の友の意である——は、一八四三年十一月十二日、ニューヨーク、エセックス街の喫茶店に十二名のユダヤ人が集合して創設した共済組合であった。その後、同じような友愛組合が各地に結成されたものを、形の上でフリーメーソン組織をまねて、結社（ロッジ）、大結社（グランドロッジ）などと呼び、秘儀、王朝風の服装などを使用する友愛共済組合になっていった。すなわち、メーソン結社によく似た団体に近付いていた。

これは、創立者のなかに大陸系メーソン員が含まれていたためであった。「Bundes Bruder」という名称は、同じ頭文字で意味が似ているヘブライ語の「Bnai Brith」に変更され、アメリカ在住の全ユダヤ人とユダヤ教内の各系各派を網羅する、連帯と共済を目的とした団体として成長をとげた。結社内ではドイツ語のみを使用しており、一八五〇年、シンシナチのエルサレム結社で、初めて国際的に認められるにいたったのである。

ブナイ・ブリス内部では、創立当初の秘儀などの採用に真剣な反対論があり、厳格な意味で秘密結社性を適用するにはふさわしくないとの説が強力であった。そこで、一九二〇年、ついに大結社憲章会合で秘密性破棄の要求が提出され、投票の結果、「秘儀性と決別する画期的な決定を行った」と記されている。

それ以来、

ブナイ・ブリスは秘密団体ではない。

ブナイ・ブリスは同族救済結社ではない。

ブナイ・ブリスは民主団体である。

この三項目を建前として、反ユダヤに対抗したユダヤ人権擁護のための「アンチ・デフォメーション・リーグ（防衛連盟）」をつくり、非ユダヤ人との間の相互理解に努力するため、各方面との昼食会を進めたり、ロータリー、キワニス、ライオンズ・クラブなどの各団体との交流を深めることに専念している。

上海で私が実際に目にしたことを挙げると、ユダヤ教内のセファルジム派とアシュケナジー派はシナゴーグ（寺院）が二種類あって、祝祭日の集合も別である。ブナイ・ブリスはイスラエル、アメリカなど、ユダヤ教徒の多い地や、正統派、革新派、その他信仰上の理由から大同団結が難しいところでは、宗派を超越した団体としてそれなりの実績を挙げている。しかし、フリーメーソンとの直接的な接触はほとんど立証されなかった。

ユダヤ人でメーソン員になった者の率は非常に低く、さらにユダヤ教徒である者の数はもっと少ない。「ユダヤ民団」支部の、著名なメーソン員であった故S・J・ソロモン氏は、どのユダヤ教徒もメーソン員になることは強要されず、もしある者が加盟を希望しても、その結社に深入りする必然性のないことを教えてくれた。彼は若くして高級メーソン員となったが、ユダヤ教に改宗したのちは、組織と積極的に関わることを止めたのである。

亡父の親友に、カルカッタのR・M・コーエンというマスター・メーソンがいる。ある時父が、ユダヤ人はフリーメーソンと関係すべきかどうかと質問したところ、彼は驚いた顔をして次のように答えた。

「特に敬虔（けいけん）なユダヤ教徒が、宗教的にまったく問題がなく、見るからに美味そうではあるが、トカゲを上にのせた料理を食べるだろうか」

彼らにとって、トカゲは最も不浄な動物であり、食器類でさえ、トカゲが触れたあとでは粉々に割られてしまうほどである。

このことは、メーソン内では頻繁に使われ、キリスト教の（特にペテロ派・ローマ教会の）象徴として神聖視されているが、正統派ユダヤ教徒にとって関係ない、いわゆる『十字架』の問題にとくに言及したのである。

☆　　☆

この『十字架』問題に関する部分は誠に意味深長であり、犬塚さんも言葉を濁しているが、中原和人著『封印された古代日本のユダヤ』（たま出版）の中の「小説『ダ・ヴィンチ・コード』の真偽は？」によると、「最後の晩餐」の絵の中に、長年秘されてきたイエス・キリストをめぐる、驚くべき事実が隠されている。

すなわち、この絵に描かれているイエスの隣の人物は、赤い髪がゆるやかに垂れ、組んだ指は華奢で、胸がかすかにふくらんでいる。面立ちを見ただけでも、これはまさに女性であることがわかる。まさにそのとおりで、彼女こそはマグダラのマリアであり、キリストの最初の妻であった。そのマリアの隣の人物はペテロである。ペテロは、脅しつけるような仕草でマグダラのマリアに迫り、刃の形をした手首を首へ突きつけていて、威嚇の仕草をしている。これを見ただけでも、本当の裏切り者はユダではなく、表面は忠義面をしていたペトロであったことが分かる。

この暗号を秘めた「絵」でもわかるとおり、マグダラのマリアは、イエス・キリストの右腕であった。従って、いわゆる「ダ・ヴィンチ・コード」は、正確には、イエス夫妻と十二人の使徒というべきである。

山本五十六元帥はメーソンか？

日本内部で山本五十六元帥のメーソン加盟を主張する人がいるが、これは荒唐無稽（こうとうむけい）といわねばなるまい。

一九三五年（昭和十年）十二月のロンドン軍縮会議の際、日本の全権大使であった日本人メーソン、幣原喜重郎の裏切りによって山本五十六は血涙を呑んだ。この時の幣原喜重郎の裏切りがなければ、アメリカは日本に対して戦争を仕掛けるのにもっと慎重になっていたはずである。

昭和十七～十八年、犬塚きよ子氏の夫、犬塚大佐は、トラック島を根拠地にして、内地とガダルカナルその他の南西太平洋諸島への船団の運行指揮官として、山本五十六司令長官と懇談する機会が多かった。犬塚氏はそのたびに「自ら潜水艦で南米に潜入し、知日派ユダヤ組織を利用して対米和平の途（みち）をつけよう」と提言し、これに山本長官は「軍令部を説得してぜひとも実行してくれ」と言い、大賛成であったという。

犬塚氏は、昭和十八年五月に横須賀鎮守府付で帰京し、軍令部提出案の細目作成に着手したが、間もなく山本長官の悲報に遭遇し、後援者を失った計画は挫折した。戦地にいたものにはわからなかったであろうが、もうそのころの軍令部は親ナチス系の士官が勢力を揮っており、山本長官の強力なバックアップがなければ犬塚氏の和平工作案は承認されなかったのである。

山本五十六元帥がメーソンに加入していたなら、このようなユダヤに接近する策をとるはずもない。

メーソンは日本をフィリピン化するのが狙い

アングロサクソン・メーソンは、政治的支配階級、または精神的指導階級をメーソン結社に取り入れ、三〇年、五〇年といった長い年月をかけて大衆のメーソン化を促し、対象相手の伝統文化を踏みにじることをもっぱらとしている。民族の特徴、長所などを均等化する洗脳工作として、普通教育の普及、民族史の抹殺、個人主義を助長し、家族制度の破壊などをはじめ、あらゆる旧体制の切り換えを行うのである。

中国、フィリピンなどでの私的な調査でも裏づけされたが、大陸系メーソン内部でも、一九三一年度の仏大東社グランド・ロッジ委員会報告書に、次のような決議採択が載っている。

「国民の教育は民主主義にとって第一次的義務であり、民主主義国の存続を確固たるものにする。国家の費用と業務において普く（あまねく）教育を普及すべきである。年季奉公者、徒弟などに対しては課税を廃し、無月謝で入学を許し、国家自体の利益のため単一学校制を採り、少なくとも国民学校を独占することが必要で、われわれはこの実現をはからねばならぬ。さらに実行機関として教育連盟または組合を作り、その核心に厳選したメーソン員を据えおいて学生が直接感化を受けるようにすべきである」(一八八二年ナンシー大会)

日教組設立の根本思想はここにあったが、日本の場合は米系メーソンが核にならず、共産党系が核になってしまった。

この報告書の内容は、日本国憲法と酷似している部分が多い。その理由は次項で述べるが、米系メーソン員は「メーソン結社は上下両院で多数議員を擁しているので、自らの決定したことを法令化するのはなんでもない」と豪語している。

日本の場合は、四年におよぶ太平洋戦争と、世界最初の原爆投下という非人道的な殲滅戦術のあげくに、占領行政が行われた国家であった。戦前の日本にもイギリス系のメーソン結社があったが、日本人を結社に加盟させないという誓約のもとに存在を認めた歴史があって、メーソン的にはまったくの処女地であった。

マッカーサー元帥の、日本メーソン化への陰謀

そこに、日本占領軍最高司令官として、ほとんど独裁的な権力をもって乗り込んできたのがマッカーサーである。マッカーサーは、アングロサクソン・メーソン＝スコテッシュ・ライトの第三十三階級(最上位者)である。

そんな彼が、日本をメーソン国家に変貌させるために力を尽くしたのは当然だったかもしれ

ない。戦後の日本へ押し付けた新憲法、教育基本法などは、二〇〇年前のフランス革命後の、第一共和制下の憲法に則ったものであり、米国の情報公開法で続々と現れた秘密文書類から、マッカーサー元帥がたびたびアメリカ本国の指令を無視した占領行政を行っていたとの情報も出てきている。

敗戦以来六〇年、日本の伝統的民族性は変化し、ユダヤ人ラビ・トケイヤーが「日本人は死んだ」と嘆くほど精神的なひずみが激しくなってきている。戦後敷かれたメーソン化路線をこのまま走りつづければ、メーソンの最終目的達成に役立つ、無気力、無関心、利己的な烏合の衆となって、世界共和国に奉仕する民族にならざるを得ないであろう。

その功労者（？）たるマッカーサー元帥は、短期間に一民族のメーソン化に成功した英雄として、米メーソン社会で功績を礼讃される日が訪れるかもしれない。

日本民族の「理念・世界観」

日本民族は、古来寛容な哲理によってはぐくまれ、道教、儒教、仏教、キリスト教、ユダヤ教など海外からの文化的、宗教的な侵入を経験した過去がありながら、他民族には見られないおおらかな包容心をもって、ほとんどすべての異文化を自家薬籠中のものとし、精神的栄養剤にして独自の日本文化を創造した歴史をもつ。このような民族の理念は、歴史的にはメーソンの理念に先立つものとして存在し、メーソンはむしろ日本的理念を模倣したとさえ言えよう。

ゆえに、日本の将来像は、英米メーソンの描く日本のメーソン化とは異なるものになるにちがいない。

フリーメーソンのアジア管理

戦後四〇年、および五〇年の節目に当たって、京大教授勝田吉太郎氏は「大戦の謎とき作業をはじめよう」と主張されているが、その「謎」を一つひとつさかのぼって解いていくと、最後の中心核としてフリーメーソンに到達する。

彼らが開発したという核兵器も、現在はアジア人国家である中国とインドでも開発され、韓国でも朴大統領のとき、秘密裏に製造して保有しているという。朴大統領の暗殺は、その核兵器を楯に、大統領が米軍の引きあげを迫ったことが原因だったという話もある。

アングロサクソン・メーソンは、世界人類の平等を主張しているものの、その実の目的はコーカソイドによるアジア支配である。かつての中国国民党総裁、蒋介石も、中国共産党幹部、周恩来も、ともにメーソン結社のメンバーであり、両者の協議によって成立した国共合作はメーソンの謀略であった。

フリーメーソンは謎の結社だといわれるが、アメリカ歴代大統領とマッカーサー元帥はメーソン員であり、日本の歴代総理大臣のうち、東久邇宮稔彦王、幣原喜重郎、鳩山一郎は米系メーソン員であった。このような背景の中で、第九条を骨子とする平和憲法が制定されたのである。

　戦後の疲弊困憊から世界第二位の大国にまで立ち直った日本は、今後も好むと好まざるとにかかわらず、メーソンの世界戦略の網にからまっていかざるを得ないだろう。

　最近では、教科書問題で見せた日本の無定見な周章狼狽ぶり、古くは、中曽根康弘首相が、東條英機を祀る靖国神社へ参拝するのは軍国主義の復活だといわれて参拝をとりやめるという騒ぎなど、水に落ちた犬をなお叩きのめそうとする中共政府の告発になすところなく地に這いつくばって、ただただ平謝りに台風の吹きすぎるのを祈っていた体たらくは、世界の物笑い以外のなにものでもない。実証のない南京大虐殺事件、満州での生体実験などに対して冷静に反証を挙げる努力もせず、ひたすら低姿勢に徹する日本の外交は、はたして外交といえるのであろうか。

　これに反し、アメリカは中国と外交関係を修復してからも、台湾については台湾関係法を成立させ、国内法によって一国に準ずる待遇を与えた。二つの中国を認め続けているばかりでなく、中国の猛反対にもかかわらず、台湾への新兵器輸出も行っている。

　さらには、香港返還問題にからんで、イギリスの防衛措置として香港の各銀行が大量の資金をアメリカ、カナダ、シンガポール、バンコクなどに移動しているが、そのうち上海で蒋政府と密接な関係にあった有力銀行、香港上海雁豊銀行が、台湾政府系企業である台湾電力と一億四〇〇〇万ドルの融資契約を結んだ。結果、香港の銀行としてはじめて台湾に支店設置が認められ、一九八四年四月一日から開業を始めている。

これを発表した台湾の孫運璿行政院長が、「われわれは香港住民の権利を守り、協力を進めるため、台湾に自由貿易区、金融センターを設け、香港住民の出国の簡素化を進める」と発言しているのは、イギリスが台湾に資本を投入することによって、アジアにおける一〇〇年の繁栄を台湾で図ろうとしたことの表れである。が、それは同時に、英米メーソンの拠点が台湾に移動することをも意味していた。

かくして、台湾はアングロサクソン系メーソンの中心地区に発展したのである。

これからの英米メーソンのアジア戦略は、総人口十三億～十四億ともいわれる中国系社会にどのように展開されていくであろうか。

犬塚きよ子氏の絶筆「言論の自由のために！」

では、この項のおわりに犬塚きよ子氏の絶筆を紹介し、故人の研究への敬意と感謝に代えたい。

☆　　☆

書庫にひっそりと整理してあるメーソン資料を広げながら、夫の死後二〇年間、迷いに迷っていた。その一部でも公表すべきか、あるいはこのまま私とともに灰にすべきか。

想いを遠く四十数年前にはせると、当時四十五ヶ国人の住んでいた魔都上海で、魔の結社メーソンの各国系結社幹部ら数人と面接し、秘密のとびらの一端に触れた海軍特別調査部員のほとんどは永眠し、今では日本で唯一人生き残っているのが私である。

「これは大東亜戦争で三百万将兵の血であがなった世界唯一のメーソンの資料である」

というのが亡夫犬塚の口癖であった。

亡夫は「公表せよ」とも「死蔵せよ」とも言わなかった。すべての始末は私に託したままあの世で私の動きを見守っている。

三百万の精霊にむくいるために、ほんの一端でも書き残しておこうと決心したのは、夫の霊の見えざる指示によると思っている。

戦後四〇年、思いもかけぬ人々が、メーソンについて貴重な資料を提供して下さり、また写真撮影に協力して頂いた。その方々の氏名を挙げて感謝の意を表すのが礼儀であるが、万一、メーソンの呪いが実在するなら私一身が引き受ける覚悟で、諸氏の諒解のもとにお名前を伏せることにした。

戦後しばらくの間言論の自由が叫ばれたあと、奇妙なことに、マス・メディアは自己検閲という言論統制の道に入り込んだようである。ある大手出版社の社長は「騒ぎをおこさず、静かに金をもうけろ」と指示したというが、このような状況が蔓延して、本書のような出版物は、いざとなると尻込みする会社が多いなかで、ようやく新国民社の決意によって陽の目をみることができた。

言論の自由は深刻な犠牲なくしては決して守れない。自らそのような努力を放棄したものは、太った豚にすぎないということを私に教えたのである。

この一書が、正当に理解されて、警世の一歩になれば幸せである。

（昭和六〇年四月一〇日犬塚きよ子記）

第十二章　黄金の国「ジパング」

金氏のルーツ――タルシシ船の「オッフル」

バビロン史は、最古の海人族の基地として、ディルムン、マカン、メルッハをあげているが、ディルムンはバハレーン島のことであり、マカンはオマーンである。メルッハはインダス文明圏の港湾都市で、インダス河口のデルタ地帯ドーラ・ビーラか、ロータルのあるサウラーシュトラ半島を含む地方らしい。

『旧約聖書』は、タルシシ船の目的地としてマカン、プント、オッフルなどの地をあげているが、マカンはアラビアのオマーンだけでなく、メコン河の名と通じて、バンチェン、オケオ、マレー半島などを含む地域を指していたようである。また、プントは後にオッフルといわれ、ソマリアを支配したイエメンのサバ国を指したらしい。

オッフルは、のちにアレクサンドリア市が世界中に建設され、バクトリアに最果てのアレク

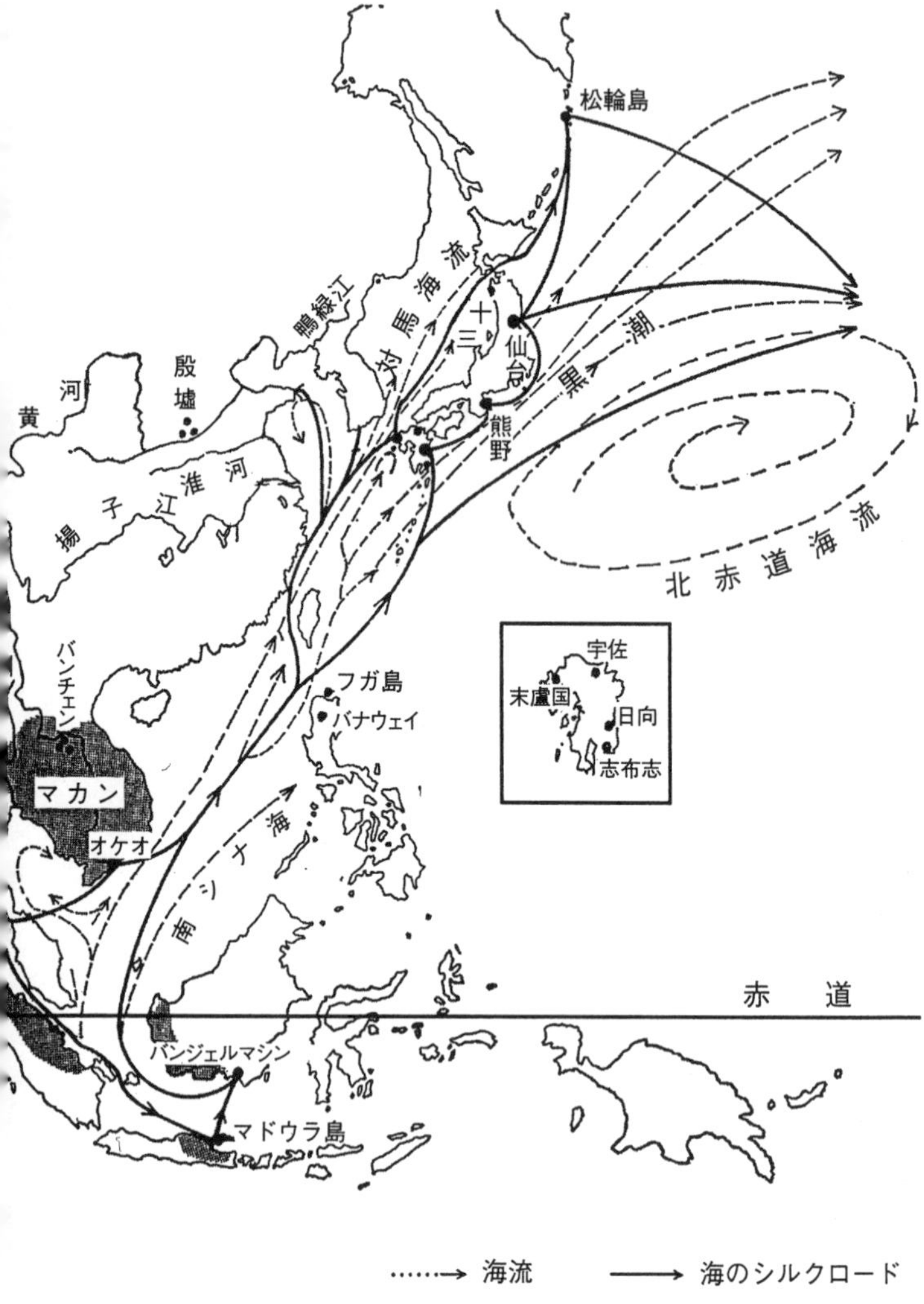
松輪島
対馬海流
鴨緑江
十三
仙台
黒潮
殷墟
黄河
熊野
揚子江
淮河
北赤道海流
宇佐
末盧国
日向
志布志
バンチェン
フガ島
バナウェイ
マカン
オケオ
南シナ海
赤道
バンジェルマシン
マドウラ島
海流
海のシルクロード

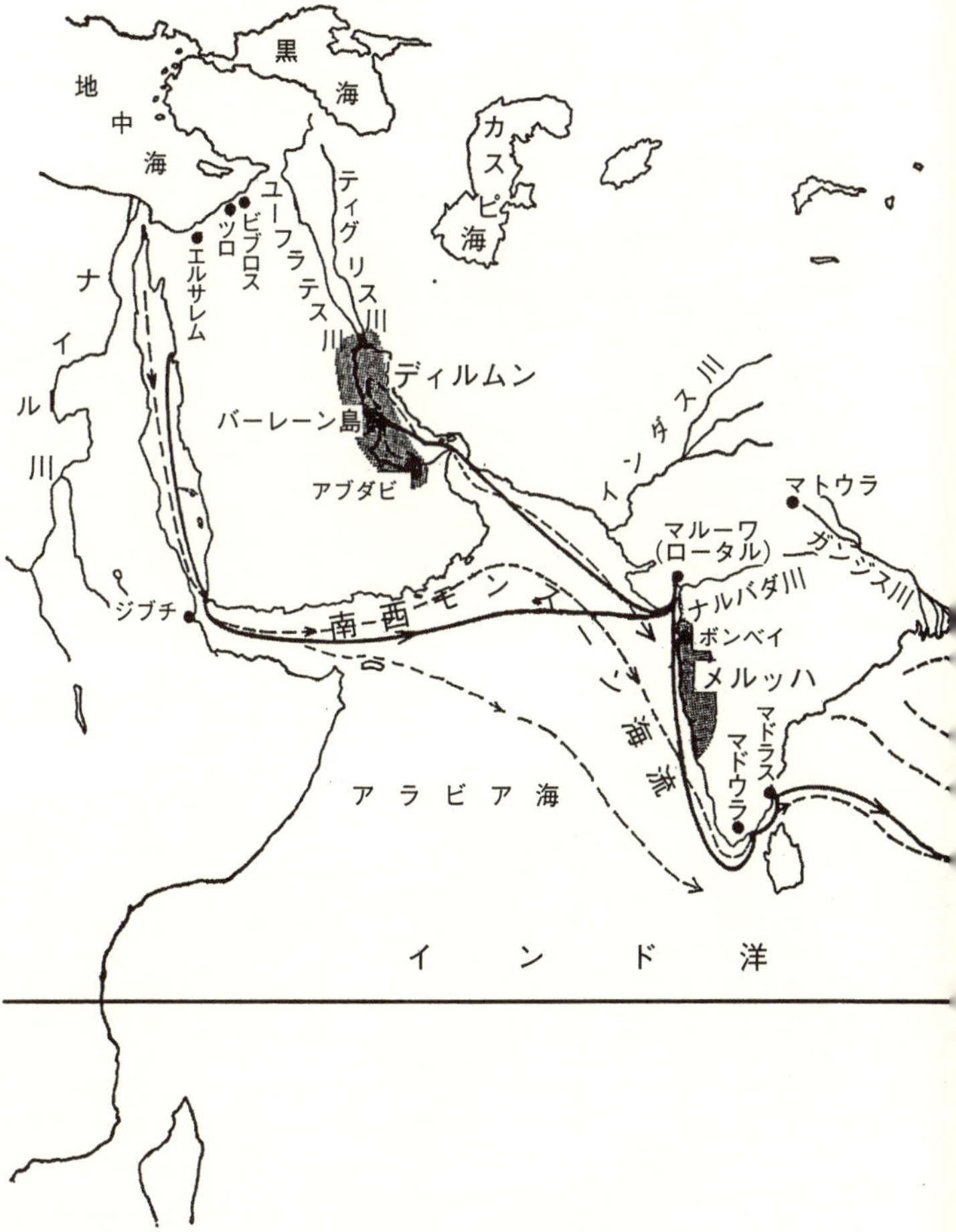

海のシルクロード＝マラ族の大移動（『バンチェン／倭人のルーツ』より）

サンドリア（エスカテ市）があったように、遠隔地に同名の植民地が多くあった。

史上最果てのオッフルは、『契丹北倭記』の東表国＝東方のオッフルで、これは九州の豊国地方にあったが、その地には、すでに前十五世紀にタルシシ船が到来しており、殷文化圏のための製鉄基地が建設されていた。

この地にトーテツ青銅器の破片があったとすれば、前十二世紀以降、東表国は、オッフル人の中国本土に対する前進基地であったことになる。鹿島昇氏は『史記解』で、『史記』に記す殷王のモデルがバビロン本国のイシン王であったことを説いているが、そうしてみると、東表国の金氏の一族は殷の王族であったことになるだろう。

アッカド帝国（前二三五〇年頃〜前二一五〇年頃）は、メルッハから紅玉髄、象牙、貝、香料、木材などを輸入しているが、これらはすべてインド大陸の産物である。また、メルッハの名は広い地域に分布した地名で、オマーンのマドラカ岬にはじまり、インド西岸のマルーワ、ポーク海峡のマドウラとマドラス、デリー南方のマトウラ、マレー半島、インドネシアのマドウラ島、九州の末盧国（松浦）、千島列島の松輪島にまで至る。これらはすべて、アラビア海のメルッハ人（マラ族）の基地であった。

ちなみに、ポーク海峡のマドラスは、海人族を意味するマドロスの語源にさえなっている。

前ページの図は、その「マラ族の大移動」を表したものである。この図は、前著『日本史のタブーに挑んだ男』（たま出版）では「海のシルクロード図」としているが、これこそがマラ族の大移動を示す図でもあった。

古代バビロン史によると、ディルムン、マガン、メルッハとバビロンの交易は、アッカド王朝が滅びたあとしばらく失われ、そのあとは、ウル第三王朝のウル・ナンムのマガンとの交易、末王イビシンのメルッハとの交易が記録されているのみである。イシン・ラルサ期には従来貿易の担い手であった神殿（神官）に代わって、アリク・ディルムンのような組合がこれらの交易を支配し、前一八〇〇年頃まで続いていた。そのあとアラビア海の海人族はエジプトでヒクソス王朝を建て、前十七世紀、ヒクソスがエジプトから撤退したあと、バンチェンと殷文化圏に植民した。やがて前一〇世紀にソロモン王がサバ国と同盟して、ウル時代の貿易路を復活したのである。

前一一〇〇年〜前五〇〇年紀のバンチェン第五層では、青銅冶金術を継続し、豊富な副葬品を伴う伸屈葬が見られるが、同時に出土する多くの鉄器もあって、鉄の精錬と鍛造が行われていたことを示している。この地に製鉄部族を運び込んだのは、ヒッタイト人を乗せたソロモン王のタルシシ船と考えるべきであり、その人々がさらに北上して東表国の製鉄基地を強化した。そのとき、先住のマガン人とカルデア人は、中国大陸に移動して三晋時代の「韓」や「箕子朝鮮」を建てたのであろう。

約一万二〇〇〇年前以後のバンチェン文化は、メコン河流域に興った大文明であるが、そもそもこの河をメコンというのは、マガン（バハレーン島）の人々が故郷のペルシア湾をメコン河と同一視して、マガンの名を与えてメコン河と呼んだのが始まりと考えられる。
マガン人はカルデア人とともに、ヒクソスの海人族だったのではないだろうか。

ウラルトゥ王国の盛衰

前一〇～前七世紀以後のウラルトゥ王国の歴史について、従来はウラルトゥ王国が、前六世紀初頭のカルミール・ブルーフの時代に滅亡してしまったと考えるのだが、『馬韓世家』と『史記』を総合すると、彼らはナボポラッサルのカルデア王朝に従属し、その後、アケメネス・ペルシアの王族を王にしたと解することができるのである。

これについて、『契丹北倭記』第二十九章は次のように述べている。

「西周（アッシリア）を滅ぼしてから三百余年を経て前六～五世紀になると、天運は傾いた。武伯（ウラルトゥ）は二分し、匈奴（スキティア）に連合するものと、秦（アケメネス・ペルシア）に入るものとに分かれた。秦（大秦国・バクトリア→中国・秦帝国）はこののち益々強くなり、燕（エラム人のクニ）も強化されたので、辰沄殷（しんういん）（奇子朝鮮）はついに大凌河（大遼河）を国境とし河西の地を譲って東遷した」

ここで「前六〇〇年頃、武伯（ウラルトゥ）は二分し、匈奴（スキティア）と連合するものと、秦（アケメネス・ペルシア）に従属するものとになった」というのは、匈奴がパズィルィク古墳などを残したウラルトゥ亡命者グループであり、後者がペルシアの王族を王にしたウラトゥ亡命者グループで、中国史料では三晋の趙国（首都・邯鄲）となっている。

O・Mダルトンは、アムダリア流域から出土したオクサス遺宝を研究して、前四、五世紀の中央アジアにペルシア風の文化が波及したと述べた。

この主張を基に研究を続けた増田精一氏は、

「その中には、鞘の身の部分には騎射によるライオン狩りの図を、基部には長槍によるライオン狩りの図を打ち出したアキナケス型の金製鉄鞘がある。ライオンの表現、騎者のかぶる王冠などは、アッシリア後期の『帝王ライオン狩りの図』のそれに似て、オリエント及びスキタイ風文物の見事な融合を示している」

と述べている。

これらの文化は、匈奴（フン族）の一部隊となってバクトリアに亡命したウラルトゥ人、のちの扶余伯族の文化であろう。

前一五八〇年頃、ナイル河のデルタ地帯にヒクソス王朝を建てていたヒクソス人（インダスの牧羊人）がエジプトの独立軍に追放されたため、メルッハ族のうちのエブス人がエルサレムへ移動した。また、彼らの一部は大航海して中国山東半島の干莱文化圏に参入し、この文化圏が九州へ移動して東表国となり、「黄金の国・ジパング」となった。

これらの移動を可能にしたのは、常に連携していたエブス人とフェニキア人の固い同盟によるものであり、それはタルシシ船による遠洋航海を得意とする運び屋と武装した商人グループの関係であった。

殷文化圏と重藤の「製鉄基地」

前一五〇〇年頃、干莱（韓商人）のエブス人が、フェニキア人とともに黄河流域を遡り、河南省へ進出して殷交易基地の文化圏をつくった。中国考古学会の調査で、河南省内の殷墟から鉄刃銅鉞（マサカリ）と鉄刃銅戈（鉄と銅との複合製品）が出土したことから、九州の国東半島重藤の製鉄基地との交易があったことを証明している。

また、エブス人別働隊は、アルワドからインド中部のロータルへ移住し、デリーを経てマガダ近くまで移動した。彼らは、のちのインド十六ヶ国時代にはアヴァンティ国、コーサラ国、アンガ国などの太陽（日神）系王朝諸国となった。

これについて、鹿島曻氏は次のように述べている。

☆　☆

さて史書『国語』は「羌は伯夷の後なり」と述べているが、『左伝』に「羌は太嶽の後なり」とあり、『詩』の大雅「崧高」は「これ嶽、神を降し、甫（呂）と申を生めり」とあるから、『国語』の羌は姜の誤りであろう。伯夷がウラルトゥであるとすると、この人々は早くから中国大陸にも進出していて、ヒクソスの移民団が山東半島に上陸して羌族となったとき対婚（通婚・融合）して姜族と称したのであろうこのように、鹿島史学では色々な角度から歴史を解明し説明するため、その熱心さが折々脱線して回り道をするものだから、一般読者には難解な本になっている。そこを辛抱強く読み続けてゆくことで、鹿島史観の全貌が見えてくるのである。

☆　　　　☆

人類の歴史は、五〇〇〇万年前のアウストラロピテクス（猿人）の二足歩行開始から現在まで、たゆむことなく続いている。

今から約七〇万年前、原人（ヒト）がアフリカで生まれた。やがて彼らは、より良い環境を求めて地球上の各地に移動した。その「長い旅路」の道すがら、各民族の途中下車は地球上の各地で行われ、それぞれの文化・文明の花を咲かせ、栄枯盛衰を繰り返すようになった。文化・文明発展の歴史は、東西南北、縦にも横にもつながり、影響しあいながら展開されていったのである。

幾度となく繰り返された地球の大変動＝氷河期の歴史にも左右されたであろう。あるいは、氷河期と間氷期の繰返しによる、前文明と新文明の知られざる交代劇があったかもしれない。

そうした錯綜の結果、現在判明しているような大陸間の草原、砂漠を結ぶ「陸のシルクロード」の歴史と、七つの海を結ぶ「海のシルクロード」の歴史が生まれていったのである。

太平洋文化圏の歴史（「鹿島史学」の補足）

だが、鹿島曻氏にも、太平洋上の島々の歴史まではよくわからなかった。それを明らかにしたのは中原和人氏である。

約一万八〇〇〇年前、スンダ大陸においてフッリ人（黒人種）の系統からシュメール人（古モンゴロイド／血液A型）が生まれた。

約一万五〇〇〇年前、マレー海域においてドラヴィダ人の群れからワジャック人（古モンゴロイド／血液A型）が生まれた。

約九〇〇〇年前、シュメール人とワジャック人のグループ五〇〇〇人が、ヴェトナムから出航し、セレベス島北部のメナドへ上陸して、新文明建設のための交易基地を開いた。彼らは太平洋上の島々へ移民して融合しながら、根栽農耕文化の移植をつづけ、やがてハワイ諸島に達した。

ポリネシア人（約六六〇〇年前、イリアン・パプアで生まれた新モンゴロイド）たちが、約二五〇〇年前ハワイ諸島に上陸した。

ミクロネシア人（約七〇〇〇年前、セレベス島などで生まれた新モンゴロイド）たちが、約二〇〇〇年前ハワイ諸島に上陸している。

そのあと、メナド港を出発したドラヴィダ系のワジャック人たちが、太平洋上の島伝いに移動しながら、約一五〇〇年前にハワイ諸島に上陸した。

このころ、ポリネシア人とミクロネシア人はハワイ諸島で共存していたが、約一五〇〇年前以降、新来のワジャック人たちに追われ、加えてマラリアなどの流行によって絶滅した。現在のハワイ人（カメハメハ王系の原住民・元小錦関や曙関の同族）はワジャック人（古モンゴロイド／血液A型）の子孫である。


また、イースター島の文化も、南米大陸の住民が移動したものではなく、約一五〇〇年前、ハワイ人と同時期にメナド港を出港し、遠洋航海によって移民したワジャック人たちによって開かれたものである。モアイと呼ばれる巨大な石像も、ロンゴ・ロンゴという象形文字も、すべてメナド人の文化遺跡である。


約六〇〇〇年前～四六〇〇年前の間、縄文人はシュメール文明（バンチェン文明）拡散のため、太平洋を越えて南北アメリカ大陸の各地や南太平洋まで航海している。一般によく知られている中南米などのマヤ文明も、実際は、セレベス島にあったバンチェン王国の基地住民・メナド人が伝えた新文明であった。

今日、それらの古代文化の痕跡は、ジャワ、バリー、マカッサル、メナドなどのインドネシア遺跡を探訪すれば一目して発見・理解できるであろう。そのさいには、鹿島史学の史観で事象を観察することが最も重要である。物見遊山の観光だけではわからないことでも、正しい知識に裏付けされた観察眼があれば、現地の博物館などを見学するだけでも、ある程度の古代史研究成果は期待できるのではなかろうか。

第十三章　空から見た「河内平野」

前方後円墳

「昭和二十九年四月、八尾飛行場の滑走路には陽炎が燃えていた」という書き出しで始まる、上田宏範氏の『前方後円墳』（学生社）は、なかなかユニークな著書である。

　以下に一部を引用する。

☆　☆

　わが国古代の巨大なモニュメントである「前方後円墳」の航空写真を『古代の大阪展』に飾りたいと思い、産経新聞社の飛行機を飛ばしてもらうことにした。目標は、舌百鳥古墳群につづいて、応神陵を主座とする古市誉田古墳群のかずかずだ。

　淀川の北岸は、一面の青い麦畑とその間に点綴する黄色い菜の花畑で、美しいつづれ織りをみるようであった。ここも他と同様、今日では縦横に開発された宅地や工場、高速道路などのため、あのころののんびりした面影はおそらくあるまい。このときから数年後、茨木市将軍山古墳の調査の際、やはり航空撮影のため朝日新聞社のヘリコプターで飛んだが、このときにはもうすっかり景観が変わっていた。

いずれにしても、それらの古墳が造営された当時と、それほど変わらぬ環境のもとで、上空から大観できたことは、今から思えば幸せであった。昭和十四年の初夏、万籟山（ばんらいやま）古墳に登って前方後円墳に魅せられてから十数年、「前方後円墳を空からみる」ことは私の念願であった。

世界の大陵

人間の歴史発展段階の中には、たとえ地域や時代が違っても、そのなかに共通点を見出すことができるものがある。たとえば、エジプト王朝のピラミッド、あるいは中国の殷墟遺跡や秦の始皇陵を頂点とする帝王陵の造営などがそれである。

ピラミッドの築造には、高度の幾何学知識と土木技術の粋が駆使されている。あれだけの莫大な切石を誤差なく積み上げるためには、基底部が完全な平面であることが要求される。さらに、建造する方位にも厳密な正確さが求められたのである。彼らは何千年も前にそれを見事になしとげ、その成果は、今日に至っても大した狂いもみせず厳然として聳えている。

秦の始皇陵は、一辺の長さ三四〇メートルの二段方形式大陵である。『史記』の始皇本紀や『漢書』の劉向（りゅうこう）伝などによれば、始皇帝は在位中に造営に着手し、国中の囚人七〇余万人を使役して完成させたという。地下には宮殿をつくり、水銀をたたえて河とした。また宝物を盗もうとたくらむものにたいしては、自動的に矢を射かける弩機（バネじかけの強力な弓）を仕掛けた。専制君主であった始皇帝は、秘密の漏洩を恐れ、造営にたずさわった人々を全員閉じ込めて殺したという。

応神・仁徳・履中三大陵の謎

わが国で、これらの大陵に匹敵するものは、応神・仁徳・履中三天皇の陵と伝えられる、三基の巨大な前方後円墳であろう。

そのひとつ、応神陵は、墳丘長四一七メートルに達する大古墳である。またその陪塚からは、江戸時代に金銅製の馬具が出土し、現在では国宝に指定されているほどで、本稜の副葬品も素晴らしいものだろうと推察される。

仁徳稜はこの応神陵よりさらに規模が大きい。墳丘長は四八六メートルに及び、周壕をも含めれば、平面的規模ではまさにわが国最大の前方後円墳である。平面的規模だけなら世界一といってもよいかもしれぬ。ピラミッドにしろ、始皇陵にしろ、構築技術や内部の副葬品でははるかにすぐれているが、平面的規模の大きさにおいては及ぶところではない。

明治五年に仁徳陵の前方部がくずれ、巨大な長持形石棺が発見されたことがある。その時の記録によると、金メッキを施した豪華なカブトやヨロイ、それに当時としては想像もできぬほど珍しい品であった色ガラス製の琬（えん）などが納められていたという。

履中陵も、墳丘の長さ三六五メートルで、応神陵につぐ巨大な前方後円墳である。出土品については、残念ながらくわしいことはわかっていない。しかし、周囲に広大な堀をめぐらしており、その外側には陪塚と推定される七観山があるのだが、この七観山（ななかんやま）からは莫大な数量の刀剣や甲冑、金メッキの華麗な帯金具が出土していて、本陵のおおよそのことが推察される。

前記の二陵がどれも二重あるいは三重の堀をめぐらしているのに対して、履中陵は一重のみであるが、江戸時代の絵図を見ると二重堀になっており、もとは広大な墓域を持っていたことがわかっている。

それではどうして、こんな途方もない巨大なものが作られたのか。ひとりの大王または族長のために莫大な努力と資材を投入し、堀の水は灌漑用水に利用されたかもしれないが、全体としてはまったく非生産的な、いわば無用の長物である。現代人の目からみれば、巨大な陵の造営という一連の社会現象は狂気の沙汰としか映らないだろう。

しかし、この流れは、のちに八〜九世紀には、各豪族が氏寺の壮大さを競い合い、その頂点が天皇家の大仏建立となったし、近世初頭には、信長、秀吉らが壮大華麗な城郭の造営に狂奔した。それら一連の現象に通じるものがあるのではないか。

古墳時代と呼ばれるこの時代には、それが要求される必然性があったのである。

生きている周壕

宮内庁でご陵参考地に治定されている古墳でも、その周壕の水利権は民間にあるものが多い。奈良平野の北端に位置するウワナベ・コナベの両古墳の、水壕の水がうるおす水田はいまも広範な地域に及んでいる。崇神陵が文久年間に修治されたときには、正面に高い築堤がつぎ足されているが、水門や樋を設けて水利をも考慮に入れている。工事に当たって、付近の農民の協力も得やすかったであろう。ほかに、宣化陵、築山ご陵参考地や巣山古墳など、今も水田の重要な水源となっている例は枚挙にいとまがない。

応神陵も今日では、外壕は痕跡のみしか残っていないが、本来は二重壕の壮大なものであった。洪積台地上に設けられたこの人工貯水池は、沖積平野をうるおし、生産増強に大いに役立ったはずである。

このように考えてくると、古墳の水壕の掘削は、たんなる労働力の浪費ではなく、再生産に連なる効果的な土木事業であったといえる。中国の文献に見られる、陂（つつみ）、塘（つつみ）の設置とまったく同じ効果をあげたものと考えてよかろう。

☆　　☆

このあと上田宏範氏は、これらの日本独自の形式をもつ「前方後円墳」が誰の手によって造られたかを知らないまま、構築方法について長々と述べている。

この前方後円墳は、前一世紀、すでに北九州において世界一の青銅と鉄の文化圏を成立させていた旧伊勢国の文明遺民が、委奴（いど）国のシメオン族秦氏（はたし）らに追われ、奈良盆地へ亡命して東鯷（とうてい）国を建てたのちに考案されたものである。

ちなみに、七世紀初頭、隋の文林郎裴清（はいせい）が来日し『隋書』俀国（たいこく）伝を著すが、その中で、「東夷の人は里数（距離）を知らない、ただ日をもって計っている」とか、「文字はなく、ただ木に刻みを入れ、縄を結んで（通信）する」などと書いている。だがそれは、裴清（はいせい）が煬帝（ようだい）のスパイであることを知っていた俀国（たいこく）側が、日本の文化水準を知らせないようにしていたもので、外交上の駆け引きによるものであった。

第十四章　東鯷国の「前方後円墳」

前方後円墳が証明する古代文字の存在

奈良盆地の東鯷国（鮭文化のクニ）は、五代目猿田彦命の弟の系列が建国し、二世紀末から三世紀にかけて支配していた国であった。その王宮は「纒向の日代宮」（現三輪明神／大神神社）の地に置かれた。

東鯷国のユダヤ人（ガド族・イッサカル族・ゼブルン族の人々）は、中国時代の陵墓造りを参考にして、族長たちを葬る新しい墓陵形式、前方後円墳を模索していた。

奈良県桜井市三輪に現存する東鯷国の纒向古墳群は、日本最古の前方後円墳で、学会で纒向型前方後円墳と呼ばれている。前方部が未発達（前方後円墳が整う前の初期形態）で、全長：後円長：前方長の比は三：二：一となっている。

以下の　◎印が纏向型である。

◎纏向石塚古墳……国指定史跡
◎ホケノ山古墳……三世紀中頃　葺石、石囲い木槨（もっかく）（棺を納める木製の小部屋）、国指定史跡
◎東田大塚古墳……三世紀中頃
◎柳本大塚古墳……三世紀中頃
◎纏向大塚古墳……三世紀後半
◎纏向勝山古墳……三世紀後半
◎箸中イヅカ古墳…四世紀後半、埴輪
・メクリ一号古墳……三世紀後半、前方後円墳
・箸墓古墳…………三世紀後半、被葬者は秦人系大国主命の長男、前方後円墳、葺石
・大市墓古墳…………三世紀後半、被葬者は倭迹迹日百襲姫命（やまとととひももそひめのみこと）（猿田彦五代目の娘）
・箸中ハクビ古墳……四世紀末、纏向遺跡内唯一の円筒埴輪基底部、墳丘下層か竪穴式住居跡
　一棟（布留〇式期）

二三〇年、委奴国遺民のシメオン族らは、ガド族らの東鯷国を亡ぼして、秦王国を樹立した。秦王国は大いに発展し、東鯷国の前方後円墳文化を引き継いで、日本全国にその古墳文化を広めていった。だが、残念ながらその本当の歴史は失われ、国史はこれを大和朝廷の歴史だとし

てすり替えている。

そのため、日本には縄文、弥生の時代に度量衡制度はなかった、文字もなかった、と決められたのである。尺度・面積・体積および容量・重量などを計算できる度量衡制度に加えて、それらを工人が伝え合う文字がなかったならば、どうしてこれほどのモニュメントを築造することができたであろうか。このような国史の欺瞞は一日も早く改めるべきであろう。

環境保全を優先した日本の「モニュメント」造り

筆者の友人に、外国旅行の好きな書道家がいた。彼は、口癖のように「ヨーロッパでローマ文明の石造建築を見て、つくづく日本の文化遺跡は『ドロクサイな』といつも思う。だから今度はエジプトへ行くのだ」と言っていたが、念願のカイロ空港に降り立った途端熱病に罹り、日本に帰ってきて間もなく不帰の客となった。

ギリシャやローマの文化遺跡に石造物が多いことは確かだ。それはヨーロッパの環境と、彼らの軍事的都市作りの願望によるものであったと思う。

西洋文明の接点である「オリエント」にいた古代ユダヤ人たちが、シルクロードを経て弥生文化の盛んな日本へ渡来し、旧伊勢国→東鯷国という文化圏をうち建てた。

東鯷国の交易範囲は、関東、東海、北陸、山陰、山陽、四国にまで及んでいたから、その勢力範囲は、近畿圏を中心に日本の大部分をカバーしていた。すなわち、「照葉樹林帯（しょうようじゅりんたい）」の環境にどっぷり浸っていたのである。

人々は日本列島に住み着いて、いつしかこの素晴らしい環境に適応した民族となった、と私は思う。だから私は、一九七六年（昭和五十一年）に、木造建て本建築の住家を七〇歳の宮大工さんに建ててもらった。独学で想を練った日本庭園の庭には、流れのある池の中を真鯉、緋鯉が悠々と泳ぎ、心を慰めてくれる。

この日本の環境の良さ、日本人の勤勉さは、外国旅行を重ねる毎(ごと)にわかってくる。その国の良し悪しは国の外から眺めるとよくわかるというが、まさにその通りである。

古代ガド族文化の担い手や、そのあとを引き継いだシメオン族文化の担い手たちも、いつしかこの環境の良さに気づいたのであろう。それが世界に比類のない、前方後円墳というモニュメント文化を生んだ最大の理由であったと思う。

古代人の知恵で生まれた「大溝」や「暗渠」

古墳時代の溝渠(こうきょ)については、上田宏範氏も、「畏友山口日出雄氏が、古市の大溝渠の存在について航空写真により指摘されている」と述べている。

それによれば、溝渠は白鳥陵(しらとりりょう)、清寧陵(せいねいりょう)から北行して仁賢陵(にんけんりょう)の東をよぎり、仲哀陵の南を西行する長大なものであるという。ところによっては幅二〇〜三〇メートル、長さ五〇〇メートルの堀切りとなり、ある箇所では高さ二、三メートルの堤防を築き、一大土城のごとく延々とつづくという。古典にみえる大溝（おおうなで）の遺構が、今日まで遺存していたことになる。それらに加えて、当時のインフラ（公共施設）の建造物＝神社・仏閣・宮殿・見張所・橋梁などは、すべて木造建築物となっている。

石造物に頼らず、このような後世にのこる土の墳丘墓および周壕・暗渠などを作ることによって、水田稲作農業の水源をも確保し、環境に配慮したのである。先人たちの知恵である。

上田氏も「山頂や山上の古式古墳が平野に降り、周囲に水壕をめぐらすようになった背景には、このような生活の知恵が潜んでいたとみられる」と考察している。

消えつつある「周壕」と美しい「水田」

築造当時よりごく近年まで、二〇〇〇年近い歳月にわたって人々の生活を支えてきた周壕や水田も、いま危機に瀕している。戦後の経済成長は国土の近代化を否応なしに推し進め、各地の水田は埋め立てられ、工場や宅地がそれにとって代わっている。

灌漑用水という大きな役割を失った水壕や水田はどんどん埋められ、埋められないところも工場廃液の捨て場として汚濁の一途をたどっている。

日本の美しい国土と文化遺産を護るために、早く手を打って欲しいものである。綺麗な自然水にかこまれた世界一の緑地の国として、後代の人々にも親しまれるように――。それが現代に生きる私たちの務めではなかろうか。

第十五章　鹿島曻の『倭と日本建国史』を再考する

第一王朝から第八王朝まで

では、ここからは鹿島曻氏の『倭と日本建国史』（新国民社）の仮説に立ち返り、もう一度、新「鹿島史学」の観点で考察しなおしてみることにしたい。

駕洛国（伽耶国）の本国は九州北東部の豊日国であるが、その領土は朝鮮の金海（洛東江流域・鉄鉱山地域）にもあったから、金官加羅ともいった。この王家は『記紀』では孝昭、孝安、孝霊、孝元、開化に始まり、のちの倭の五王に至っている。これを仮に（前十一世紀に始まった）第一王朝とすると、この第一王朝は倭の五王のあと清寧天皇のときに新羅と安羅の挟撃によって滅亡したことになる。日本史ではこれを任那官家の滅亡と書いている。

紀元一世紀、高句麗の重臣（濊王一族）陜父によって建てられた熊本の多婆羅国には、陜父の子孫であったニギハヤヒノミコトまたは百済国（南朝鮮・旧多羅国）の肖古王がいた。その王朝は日本史の第二王朝に当たる。

のち紀元三世紀には、扶余王尉仇台二世（イワレヒコ）の神武が建てた伊都国の王朝から、綏靖、安寧、懿徳、崇神、応神、舒明と続く百済王朝が九州全体および朝鮮の一部を支配し、日本史の第三王朝に入る。

この神武第三王朝は、やがて近肖古王（肖古王の後裔）が倭の大王、崇神天皇となり、そのあと、奈良県天理市の石上神社の秘宝・七支刀の金刻文の如く、百済王の世子旨が倭の大王になって、景行天皇となった。

それ以外の百済王が倭大王を兼ねていたかどうかは、新羅の文武王の焚書により資料が失われてしまっているため不明であるが、百済威徳王昌が作ったという『原旧事紀』では、百済王がほとんど倭の大王を兼ねていたとして、これらを天皇と記している（次ページ『皇統譜解明表』参照）。

公孫氏の分国であった日向・大隈・薩摩の投馬国＝安羅国の王家は、公孫氏の女であった邪馬壱国の女王卑弥呼、壱与に始まる。その中間は大伴氏と書かれ、継体、安閑、宣化、アマタラシヒコ（俀国の天子アメタラシホコではない）と続き、これが第四王朝となった。

扶余王→百済王	百済王	天皇	天皇	×百済王統 △新羅王統	△駕洛王統	安羅王家
仇台	仇首⑥	神武①	孝昭⑤		△閼智	（卑弥呼 ヒメダライスズ）
依余	沙伴⑦	綏靖②	孝安⑥	×古爾⑧	△勢漢	（壱与）
麻余	比流⑪	安寧③	孝霊⑦	×責稽⑨	△阿道	
依慮	優寿	懿徳④	孝元⑧	×汾西⑩	（△首留①　首露）	
依羅	近肖古⑬	崇神⑩	開化⑨	×契⑫	△別登②	
	近仇首⑭	垂仁⑪				
	近仇首⑮	（ホムツワケ）				
	（優辰王斯旨⑯）	景行⑫				
	阿莘⑭	成務⑬				
	腆支⑱	仲哀⑭			讃※421〜425	
	久爾⑲	応神⑮	仁徳⑯		珍※430〜438	
	毗⑳	履中⑰	莵道		済※451〜460	
	蓋鹵㉑	市辺	反正⑱		鉎知⑧	
			允恭⑲		興※462	
			安康⑳		武※477 478 479	
			雄略㉑			
			清寧㉒			
	（昆支）	顕宗㉓				
	文周㉒	仁賢㉔				
	三斤㉓	武烈㉕				
	東城㉞	欽明㉙				
	武寧㉕	敏達㉚	⊙継体㉖			大伴談
	聖㉖	用明㉛	⊙安閑㉗			大伴安
	威徳㉗ ※529佐平燕漢高句麗軍に伐たる	（聖徳）	⊙宣化㉘ 531大述（オオト）25年辛亥、高句麗に伐たる			大伴歌
	恵	崇峻㉜	△皇極㉟	△善徳㉗		（大伴磐 井大伴磐君）
	恵王妃㉘	推古㉝	△斉明㊲	△真徳㉘		（大伴葛子 アマタリシヒコ）
						大伴望多 ※608
	（法㉙）	山背				
	（武㉚）					
	義慈㉘	舒明㉞				
	（孝）	孝徳㊱				
	豊璋	天智㊳	△天智㊳	△善徳㉙		
	（隆）	弘文㊴				
			△天武㊵	△大宗武烈㉚		
			（△高市）	△金霜林		
			△文武㊷	△金良琳		
	（百済王文鏡）	光仁㊾				
	豊璋	桓武㊿				

⊙扶余、安羅王家
䲔百済王家
△駕洛、新羅王家
※中国史の紀名紀年
●百済本紀の紀年

皇統譜解明表

そして、金官国から分裂してできた新羅の金姓王朝が、唐の天子を真似て皇帝と書かれるようになり、皇極、斉明、天武、文武と続く第五王朝になった。

白村江ののち成立した天武以降の新羅系王朝（奈良朝廷）は、この第五王朝のつづきであり、百済系の道鏡、光仁（実は敬福父子の内裏天皇）＝桓武の平安王朝は第六王朝（南朝系）となる。

そして渡来族カッシート人の平将門の子孫である足利義満が皇位を奪って建てた北朝系が第七王朝となった。

この後、幕末のとき、薩長同盟が北朝系の孝明天皇父子を暗殺し、南朝系の大室寅之祐が睦仁にすり代って第八王朝（現皇室）となった。

だから、明治憲法において天皇を万世一系というのは、王統のことではなく、神統のことをいう。はっきり言えば、神統は韓統なのである。朝鮮の王族の子孫だけが天皇になるという手前勝手なルールである。自身はシャーマン・神官の家系である林姓でありながら、古代史をよく学ばなかった伊藤博文が、万世一系を血統のことと解釈して、国民にウソを強要する明治憲法を作ったために、国史学はついに学問として成立できなくなったのである。

『原旧事紀』の考察

現存する『旧事紀（くじき）』、詳しくは『先代旧事本紀』と称されるものは、その成立に定説がなく、謎に包まれている。これは『旧事紀』を研究すると、『記紀』が朝鮮史の翻訳であり、改竄（かいざん）だらけのシロモノであるとわかってしまうからである。歴史家があえて研究を避けたといってもいい。

しかし、鎌田純一氏は『先代旧事本紀の研究』のなかで、現行の『旧事紀』の底本として、『原旧事紀』が存在したと主張している。

鎌田氏の仮説に基づいて、『日本書紀』の六〜七世紀における皇統譜を調べると、推古天皇以後の天皇は次のようになっている。

(1) 推古天皇は、新羅の真平王妃摩耶（まや）と百済の恵（けい）王妃の合成人物がモデル
(2) 舒明天皇は、百済の義慈（ぎじ）王で、百済滅亡の時の王がモデル
(3) 皇極天皇は、新羅の善徳（ぜんとく）王で、吡曇（ひどん）ノ乱の女王がモデル
(4) 孝徳天皇は、百済の義慈王の太子孝（こう）がモデルで、実は即位していない
(5) 斉明天皇は、新羅の天豊財（あめのゆたかなたから）女王で、真徳（しんとく）女王がモデル
(6) 天智天皇は、その前半が新羅の太祖武烈（ぶれつ）王（金春秋）であり、後半は百済の義慈王の

子・豊璋という合成人物である。百済復興のため戦い、白村江で敗れて平壌へ逃亡した王子がモデル

(7) 弘文天皇は、鹿島曻氏は豊璋の弟隆をモデルとしているが、実は東漢氏（レビ族）出身の秦王国（＝飛鳥王朝）最後の天子

(8) 天武天皇は、新羅の文武王（金春秋の子・金法敏）がモデル

新羅史では、善徳王と文武王（金法敏）の間に太宗武烈王（金春秋）があって、太宗武烈王は、即位以前には毗曇の乱鎮圧のリーダーであった。国史では、彼が大化の改新で蘇我入鹿を殺した中大兄皇子になっている。もともとは金春秋が即位して太宗武烈王になったのだが、のちに百済系亡命者の道鏡が自分を皇族にするために、天智天皇の即位以前の記録を百済王子豊璋の記録に書き替えたのである。

これによって、道鏡の父であった光仁（先の内裏天皇敬福／皇后光明子の愛人）と義兄であった光仁（後の内裏天皇文鏡）が即位するための法的根拠が整った。

このイカサマが成功したのは、金春秋も豊璋も共に倭国に来ていたからである。いわばマッカーサーとリッジウエイを同一人物とするようなもので、しかも倭国の地で歴史を作ったのではなく、そこから離れた秦王国で作った、ということが原因であろう。

白村江の戦ののち、倭国・秦王国を亡ぼし、かわりに日本国（シラギをもじった名称のシラヒース国）を成立させて平城京（平壌京）による植民地行政の体制を整えてから、偽の歴史づ

くりに取り組んだのであろう。また、歴史書といっても、国民とはかかわりのないところで作られ、天皇家専用の家系図・教義書であったことにも原因がある。

この間の皇統譜から考えると、当初の『日本紀』では、善徳（皇極）、真徳（斉明）、天智（中大兄＝太祖王）、文武（天武）という新羅王が一貫して皇帝（倭の大王）として書かれていたと考えられる。藤原仲麻呂は舎人親王を崇道盡敬皇帝と記しているが、舎人親王の『養老日本紀』では、神武から応神までは百済王を天皇としている。これ以降は金官加羅の王と新羅王のほとんどを皇帝として天皇の上においたのであろう。

百済人の道鏡系王朝が仲麻呂の『日本紀』を改竄した結果、新羅王であった皇帝の間に、百済王の東城（欽明）、武寧（敏達）、聖明（用明）、恵（崇峻）、威徳（聖徳太子）、義慈（舒明）、孝（孝徳）、豊璋（天智）を介在させて、すべて天皇とした。天智天皇については、その即位後は、「天智紀」となるはずであるのに、皇太子時代が「天智即位前記」となっているのは、それによって、豊璋をモデルとして書いた時代を強調したかったからである。

また、天武以降の新羅系の文武や新羅系のシンパ聖武などは皇統の系譜から抹消できなかったし、孝謙と称徳という女帝重祚の先例をつくることで天武天皇以前の新羅系の皇極と斉明の重祚を特に残したのである。

日本神道の「ビッグバン」説

つぎに、「諸家のもてるところの本辞」であるが、再度『旧事紀』の目次を調べてみると、「神代・陰陽・黄泉」の三紀は系図合成の神話集のようだ。色々な部族の先祖が、ある一人の原神から分かれたように書かれている。すなわち神話の「ビッグバン説」である。

インドのバラモン八家系は、すべての家系が一人の聖仙リシから分かれたという同祖系図を創作したが、『旧事紀』もこの手法に倣った。のちにサマルカンドを都としてイスラム教の英雄となったティムールは、自らはチュルク人であったのに、自分の先祖を蒙古人のジンギスカンと同祖とする系図を作らせている。この時代の歴史作りが、英雄崇拝の系図偽造を目的としていたからであろう。

さて『旧事紀』は、高皇産霊尊と大日霊尊を中心に神代を記しているが、『神道理論大系』（新国民社）の解説にもあるように、両神のモデルはヘブライ王サウルとウラルトゥ王アマテルである。とすれば、これは檀君朝鮮末期と、扶余伯族の建国史になる。

『契丹北倭記』第三十章には、奇子朝鮮が高皇産霊尊と天照大神を祀ったと解されるくだりがあるが、このときの高皇産霊尊のモデルはダゴンであり、天照大神は女神アシュラ・トゥ・ヤンミであった。

このように、百済人が作った『旧事紀』の韓統神統は奇子朝鮮と同じだったのだが、道鏡が歴史を修正した際に、扶余の祖王であるウラルトゥ王アマテルという男神をアマテラスという女神に変えてしまった。本来、男神の天照大神を女神に変性したのは、道鏡が自らをスサノオ命に擬定し、女帝であった称徳を天照という女神にすることで、自らが皇位（法王位）を望んだからであろう。

『旧事紀』の構成

『天神本紀』では、冒頭に「ニギキヤヒノミコトは哮峯（いかるがのみね）（北朝鮮の妙香山か）に天降った」とあるから、この書き出し部分は扶余後期王朝の歴史だと考えられる。また『地神本紀』は服（ふく）狭日尊（さひのみこと）と大己貴命（おほなむちのみこと）から始まって、遼東の公孫氏とその後身である日向の安羅国（あら）（邪馬壱国（やまい））の歴史になっている（『桓檀古記』および『北倭記』）。

『神皇本紀』は「饒速日尊（にぎはやひのみこと）（天神本紀の祖王の子孫で、世襲名）が天降ったあと、大倭国（おおやまと）に移動し長髄彦（ながすねひこ）の妹御炊屋姫（みかしきやひめ）を娶った」ところから始まるが、実際は高句麗第二代の瑠璃（るり）王のとき、扶余王家の陝父が亡命して南下し、熊本に多婆羅国を建てたことから始まった。この多婆羅国は、このあと南朝鮮に逆上陸して多羅国を建てるが、「タラ」はのちに「ク・タラ」すなわち「旧多羅」→「百済」になったから、これを百済前史といってもよいであろう。

始皇帝の秦帝国は、盛時には、華北から越南（ヴェトナム）までの地を支配していたが、やがて退去し、漢の武帝のときに中越と南越の秦人は多く日本列島に亡命した。猿田彦はこの秦人の一族（ガド族）であるが、『宮下文書』の系図では大物主家（イッサカル族）と兄弟関係になっているから、猿田彦尊と大物主命は、それぞれ、陸路（陸のシルクロード）と海路（海のシルクロード）によるユダヤ系の東方亡命者ということになる。

そのように考えると、神武東征のとき、公孫氏が神武（ウガヤ王朝）と提携して旧伊勢国（猿田彦のクニ）を亡ぼした秦人系・大国主命の委奴国を攻めて、その仇を討ったわけがよく理解できるのである。

『天孫本紀』では、猿田彦尊が中心になっている。『水尾神社縁起書』に「猿田彦は『われ死ねばサナエヒ（銅鐸）が鳴らん』と言った」とあるから、猿田彦尊は鉄鐸・銅鐸文化圏の王＝旧伊勢国の初代王であった。

紀元一六三年、倭の大乱が始まり、猿田彦尊の子孫が秦人系・大国主命の委奴国に追われ、九州から奈良へ東遷して東鯷国および（新）伊勢国を建てるが、やがて二三〇年頃、秦人系・大国主命の子孫たち（シメオン族ら）によって再び攻め亡ぼされた。

こうしてついに、奈良大和の地に秦王国（ユダヤ王国）が建国されたのである。

ちなみに、『桓檀古記』はこの「秦王国」を「別倭」と呼び、べつに「伊勢国」（三重県）および「伊国」（和歌山県）があったと記している。

『神皇本紀』は神武に始まるが、神武前史である「ウガヤ王朝史」および「扶余史」が欠落しているのは、新羅人がこれを嫌ったからで、天武焚書の対象になったのは、専らウガヤ王朝史と邪馬壱国の建国、および新羅が金官加羅から分離して建国した経緯などであろう。新羅朴氏の史書である『符都誌』にもウガヤ王朝史や倭の大乱はないから、新羅人はこれらの歴史を嫌ったと考えられる。

新羅王子であった舎人親王の『養老日本紀』にあった「神代紀」を考えるには、まず新羅の『符都誌』を参考にすべきである。

さて、「天皇本紀」は応神、仁徳に始まり、仁賢、武烈に終るが、仁徳は倭王讃で、この部分は応神を除くと、金官加羅に始まって倭の五王に終る歴史である。

邪馬壱国以降の「倭の大王」が金官加羅王家と百済王家から選ばれたことは、鹿島曻氏の『邪馬壱国興亡史』（新国民社）に詳述されている。

しかし『旧事紀』は、中国史の一時代に一巻の本紀があるというルールを無視して、多くの本紀を並列し、日本列島にいくつかの国家が分立した状態を教えている。そして、この中で最も有力な国家が金官加羅であり、新羅であったとする。これはほぼ古代史の実相に合致しており、したがって、白村江以後の史書としては最も古いもののひとつと考えてよいであろう。よって、これらの「各本紀」が「諸家のもてるところの本辞」に相当することがわかる。従来の皇国史観学者が、聖徳太子の『旧事紀』の原型として扱ってきた和銅七年の『日本旧紀』は、ほぼこのような内容であったろう。

繰り返していうが、七世紀の敗戦国＝倭国および秦王国、すなわち日本が、自らの本当の歴史を抹殺され、戦勝国新羅の歴史（朝鮮三韓の歴史）をもって舎人親王版『日本紀』の歴史とされた。これが奈良時代の「植民地・日本列島」の姿であった。

それが、奈良時代の支配者同士の争いによる政権交代で、敬福→道鏡→桓武の新しい百済（くだら）の王氏政権が誕生した。これが平安王朝の実体で、この王朝の支配者は「天皇族」（中身は幾度か替わっている）といわれる「中国系貴族」および「朝鮮系貴族」であった。

明治以後の「天皇制」は〝ＯＫ〟であったか、〝ＮＯ〟であったか？

明治維新の後の一八八八年（明治二十一年）四月、公卿衆（北朝系・南朝系）および旧封建領主や維新の元勲たちは華族に列せられた。

その後、日清・日露戦争を経て、日本は大日本帝国と呼ばれるようになり、明治時代（一八六八～一九一二年）は明治天皇が、大正・昭和の時代（一九一八～一九四五年）は昭和天皇が、ともに神として、人として君臨し、日本は世界の一等国にのし上がった。

一九三一年（昭和六年）九月、神人・昭和天皇が大元帥となり、ついに十五年戦争が始まった。この十五年戦争は、欧米フリーメーソンが主導する白人支配に抵抗した日本がアジア支配に立ち向かった悲劇で、日本の運命を誤らせた戦争であった。

しかも、この戦争の後半の四年間は、陸軍・海軍・空軍の総力を結集して海上機動部隊同士が激突する大決戦となったことは、我々の記憶に新しいところである。そのため、約三〇〇万人の前途有為の若者が戦死あるいは戦病死して、いまその英霊は靖国神社に祭られている。

一九四五年（昭和二〇年）八月、ついに終戦の日を迎え、日本は米英フリーメーソン棟梁、マッカーサーの軍門に降った。

このとき、マッカーサー元帥は日本の占領統治の都合上、天皇家を存続させることにした。名目は、日本国民の象徴である。そのことをわざわざマッカーサー憲法にも謳った。

だが、終戦後、華族制度廃止に続き、日本固有の家族制度廃止をも強要した。そのため、現在は社会不安と犯罪者が増加し、家庭内の悲劇が頻発するようになっている。農地解放が断行され、地主制度は廃止されたものの、アメリカ製農薬の散布を奨励され、日本の田園風景は失われるに至った。

教育制度も米フリーメーソンの方針に基づいて改められ、行政組織が口出しできない教育委員会の制度ができ、その主なメンバーに共産党員や社会党員が座るという事態になった。これは「レッド・パージ」によって改正されたが、独立した委員会組織は生き残り、現在、不正入学や教員採用試験不正などの温床となっている。そのため日教組は、憲法第九条のみを後生大事に振りかざす集団となり、日本の将来を担う若者たちを育成する真の国民教育制度にはなっていない。

日本の八世紀以後の歴史では、天皇は自ら政治を行うことなく、摂政関白なり征夷大将軍なりに委任していた。それが明治維新以後、突然歴史的慣習を無視して天皇親政を称えても、はたしてよく機能したであろうか。

明治以降の天皇親政は、このような欠陥をもったシステムであり、三代の天皇がその欠陥を埋(う)めるほどの能力を持っていたとはいい難い。天皇の力量に対する要求・水準がきわめて高いことが明治憲法の特色であったにも拘わらず、昭和天皇はどうであったか。五・一五事件で犬養首相を殺した犯人を死刑にせず、張作霖爆破の犯人を処刑できなかったのに、二・二六事件では、秘密裁判で十九人の皇道派将校を銃殺させている。これは公正を欠いたものといわざるを得ない。

昭和天皇は、二・二六事件でクーデターを起こされかけた恐怖によって、東條ら統制派に逆らう気力を失い、統制派軍閥と産軍共同体の財閥は権力をほしいままにして、大義なき侵略戦争に突入していった。天皇のクーデター恐怖症が未曾有の敗戦を招いたといえるだろう。

近代化の本質を知らなかった「昭和天皇」

昭和天皇は、明治以来の暴力体質を改めず、また、かつて英米が始めた醜悪な帝国主義に追随した明治天皇の政治の手直しをまったく考えず、化石化した明治維新体質の擁護にまわって、無謀にも帝国主義の先輩である米英の縄張りを奪おうとした。このことがそもそも日本の破滅の出発点であった。

北一輝が主張した農地解放と特権階級の追放は、日本の近代化のためには欠くべからざるプロセスであったのに、天皇はことの重大性を理解せずにひたすら明治天皇体制の支持者になっていた。もっとも、華族や大地主の権利の保全はすなわち貴族体制の維持であり、立場上当然ともいえるが、日本帝国主義による英米権益への縄張り荒らしは、世界体制の変革であり、国際的には反体制であった。天皇の主張には「二律背反」性があったのである。

国際的に反体制を選ぶことは、石油のない日本にはできない。だが、天皇は明治から英米の定めた縄張りに日本が従ってきたことを嫌い、縄張り荒らしを決意した。

だが、朝鮮併合までは先輩帝国主義イギリスの認めるところであったが、中国侵略は英、米には認められなかった。日本が満州や中国を独占することは許されなかったのである。天皇の野望は英、米の認めるところではなかったのだ。

では、翻って、大正・昭和の時代をリードした昭和天皇が成すべきことは何であったか。それは、戦後の占領政治でなされたような革命的な変革ではなかっただろうか。

これについて、読売新聞の幡谷実論説委員長は次のように述べている。

「敗戦直後は、食糧難や悪性インフレで生活は苦しく、復興への道はイバラに満ちていた。しかし、農地解放、労働組合の育成、財閥解体など、一連の民主化が相次いで断行された。新憲法が制定され、平和主義、国民主権、基本的人権の尊重、男女平等などがうたわれ、この憲法が、国民の自由でたくましい活力を引き出す源泉にもなった。農地解放、財閥解体などは、どこの国も、近代化のため踏み越えねばならない課題である。これらを一挙に断行できたのは、占領軍の強権があったからで、一種の〝革命〟のような大変革だった。

急激な累進税率構造の税制や、福祉政策の推進によって、全国民の所得の平準化も実現した。いわゆる一億総中流時代の出現である。政治的な平等が保障され、耐久消費財の普及により、生活様式も均質化された。欧米に見られないような『階級なき社会』といえるだろう」（『読売

新聞』一九八九年一月九日）

ここまではできなくとも、北一輝らのいった「華族の廃止、財閥解体、農地解放」などに着眼すべきであった。だが、昭和天皇は逆に彼を反逆罪に仕立てて、処刑してしまったのである。日本の革命、すなわち財閥解体、華族廃止、農地解放を柱とする皇道派の理想目標「昭和維新」は、日本人の手ではなく、ＧＨＱ占領軍の命令によって、天皇をはじめとする権力者にとっては不本意な状況下で行われたものになった。

天皇が自ら農地解放できなかったことは、フィリピンのアキノ大統領（大地主の一人）にそれができなかったのと同じ理屈であり、自分で自分の血を流すことができなかったということである。占領軍の物理的な圧力によって、ようやく日本は農地解放を成し遂げることができたのだった。

戦争を起こさず、天皇が昭和維新によって農地解放を成し遂げたならば、日本に対する世界の評価、天皇に対する国民の評価は全く異なったものになったであろう。

しかし天皇は、明治体制の維持だけをおのれの任務と考えていたのである。たしかに昭和維新を成し遂げるには非凡な才能が必要だったから、なしえなかったのは無理からぬことである。だが、天皇はその努力をしないばかりか、張作霖爆殺という手段によって満州を奪い取るという不法を追認した。さらに、満州はアメリカと共同で収奪するという密約を破り、昭和維新を主張した皇道派を弾圧して、中国侵略を主張する統制派に国をゆだねてしまった。

こうして無謀な「十五年戦争」に突入していったのであるが、日本軍が善戦してシンガポールを陥落させたとき、ルーズベルト大統領は自国カーストの崩壊を危惧してひそかに日本に講和を申し込んだという。このとき、東條英機はあらかじめ陸軍の撤退を準備して天皇に終戦をすすめたが、天皇は、二・二六事件に際して自身の生命が脅かされた体験から、幻の軍人テロを恐れて継戦を命じた。兵力の撤退を計画していた東條は、天皇の命令で逆に戦線を拡大することになり、やがてそれが命取りになっていく。これが、東條の東京裁判における敗戦責任のポイントであった。

硫黄島を失ったときでさえ、勇敢な日本軍の玉砕ぶりに恐れをなして、アメリカは「日本が降伏すれば満州は日本に任せる」といったが、天皇は軍人のテロを恐れて何の決断もできなかったのである。

GHQ支配の戦後の日本は、マッカーサー元帥と天皇が同意して、家康の鎖国令を再現したような政治をしたようだ。マサチューセッツ工大教授のジョン・D・ダワーは、米国の公文書館で、これに関する天皇ヒロヒトの発言録を発見した。

その発言とは以下のようなものである。

「日本人の心にはいまだに封建制の残滓がたくさん残っている。それを根こそぎにするには長い時間が掛かるから、占領は短すぎないほうがいい」

「神道を奉じる分子とその同調者は反米的だから、警戒を要する」

天皇の発言は、決してマッカーサー憲法に謳われているような日本国の象徴にふさわしいものとはいえない。

七京(けい)の黄金は、日本の未来を救えるか

イギリス人スターリング・シーグレップは『The Yamato Dynasty』の「第十章　汚れた手」の中で、「敗戦直前、昭和天皇の側近たちがひそかにスイス銀行に財産を隠匿した」と述べている。事実、横浜正金銀行の株式の二十二%はヒロヒトの名義であった。

さらに同書は、以下のように続ける。

「膨大な戦利品の一部は潜水艦によって南米に運ばれ、スイス銀行ブエノスアイレス支店から入金された。マッカーサーはこのことを知っていたが、敢えて知らない振りをした。計算するとその財産は四〇〇〇億ドルであった」

マッカーサーが承知しておきながら知らない振りをした、というのは、軍人にあるまじき汚職である。ヒロヒトがマッカーサーを買収したという噂の真偽は今となっては調べようがないが、火のないところに煙は立たないという諺もある。

戦後六〇余年経った今日、ボルネオ（ブルネイ）華僑（明治維新当時の華僑）→台湾華僑（戦中・戦後の華僑）→天皇家という「黄金伝説」がささやかれ始めた。

それは、明王朝の創立者・朱元璋の三〇代後裔・朱鄭明（貞明皇后・節子に比定されている朱鄭明）をめぐる宮廷秘話であるが、鄭明（貞明）の持参金が、なんと兆を超えた七京もの黄金で、現在ロンドン銀行の地下とスイス銀行の地下にそれぞれ保管されているという。これが天皇自身のサインによって出納できるというのであるから、まことに面妖怪奇な宮廷秘話である。

これが本当の話だとすれば、大富豪ロスチャイルド一家も脱帽するほどの金額であり、欧米フリーメーソンとすれば何としてでも我が物としたい黄金であろう。

これまで述べてきたように、前三世紀の秦始皇帝による中国統一からはじまって、前一世紀、その秦王の子孫が日本に渡来して委奴国（秦王国）をつくり、六世紀、奈良大和に俀国を建てて全国を統一した。

七世紀、白村江の戦に敗れて倭国・秦王国は「日本」という唐・新羅の植民地になったが、八世紀に平安王朝として復活し、南朝系天皇家の支配を復元した。永い中世↓近世↓近代を経て平成の今日を迎えているが、これらの本当の歴史はいまだに埋もれたままになっている。マスコミの世界でも偽史がはびこり、正論を唱える鹿島史学はアカデミズムから無視されたままとなっている。

そのため、天皇家の宮廷秘話も隠されたままとなっているが、華僑の噂どおり七京の黄金が実在するとして、日本民族と世界人類の平和と幸福のために費消されてこそ価値があると言えるのではないか。

第十六章　周芳国と楊井水道の謎

楊井（柳井）の歴史は日本の「秘史」

私は、一九七五年（昭和五十年）まで山口県柳井市の天神社にほど近い山根西に住んでいた。ここには迎林の井戸という名泉が湧き出ており、少年の頃、祖母に言われて〝茶粥用の水〟をよく汲みに行っていた。

この井戸の傍らの庵には、神田継治という郷土史家が住んでおり、「柳井の歴史」を書いていた。同学の士に上杉久吉（新聞記者・文筆家）、村上磐太郎（酒造家・歌人）、森山右一（柳井高女校長）、谷林博（柳井図書館職員）ら、錚々たる文化人がいた。

その人たちの研究資料を、一九六三年（昭和三十八年）八月、当時柳井市教育長であった柳田泰次氏が『般若姫伝説資料集』として纏めている。

いまその資料を基に書いているのだが、私が民俗学にいう「炭焼き小五郎伝説」および「般若姫伝説」に隠された日本旧国の〝秘史〟について、詳しいことがわかるまで四〇年以上かかった。何故それほどかかったかというと、柳井という地方都市の古代が日本旧国（俀国）の歴史に深く関わっていたからである。つまり、明治以後の学校（アカデミー）で習った日本の歴史は真実の日本史ではなかったからである。

加えて、大和朝廷の中心は天皇家であると教育され、昭和天皇裕仁は現人神であるとして、各学校にあった「奉安殿」（教育勅語を奉納したお宮）の前で、全校生徒は朝礼の度毎に絶対的な服従を誓わされた。今でも、「朕思うに皇祖皇宗国を肇ること高遠ニィー」で始まる巻物の教育勅語を読み上げる校長の〝甲高い声〟が耳の奥深くに残っている。

こうして私は、昭和天皇が始めた十五年戦争に駆り出され、揚子江河畔を重武装のまま、すきっ腹を抱えながら一二〇〇キロを歩かされ、中支（中国）最前線に配置された。

やがて終戦となって帰郷した兵士の運命は、全国どこでも皆似たようなものだったが、戦後、私が小さな事業を経営する傍ら、歴史の研究を始めたのも、少年時代からのそうした環境があったからである。

その間、幸いにも「鹿島史学」との出会いがあり、中原和人氏の「筋収縮力テスト法」の検証結果にも恵まれて、一連の〝日本史の謎〟を解く著書を出版することができた。そしてようやく今、念願の楊井（柳井）の歴史（実は日本の「秘史」）を公開する用意ができたので、子孫のために以下を書き遺す次第である。

『隋書』倭国伝は、俀（たい）国伝であった

まず、従来の学校教員の多くが師範学校または大学でいかに間違った歴史教育を受けていたかの証拠をお目にかけよう。

文学博士・石原道博著『訳注中国正史日本伝』（国書刊行会）は、当時日本史を学ぶ学生の必携書であった。石原氏はこの本の冒頭で、「本書の主たる目的は、中国正史の倭・日本伝の訳注を通観することによって、歴代中国の日本観の変遷、すなわち日本認識・日本人理解の歴史的展開と日中交流の大要を把握することにある」と述べている。

そして、

1、後漢書倭伝（一～二世紀）
2、魏志倭人伝（三世紀）
3、晋書倭人伝（三～四世紀）
4、宋書倭国伝（三～四世紀）
5、南斉書倭国伝（五～六世紀）
6、梁書倭伝（五～六世紀）
7、南史倭国伝（五～六世紀）
8、北史倭伝（五～六世紀）

9、隋書倭国伝（七世紀）
10、旧唐書倭国日本伝（七〜八世紀）
11、新唐書日本伝（八〜九世紀）
12、宋史日本伝（一〇〜十三世紀）
13、元史日本伝（十二世紀〜十四世紀）
14、新元史日本伝（十四世紀〜十六世紀）
15、明史〔稿〕日本伝（十四〜十七世紀）
16、清史〔稿〕日本志（十七〜二十世紀）（※カッコ内は松重補註）

の「訳註」（書き下し風の現代文）と称するものを、「原文影印」「中国正史日本伝日中交流史年表」などとともに発表している。

当時の学生は、この必携書を一読しただけでその内容を信じて疑わなかったであろう。ところが、そこには大和朝廷の日本史＝「偽史」を学生たちや国民に信じさせるための大きな仕掛けがされてあったのである。

一世紀から二十世紀までの約二〇〇〇年間の「中国正史の倭・日本伝」を記したという「訳註史」のうち、ただ一箇所、『隋書』倭国伝の「倭」の字が違っていたのである。中国の原書をよく見ると、『隋書』俀国伝となっていて、倭(わ)国伝ではない。

これに気づいた歴史学者も、古史古伝の研究家をはじめ何人かいたようであるが、その裏に隠された「日本旧国史」＝「俀国史」までは明らかにできなかった。

石原道博氏は「中国史」「日本伝」研究の第一人者として知られ、数々の著書も出版している。その権威ある文学博士が、「俀」を「倭」と訳し間違えるような単純な誤訳ミスを犯すはずはない。そこには必ず「そうせねばならない」深い事情があったはずである。しかも、誤訳ミスはこれだけに止まらず、隋の使者・文林郎裴清を鴻臚寺の掌客・裴世清と誤認し、さらに俀国の天子・アメタリシホコ（阿毎多利思北孤）を九州王国のアマタリシヒコ（阿毎多利思比孤。実は邪馬壱国王大伴望多）と誤訳した。

こうして、いわゆる「大和朝廷」の国史に調子を合わせて、いかにも「アマタリシヒコ＝聖徳太子である」かのような解説をしている。

これは一体どうしたことであろうか。

石原氏を代表とするアカデミズムの真意は、白村江の後に成立した唐・新羅占領軍政の植民地となった倭国（邪馬壱国）＋俀国（秦王国）＝日本旧国の歴史を抹殺して、朝鮮三韓（高句麗・百済・新羅）の歴史にすり替えてしまった。そして、そうやってつくられた『記紀』中心の歴史学を学生たちに強要し、新天皇家（新羅から百済へとバトンタッチした流れの中の天皇家）を護ろうとした。つまり、朝鮮から渡来した天皇家支配を倭人社会に〝定着〟させ、大和朝廷の歴史を〝正当化〟するためであった。

それはまた、中国（唐）「漢字文化」の権威を隠れ蓑として成された捏造の日本史づくりだったのである。まさに虎（唐）の威を借りる「狐（朝鮮）文化」のなせる業というべきか。されば、その走狗となった明治以後の日本歴史学界を何と呼べばよいのだろうか。それほど東大・

京大をはじめとする日本アカデミズム「偽史シンジケート」の罪は重いのである。

二十世紀初頭の日清戦争にかこつけて李氏朝鮮を侵し、天皇家の母国が朝鮮であることを秘して朝鮮総督府をつくり、二流の日本人を朝鮮全土に派遣して朝鮮人を差別する植民地支配を強行した。そのツケがめぐりめぐって現在の日本政府を苦しめているが、二十一世紀の日本政府閣僚や官僚たちも、約一四〇〇年前に日本が中国人（唐）や朝鮮人（統一新羅）の植民地にされ、倭人は奴隷として酷使された歴史があったことを知らないのであろうか。

地球が太陽の周りを回っているように、歴史は周回しているのである。

日本旧国（俀国（たい））の成立

さて、『隋書』俀国伝にいう天子・阿毎多利思北孤（あめたりしほこ）は、六世紀に秦王国（しんおうこく）を引き継いだ東漢（やまとのあや）氏出身の大王のことである。

それ以前の三世紀初頭、神武らの扶余族に敗れた委奴（いど）国の王・大国主命（おおくにぬしのみこと）の子孫たち（シメオン族の秦氏ら）が亡命して、近畿地方に秦王国を建てていた。このシメオン族系の十四代目の王が六十六歳で病死したとき、この王には三人の女子しかいなかったため、五世紀後半のいわゆる「倭の五王時代」、高句麗から渡来していたレビ族系の東漢氏（やまとのあやし）（六万四千人部族の族長・秦氏）が、その実力を買われて秦王国の王位を継承した。

秦氏が王となったこの秦王国は、織物業の普及や大型「前方後円墳」築造などの巨大土木工事によって大いに発展。東日流の荒吐五王国（東北王朝）とも友好関係を結び、ペルシアのヘレニズム文化の移植＝律令制および国造制を施行する国家として急成長を遂げた。そのため、五二二〜七〇一年の百七十九年間、「俀国年号」（俗にいう九州年号）が存在し、実際、全国的にも使用されていたのである。

これらについては、『三国史記』も次のように述べている。

「朝鮮三国はこの俀国を（倭国より大きい）大国として認識し、各国それぞれ盛んに交易を行った。さらに五三八年、倭国（九州王朝）および秦王国（奈良大和の飛鳥王朝）へ百済聖明王から仏教が公伝された」

その秦王国の二代目をアメタリシホコ（阿毎多利思北孤）といい、その名前は『隋書』俀国伝に出てくるが、アメタリシホコは天子を名乗って山口県から九州にまで発展・進出する。そして九州の倭国（朝鮮南部にも分国をもっていたクニ）と戦って、筑紫などの北九州を制圧するほどの威力を発揮するようになった。当時、隋ではこの九州に進出して来た秦王国を俀国と呼んでいたようである。「秦」は「たい」とも読めるから、それで「倭」に似た「俀」を使用したのかもしれない。

六世紀後半、秦王国王改め「俀国天子」となったアメタリシホコ（レビ族々長）は、九州の倭国を討伐・征服して全国統一を図ることを決意した。そのため、まず前進基地としての「水の都」を分国の周芳（のちの周防・山口県）に置いた。そして、周芳国・楊井水道の中の奈良島（今の熊毛郡田布施町麻郷奈良）に都を定めると、水陸合わせて一万余の軍勢を動員して倭国（博多湾）に攻め入り、たやすく勝利した。

こうして、筑紫だけでなく、肥前・肥後まで占領して九州全体を倭国の支配下に置いたのである。

満野長者物語のモデル

さて、柳田國男の『桃太郎伝説』の中に「炭焼き小五郎」の物語がでてくる。そのあらましは以下のとおりである。

「昔七世紀頃、豊後国（大分県）大分郡三重ノ里に、炭焼を業とする小五郎という人がいた。縁あって奈良の都から訪ねてきた身分貴き姫と夫婦になり、その内助の功によって富み栄え、やがて満野（真野）長者と云われるようになった」

これは、実は柳田國男も知らなかったが、三〜七世紀の五〇〇年間実在した日本旧国＝秦王国（倭国）の王侯貴族にまつわる栄華と悲劇の「物語」だったのである。

そこで、史実を交えながら、私がこれまで研究してきた「鹿島史学」の検証によってわかった真実の物語をひもといてみよう。

秦王国の上宮聖徳法王（当時四十五歳）は、王妃ホキキミノイラツメとの間に三人の御子をもうけていたが、実弟の乳母の家系（シメオン族系秦氏）のバックアップを受けた弟勢力との王権争いに敗れ、六二三年十一月二十二日、王妃と共に自害して果てた。それが秦王国を揺るがすほどの一大スキャンダルとなり、上宮聖徳法王夫妻の遺体はレビ族の手によって藤ノ木古墳（奈良県生駒郡斑鳩町法隆寺の西側）に葬られた。

　上宮聖徳法王および王妃が崩御した後、遺された御子のうち末娘の玉津姫は世を儚んで独り寂しく西国行脚の旅に出た。当時のこととて、姫は山賊の害を防ぐため、変装して〝アバタ顔〟にしていたが、豊後国三江の里に来たとき、山中で道に迷ってしまった。そこへたまたま通りがかった人物（顔も手も真っ黒な小五郎）に道を尋ねたところ、意外にこの人物が心優しい正直者であるとわかり、小判を手渡して里へ買物に行くよう頼んだ。

　すると小五郎は、

「これは何だ？　こんなものなら山にいくらでもあるぞ」

と言う。不思議に思った姫が案内されて竜神池の畔にゆくと、なんと金の露頭が輝いているではないか。姫は小五郎に都の盛んな様子などを話し、交互に竜神池で禊（斎戒沐浴）をすると、たちまち二人は美男美女に生まれ変わった。

　やがて富者（炭焼き＝製鉄業者の富豪を表すか）となった夫婦は身なりを改め、屋敷も整えて〝満野長者〟と呼ばれる身分になった。

　その後、長者夫婦に一人の姫が生まれ、長ずるに従って無双の美人となった。そしてその噂は奈良の都にまで聞こえた。

　やがて姫は、橘豊日皇子（実は日本総督・草壁皇子のこと／「物語」は用明天皇に比定している）の妃にと望まれたが、一人娘の故を以ってこれに応じなかった。そのため、三つの難題が課せられたが、これも滞りなく調えられたので、奈良の新羅朝廷より〝長者〟の称号が下賜されたという。

一方、橘豊日皇子は姫の姿に憧(あこが)れて九州（旧邪馬壱(やまい)国）へ下り、長者の屋敷に草刈山路(くさかりさんろ)と名乗って住み込んだ。やがて皇子は頭角を現し、般若姫を妃とする念願を果たしたが、身分を打ち明けたのち、公務のためひとまず都へ帰っていった。

〔伝説を物語る遺跡〕

・大分郡三重町内山の蓮城寺(れんじょうじ)一帯には、今でも長者の富豪振りを讃える遺跡が多い。長者の建立といわれる三重の蓮城寺、臼杵の満月寺などはすでに廃寺となっているが、深田の「石仏群」遺跡はあまりにも有名である。

・草刈山路の名は俚謡(りよう)になって残り、荒牛を御して青葉の笛を吹く牧童の姿は、絵画や彫像となって（古来）地元民に親しまれている。

・三重・内山などの地名起源は、昔、皇子の来遊があったことを伝えており、また、江戸時代中期の戯作者・近松門左衛門がこの伝説を基にして『用明天皇職人鑑(かがみ)』なる脚本を書いたことで、一躍知られるようになった。

般若姫伝説と楊井水道

さて、般若姫は先に帰京した皇子のお召しによって上洛することになった。その途次、三歳の玉絵姫を伴い豊後の姫島に立ち寄った。これが、周防灘に浮かぶ「姫島」の名の由来といわれる。

姫島を発った御座船は、平郡島（柳井湾の入口）を過ぎ大畠瀬戸にさしかかったが、そのとき突如大暴風が起こった。かろうじて姫は助かったが、多くの供船は沈み、人々は溺れ死んだ。

命拾いした姫は、楊井津に上陸し、渇きを癒すため水を求めた。そのとき、浦人の献じた清水がはなはだ姫の御意に叶ったので、井戸の傍らにご所持の楊枝（歯磨き用の楊枝）を挿して記念とされた。これが楊井の地名の起こりだという。

その後、御座船はこの地を発して再び大畠瀬戸に差しかかったが、姫はかつてそこで沢山の供人を失ったことを嘆き悲しんだ。そして、「世の無常」を感じ、かつ竜神の怒りを鎮めようとして、自ら入水して果てた。

こうした伝説から、大畠瀬戸の渦潮にはじまる「楊井水道」の呼び名が起こったといわれている。

〔伝説を物語る遺跡〕

・大畠鳴門明神の伝説では、姫は瀬戸の竜神の妬みをうけてここで入水して果てたことになっている。また、幕末の岩国藩士・広瀬喜運が著した『玖珂郡志』によれば、「（般若姫物語に関連して）毎年十二月晦日の夜三更の後、アヤシキ火あり、燈火海底より出て鳴門明神の社中に至る」という。

・皇妃・般若姫の菩提を弔って建てられた般若寺（平生町宇佐木）は名高い古刹であり、満野長者・玉津姫ご夫妻の御陵をはじめ、大晦日に瀬戸の〝火の玉〟が飛来するという観音堂の日月型の「白壁の穴」など、多くの遺跡が残されている。

・柳井の湘江庵にある「柳の井戸」を始め、市内に多くの説話が伝えられている。

・伊予高浜（愛媛県松山市）の一帯は満野長者ゆかりの地と伝えられ、高浜町および同町内の大山寺を中心に遺跡が残されている。

・長者の子孫に関するものには、有知山家（柳井市余田・明顕寺）および草刈家（下松市切山および萩市玉江）などの旧い「観音堂」が現存している。

・重永山明顕寺（柳井市余田河添）について、『玖珂郡志』は次のように記している。

「古くは真言宗。開基は満野長者の末子・有知山蔵人であったが、出家して了専という。長者の子孫が建てたと思われる『末寺』は常満寺（上関町室津）、照満寺（祝島）、光明寺（同）、明楽寺（田布施町別府）、西円寺（麻郷）、浄光寺（平郡）、安楽寺（大島町屋代）、浄慶寺（同）、正林寺（同）とあったが、一六〇三年（慶長八年）、封建制による国替えの際、（有知山家所縁の人々は旧大内家に味方する勢力と看做され）、岩国吉川勢（のちの毛利家支藩・大野藩兵）に追われたため、有知山（内山）勢は本尊・寺宝などを携え、赤子山を越えて般若寺領域に逃亡した。

・一六〇七年（慶長十二年）四月、芸州の僧・教正が本尊木仏を造立して寺号を吉川藩に申請し、それより浄土真宗の一寺となって今日に及んでいる。

〔各地に拡散した伝説の特徴〕

・香川県には満野長者に関連した伝説が多く、志度寺（大川郡志度町の大寺）縁起および満濃池（仲多度郡満濃町）縁起の「竜神伝説」と混交する。

・東北地方（宮城県および福島県）では神社と結んだ「白鳥伝説」が入っており、古代製鉄文化の拡散（民俗学にいう炭焼き小五郎伝説）や日本武尊の「東国征伐」伝説との混合が見てとれる。

・中世、湘江庵の胎内虚空蔵菩薩の尊像が、周防の楊井津から会津の柳津に遷されたことなども、この伝説に関連した行脚僧の活躍によるものであろう。

・姫が絶世の美人であったことはこの伝説の重要な点で、各地の説話に通じるが、皇子との間に出来た御子は東北では王子であり、九州では玉絵姫となっている。

・上代から中世にかけて、東北地方、九州地方共に、聖徳太子が橘豊日皇子（伝説は『日本書紀』の用明天皇説を採用）の御子であったと信ぜられていたフシがある。近松門左衛門の「芝居本」も、この草刈山路の御子が聖徳太子であるという〝偽史伝説の普及〟に力を貸しているが、昔も今もマス・メディアの影響は大きく、この芝居を都会で度々上演しているうちに、その内容が地方へも伝わり、いつしか人々はそれを信じるようになったのであろう。

さて、これまで見てきたように、「満野長者物語」には草刈山路という人物が登場する。この人物のモデルに比定されるのは、従来諸説あって、橘豊日皇子（百済聖明王＝用明天皇のモデル）もその一人である。

しかし、実際には白村江の戦い以後の勝者となった新羅文武王（天武天皇のモデル）の王子であり、実は日本総督となって渡来した草壁皇子である。

そのことについてこれから述べるとしよう。

白村江・落花岩の悲劇

白村江の戦いの後、豊璋王が逃亡して、泗沘（しひ）（百済の都・扶余）の扶蘇山城に取り残された官女二〇〇〇人が逃げ場を失った。我々の検証によれば、その内訳は、扶余族・神武系の侍女一〇〇〇人、イッサカル族・公孫氏系の侍女一〇〇〇人であったが、彼女たちは伎伐浦（ぎばつほ）の崖上に集まって、世を儚み、王の愛妾で宮廷一と謳われた美女を先頭にして、次々と白馬江（錦江（クンガン））に身を投じた。

彼女たちは、河に落ちる寸前、川岸の岩に当たって散華したという。韓国では今、これを名所旧跡として「落花岩（らっかがん）」と名付けているが、次々に飛び降りる官女の紅白の裳裾が風に舞い、さながら花が咲いたように見えたことからこの名がついたと伝えられている。

筆者も先年扶余市を訪れ、河に浮かんでこの「落花岩」を見学したが、今でもこの岩に彼女たちの赤い血の色が付いていているような気がして、哀れでならなかった。現在、この悲劇の舞台になった崖上には皐蘭寺（こうらんじ）があって、物語を伝える立派な絵巻物を展示している。そこでは、お参りをする人々の供える香煙が終日立ち昇り、僧侶の読経の声が絶えないが、ここはまた、かつて日本に仏教を伝える最初の船が出発した港であるという。なんという因縁であろうか……。

素早く行われた倭国の占領

さて、豊璋王は百済復興軍を見捨てて平壌へ逃げたため、鎮将・劉仁軌らの唐・新羅連合軍は、敗走する倭軍（二万人）を追って九州へ渡った。そして、倭国（筑紫朝倉宮）を占領・統治するため、大宰府（福岡県）に筑紫都督府（占領軍司令部）を構えた。白村江ののち、日本列島へいち早くやって来たのは唐軍（四〇〇〇人）であったが、当時の唐進駐軍というのは弁髪であったから、六六三年の九、十月頃には、倭人はみな髪をのばし始めた。

『日本書紀』の記録の中で、八月末から約半年間が欠史になっている。この部分は、桓武の平安朝以後に消したのであろうが、実際には、白村江で倭軍が負けた途端に、唐は九州経由で堂々と日本へ入ってきて占領していたのである。

『日本書紀』天智紀は、「この時、大和朝廷は対馬や北九州に水城（船隠しの港）を造り、防人を置いて防衛線とした。また瀬戸内海沿いの各地に軍港や山城を築き、臨時の副都も近江（滋賀県）の大津に移した」としている。

だが、こうした記述は、実際には唐・新羅占領軍のための「駐留施設」（軍港・兵舎・武器庫など）を造らされた事実の〝書き換え〟であった。

この七世紀築造の「駐留施設」遺跡について、一九七九年（昭和五十四年）四月二〇日、朝日新聞社の『アサヒグラフ』は、「仁徳陵をはるかに凌ぐ日本古代史上最大の遺跡〝朝鮮式山城〟の謎」というタイトルで特集を組んでいる。

この特集によって提起された〝朝鮮式山城〟の謎を解いたのは、一九九七年（平成九年）出版の『倭と日本建国史』巻末解説文「天皇族は朝鮮に逃げようとした……日本古代史上最大の遺跡・朝鮮式山城の謎」においてである。

ちなみに、新羅文武王（天武天皇）の命令で築造された「城跡」の一覧は、以下の通りとなっている。

① **金田城**　長崎県美津島町（対馬）

浅茅湾にのぞむ二七五メートルの頂上から三キロの石垣が走っている。やや狭い三つの谷には各々城門と水門がある。

②　**大野城**　福岡県太宰府市・糟屋郡宇美町・大野城市
基肄城とともに大宰府防衛のために築かれた城で、約八キロにわたって土塁や石垣をめぐらす大規模な〝朝鮮式山城〟の代表的なものである。巨石を積んだ高さ一〇メートルにもおよぶ石垣があり、山城内からは「非常食糧」などを貯えた倉庫の礎石が約五〇棟分も発掘されている。

③　**基肄（椽）城**　佐賀県三養基郡基山町
筑紫都督府（大宰府政庁）から南八キロの処にある標高四〇〇メートルの稜線を、延長四キロにおよぶ土塁線が走っており、山城の外周は四キロもある。水門や礎石群もあって隣接する大野城とともに規模雄大な朝鮮式山城である。

④　**雷山**　福岡県前原市雷山
『魏志』倭人伝の伊都国（及び旧伊勢国）があった糸島半島の平野を一望する山城。標高四五〇メートルの山を利用し、高さ四メートルの石垣で築いた三つの通水溝を有する見事な水門がある。水門に続く土塁跡の列石などもよく残っている。

⑤　**鹿毛馬**　福岡県嘉穂郡頴田町
標高八〇メートルほどの低い小丘陵を取り巻いて、約三キロの列石がめぐっている。小さな水門も残っている。

⑥　**高良山**　福岡県久留米市
「神籠石」の名前の由来となった列石が、この山を二・五キロも取り巻いている。また、山頂

には猿田彦命の天狗像で有名な高良神社が建っており、英彦山系の古代金鉱脈または重金属鉱脈と連なる縁起を伝えている。

⑦ **女山**　福岡県山門郡瀬高町

最高所の標高は二〇〇メートル。三キロにおよぶ列石と四ヶ所の水門がある。山麓の山門郡瀬高町は、江戸時代から邪馬台国の比定地として知られているという（但し、邪馬台国云々は朝日新聞記者の説であり、史実とは異なる。念のため）。

⑧ **杷木**　福岡県朝倉郡杷木町

一九六七年（昭和四十二年）に発見された。二・三キロの列石と二ヶ所の水門がある。筑後川にのぞむ丘陵にあり、古代の豊後から筑前にいたる古道の要所にある。

⑨ **御所ヶ谷**　福岡県行橋市

列石線は全長三キロと推定され、谷間には高さ一〇メートルの巨大な水門の石垣が残っている。『契丹北倭記』のいう東表国（古代倭国の千年王朝）の中心・京都郡があった所。御所ヶ谷という名もその由来を物語っているのであろう。

⑩ **帯隈山**　佐賀市

稲作が盛んな佐賀平野を見渡す標高一七七メートルの要所を占める。一九六四年（昭和三十九年）に発掘調査が行われた。列石は二・四キロもある。

⑪ **おつぼ山**　佐賀県武雄市

最高点で六十六メートルの低い丘陵にある。列石の延長二・四キロ。一九六四年に発掘調査され、いわゆる「神籠石（こうごいし）」が山城の〝根止め石〟であると考古学的に証明された。

⑫　**鞠智城（きくちじょう）**　熊本県菊池市

城の外郭線はまだはっきり確認されていないが、土塁や石垣の一部が残っており、城門の礎石や倉庫の礎石群も発見されている。この城の立地条件から考えると、当時の南九州の倭人勢力に備えて築かれた要塞であったと思われる。七二〇年（養老四年）の薩摩隼人叛乱の際、かなり破壊されたため、今の遺跡が少ないのであろう。

⑬　**怡土城（いと）**　福岡県前原市

標高四一六メートルを最高峰として築かれ、平地にも土塁の延長線が続く広大な山城である。この城は他の〝朝鮮式山城〟のように「白村江」の直後に築かれたものではなくて、当時日本を代表する外交官であった吉備真備（きびのまきび）が、外国使節の迎賓館とする目的で、七五六年（天平勝宝八年）に着工し、七六八年（神護景雲二年）に完成した。そのとき、孝謙天皇と愛人道鏡が新婚旅行よろしく船旅をして祝っている。

⑭　**石城山（いわきさん）**　山口県光市大和町（南側の田布施町からも登れる）

瀬戸内海をのぞむ標高三六〇メートルの山の上にある。列石は二・五キロで頂上近くを取り巻き、四ヶ所の水門と二ヶ所の城門がある。この山の八合目辺を延々と取り巻く「神籠石」は、その正体をめぐって長い論争の的となってきた。現在では、急斜面に版築工法で築いた土塁の崩落を防ぐための〝根止め石〟であることが考古学者によって証明されており、神官らの主張する「神域説」は否定されている。

⑮ **城山**　香川県坂出市・綾歌郡飯山町

標高四六二メートルの山にある。石垣の延長は約四キロにおよび山頂部は二重にめぐらされている。水門と城門もある。

⑯ **永納山**　愛媛県東予市小松

最も新しく一九七七年（昭和五十二年）に確認された山城。列石の延長は二・二キロぐらいと推定される。

⑰ **屋島城**　香川県高松市

後の源平の合戦で名高い屋島城の、天然にけわしい断崖を利用している。基底部の幅一〇メートル、高さ二・七メートルの石垣が一部に残っている。

⑱ **大廻り小廻り**　岡山市

地元では築地山とも呼ばれている。列石は発見されておらず、三キロほどの土塁があったものと見られる。当時の岡山平野は広々とした浅い入海で、児島半島は独立した大きな島であった。俀国時代の文身国のことも、この広い入海で活躍した海女たちの存在を抜きにしては成り立たない。この城は、いわゆる「播磨国」を監視する要害として築かれたものであろう。

⑲ **鬼の城**　岡山県総社市（旧賀夜郡）

一九七八年（昭和五十三年）に発見調査されて話題を呼んだ。標高四〇〇メートルの山頂を中心に三〇〇メートルから三八〇メートルの線に石垣や土塁が残されていて、延長二・八キロにおよぶ。地元に伝わるこの山に「朝鮮から来た鬼が住んでいた」という温羅と吉備津彦の物語は、旧吉備王国の歴史を伝えようとしているものか。

⑳ **高安城**　大阪府八尾市・奈良県平群町

奈良大和の防衛拠点として、河内と大和の国境・生駒山系に築かれた山城。長い間遺構が確認されていなかったが、八尾市の市民グループ「高安城を探る会」によって一九七八年（昭和五十三年）倉庫の礎石が発見され、大きな話題になった。

以上、これら〝朝鮮式山城〟の築城は、当時どういうふうにして成されたのであろうか。参考例として、筆者が調査した石城山（山口県）の築城について述べてみたい。

石城山の城づくり

旧楊井水道の熊毛郡平生町曽根の海岸に、百済部遺跡がある。ここは昔の亡命百済人の集落跡であると伝えられ、船着場の敷地に旧い百済部大明神が祀られている。白村江ののち、筑紫都督府の命令でこの地に移された亡命百済武士や軍属たちは、朝鮮の泗沘（扶余）から派遣された達率（百済の将軍）答本春初の指揮下に入って、楊井水道の北側に聳える（山麓から見ると急坂な）石城山の築城に従事することになった。

城を築くためには、まず石が必要である。東へ一〇キロほど行ったところに柳井市日積の割石という部落があって、ここには割石神社がまつられているが、石城山の城を築くために使用された石材は、おそらくこの附近から切り出したと思われる。これらの石は、まず隣部落の石井まで修羅（二股大木の運搬器具）で運ばれ、さらに石井川を利用した筏流しで馬皿（下流部落）に下ろされる。次に、馬皿落合の港（今の馬皿小学校）から船積みして長門水道（楊井水道）を通り、田布施町宿井の海岸に着く。そこで再び修羅に積まれた石は、石城山山麓の「石ノ口」まで運ばれる。ここからは、滑車とロープを活用して山上に引揚げ、八合目辺りに石垣を築いた、というのが筆者の推論である。

新羅文武王（天武天皇）の勅命を受けた亡命百済人や倭人にとって、古来の伝承技術を生かす仕事とはいえ、外人部隊の監督下で酷使される毎日の労働は、骨身にこたえる苦難の日々であったろう。その記憶と由来を後世に伝えるため、いま宿井には石ノ口八幡宮が建っている。

ちなみに、これほどの大工事は、いかに占領軍命令といっても地元豪族の協力なくしてはスムーズに進まなかったと思われる。そこで、古周防（光市島田川流域）に館を構えていた周芳国造の秦氏が、築城指揮官・答本春初に協力することを申し出で、宿井に工事監督所（および倭人の飯場）を作って石運びを手伝った。

全山を鉢巻状にぐるりと石垣を築いた列石の上には、土を層状につき固める「版築」という工法によって土塁を高く築き、延々二・五キロの城壁とした。列石は八合目辺の傾斜地に築く「土塁」の崩落を防ぐための〝根止め石〟であるから、石垣はきちんと精巧に築く必要があった。それが「神籠石」と誤解される基となったのかも知れない。ちなみに、「神籠石」というのは、日本古代の山城の遺跡で、従来は、北九州と中国・四国に十二箇所が知られていた。その多くは丘陵の八合目辺りに切石で列石をめぐらし、谷間に水門や城門などの石壁を築いて、防人を配置する山城または神域としていた。考古学者は、その築造石をこのように呼んでいる。

山頂に鎮座する石城神社の宮司石原氏（塩田在住）は、家伝の「備達天皇勅額」「石城神社縁起書」を根拠にして「神籠石遺跡＝古代神域説」を強硬に主張して譲らない。

だが、その『三代実録』記事に由来するという「縁起書」なるものは、果たして古代史の真実を伝えているのであろうか。その文書の実在性さえ疑われるのである。

備達天皇の勅額は「コピー」か

日本国史の第三〇代備達天皇とは、百済第二十五代武寧王のことである。

この武寧王が百済の旧都熊津（今の公州市）にいたとき、扶余の南方石城面（正覚寺近く）に王都防衛用の〝朝鮮式山城〟（遺跡は現存する）を築いた。時に、その完成を祝して「石城山」という扁額を自ら書いて寺僧に授けたという。その由来を熟知していた百済将軍答本春初が、日本に派遣されて楊井水道の石城山城を築いたとき、その完成を記念して同じ「石城山」という自筆の扁額を神護寺の寺僧に渡したものか。当時は権現信仰だったから、やがてそれは石城神社の扁額として飾られるようになり、後世、朝鮮史を真似た国史づくり＝『記紀』合わせのため、備達天皇の勅額として「縁起書」に記したものと考えられる。

一八六八年（慶応四年）三月の神仏分離令＝〝廃仏毀釈〟（仏法を廃し釈尊の教えを棄却す

る）のとき、神官と僧侶は分裂し、神護寺は大野村坊地（防地）へと遷された。今では石城神社のみが昔から鎮座していたように言われている。だが、その参道入口にはかつての神護寺の仁王門跡が今も残され、それがこの山の旧い歴史を物語っているのである。

「万葉集」の歌づくりと、「物語」の関わり

さて、六六三年の白村江の戦勝、六六八年の高句麗打倒、六七五年の唐に対する買肖城の戦勝などによって、〝統一新羅〟は日本列島の経営を唐の束縛を離れて自由に出来るようになった。

新羅は、九州に残った倭国（安羅・邪馬壱国）の再興を許さないことに決めたが、あえて事を荒立てることもないから、唐には秘密にして、六七二年六月～七月の「近江壬申の乱」以後に友好的となった秦王国（俀国）によって九州の倭国（邪馬壱国）を統治しようとした。

すなわち、秦王国の大和（飛鳥浄御原→藤原京）に新羅王族を日本総督として着任させ、倭国には大宰府政庁（筑紫都督府）を置いて安羅王族の多治比嶋らに行政を委任した。これが「国史」のいう天武王朝の実体であって、『記紀』の記す天武天皇とは新羅国の文武王（金法敏）のことだから、この天皇は日本に来たことはないのである。

いわゆる「大和朝廷」の歴史が『万葉集』などで随分華々しく語られているが、それは『紀』を改竄するため協力した柿本人麻呂らのフィクションと考えられる。

例えば、天智天皇（新羅武烈王金春秋がモデル）と天武天皇（その子・金法敏がモデル）の父子が愛した額田王（公孫氏系卑弥呼の血を引く）という女王は、実はアメタリシホコの俀国軍を破った倭国（邪馬壱国）女王のことである。この事件は隋の時代（五八九年〜六一八年）に起こっており、万葉集が詠まれた時代（六一八年以後の唐の時代）とは全く関係ないのである。

柿本人麻呂の一家は歌曲を伝承する家柄で、高市皇子・草壁皇子・刑部皇子（いずれも新羅王子）らの日本総督に仕え、儀式歌などをつくる藤原宮や平城京の宮廷歌人であった。

一方、代々の日本総督の一人となった草壁皇子（新羅文武王の子・金良琳）は、藤原宮へ着任早々、宮中の風聞によって満野長者のことを知った。そしてその一人娘に懸想して、はるばる九州へ下向したのである。皇子は、草刈山路と名乗って流鏑馬競技に出場し、優勝した。それが縁となって、般若姫を妃とする念願を達成したのである。

しかし三年後、上洛途中で般若姫が入水したという報に接するや、その嘆きは深く、般若姫の鎮魂のため、大畠瀬戸の見える神峰山（平生町宇佐木）に御陵を築く勅命を発し、観世音菩薩を本尊として伽藍を建立した。そして、般若寺という扁額を自ら書いて寺僧に与えたという（寺宝・伝承）。ちなみに、満野長者および玉津姫の御陵もこの寺にある。

さて、この物語には「用明帝の嫡子聖徳太子が伽藍建立の時、水が出ないことを聞いて駆けつけ、馬の鞭を一振りすると水が湧き出たために名付けられた」という、いわゆる聖徳太子の

「鞭の池」なるものが存在する。それを裏付けるかのように、聖徳太子の父・聖明王＝用明天皇の御陵も現存している。さらに、姫のお供で生き残った人々が寺の周りに住み着いて守人となり、やがてその家名が萩原などの地名になったという……等々、なかなかよく出来ていて、いかにも本当らしく見えるのだが、実は近世以降につくられた「芝居本」、今でいうＮＨＫ大河ドラマだったのであろう。

鹿島昇氏の研究によると、人皇三十一代用明天皇（五八五～五八七年）とは百済二十六代聖王こと聖王明（五二三～五五四年）であり、いわゆる聖徳太子（五九三～六二二年）とは百済二十七代威徳王昌（五五四～五五八年）のことであって、この聖王明と威徳王昌の父子二人の王は、実際に日本（倭国および秦王国）へ来たことはなかったのである。

蓮城寺および般若寺に伝わる『満野長者物語』によれば、用明帝の義父の満野長者（ヒッタイト人の製鉄業者か）が仏教に帰依して蓮城寺を建て、祇園精舎を造るなどしたところ、物部大連守屋が「けしからん」といって攻めてきたが、逆にこれを破ったという筋書きになっている。

つまり、六七二年（弘文元年）の蘇我氏（秦王国軍）と物部氏（新羅占領軍）の「いま一つの壬申の乱」における戦を、蘇我氏と物部氏の勢力争いという〝宗教戦争〟にすりかえて、戦勝国新羅の植民地とされた日本旧国（俀国・倭国）の歴史を抹殺（焚書）し、『記紀』という偽史＝「大和朝廷」の歴史に仕立てたのである。

加えて、百済の『旧事記』を脚色して用明＝聖王、聖王明＝守屋という一人二役とし、少し時代を繰り下げて日本史に仕立てた。だから、「物語」は一人の王様が二役で戦争するという〝変な話〟になっている。さらに、用語や人名なども新しいことから推察すると、『紀』などの偽造文書が一般に流布しだした近世以降の作品であろうと思われるのである。

石城山築城と、般若寺の関わり

では、昔から楊井津（柳井市）に伝わる般若姫物語は、まるっきり根も葉もない事かというと、そうでもなくて、やはり話の元があったのである。

白村江の戦後、百済の都泗沘（扶余）落城の日、官女二〇〇〇人が白馬江に身を投じた「落花岩」の悲劇は、石城山の築城工事に携わる百済部の亡命武士たちにとっていつまでも忘れられない〝つらい思い出〟であった。

そんなある日、百済王余隆らの王族が難波へ移送されたあと、朝廷の招きによって上洛しようとした般若姫の一行が、突然の暴風のため、悲運にも大畠瀬戸で遭難されたことを聞いた。

その悲劇によって〝無常観〟を深めた百済部の人たちは、石城山の工事が一段落したころを見計らい、大畠瀬戸（楊井水道）を白馬江に見立てて、それが見える所に一寺を建立した。そして、大般若経を書写して伎伐浦の官女たちや皇妃般若姫の霊を供養する道場として、山号を神峰山、寺号を般若寺とした。新羅の人たちも仏教信者だったから、この秘話を聞いて同情し、あるいは百済部の人たちの働きぶりに報いるためか、周芳総令も応分の寄進をして協力したと考えられるのである。

国東半島一帯（旧東表国王・宇佐氏の支配地）の豊国法師（〃墨染めの衣〃を着た花郎たち／のちの源氏）との関わりは、百済が復権して平安朝をつくった以後に生じた問題と思われる。また般若寺が真言宗に改宗したのは、そのまた後のことであった。

志度寺縁起と「満野長者物語」

第一回目の「日出る国」の国書を隋の文帝へ送ったとき、秦王国から種々の貢物とともに、扶桑国（秦王国の関東分国）の行徳（千葉県市川市行徳・地名）出身のレビ族系の巫女が献上されたが、隋の文帝開王はこの巫女・行徳を寵愛して他の女たちを遠ざけるほどになった。開王は行徳への〃愛の証〃に、秘宝「無価宝珠」（崑崙の玉）を与えた。やがて六一八年に文帝が亡くなった後、行徳は悲嘆のあまりその跡を追って殉死したという。

この七世紀の「故事」が、江戸時代初期に作られた屏風絵物語に借用され、「大織冠屏風」として描かれている。ここでいう大織冠藤原鎌足というのは、白村江ののち、花郎軍団の源花（長官）として日本に渡来した新羅占領軍司令官・郭務悰のことである。その藤原鎌足と讃岐の国造・膳氏の巫女姫（海女）との間の子が、不比等の養子となった次男房前である。この房前が藤原北家の祖となり、やがてその北家が平安朝政治の中心となってゆく。承和の変・応天門の変などで、有力な他氏族を政界から追放して自己の勢力を固め、藤原良房が最初の摂政、藤原基経が最初の関白になるに及んで、天皇の地位も藤原氏ぐるみで保全・継承されていった。

こうして、鎌足→不比等→房前→北家の系譜は、中世以降に、様々な伝説となって人々の心の中に生き続けていったのである。

〔玉取り伝説——大織冠の物語〕

ここで、中世に書かれた「玉取り伝説」の粗筋を紹介しよう。話の核心は、中国の皇帝が秘蔵していた崑崙の玉「無値宝珠」（旧行徳の宝）の奪い合いのドラマにある。

藤原鎌足（郭務悰）の娘、紅白女は絶世の美女であった。その噂を聞いた唐の太宗からの求婚を受け、彼女は后となるために海を渡った。やがて彼の地にあって、父、鎌足の興福寺金堂造営の計画を知った紅白女は、本尊の白毫（仏像眉間に嵌め込む玉）にと、太宗の秘蔵する「無値宝珠」を請い受けて日本に送ることにした。

宝珠を載せた船は、勇将・万戸将軍の指揮の下、日本へ向けて出帆した。ところが、宝珠を奪い取ろうとする海武士の竜王が、軍勢を率いて襲ってくる。竜王は阿修羅の軍にも加勢を頼み、激しい合戦となる。この戦に、万戸将軍は智勇をふるって勝利をおさめる。しかしその後、竜王の罠とは知らず、うつぼ舟に乗って漂ってきた白拍子姿の竜女に惑わされ、宝珠を奪われてしまう。

万戸将軍の報告を聞くと、鎌足はすぐに宝珠を奪われた志度の浦に下った。そして地元の国造・膳氏（レビ族）の巫女・海女を妻に迎えて一子をもうける。やがてこの子が三歳になったとき、鎌足は海女にことの次第を語り、竜王の住む竜宮から宝珠を取り返してくれるようにと頼む。承知した海女は、鎌足に息子の未来を託して海に潜る。

竜宮の守りは堅固であった。帰ってきた海女からそれを聞いた鎌足は、一計を案じ、海上にしつらえた舞台で、極楽浄土と見紛う歌舞管弦（歌謡ショー）を催させた。これに、まんまと竜王たちがおびき寄せられている隙をついて、海女は宝珠を奪い返そうとする。だが、あと少しというところで竜に追いつかれ、手足を喰いちぎられてしまうが、その直前に海女は胸に傷をつけ、そこに宝珠を隠していた。それを鎌足が見つけだし、無事、宝珠は興福寺金堂・釈迦像の眉間に納められた。

この玉取り伝説を題材とした大織冠の物語は、江戸初期、幸若舞曲「烏帽子折」と呼ばれる、当時流行した芸能によって、勇壮な合戦場面とともに広く世に知られていた。これが江戸中後期にかけて、浄瑠璃・歌舞伎の題材として、さらに一般化してゆく。そこでは、一転して政治的英雄・藤原鎌足の人間像に焦点が当てられ、人気題目の一つとなるが、もとをたずねれば、この大織冠の物語は、古代、中世を通じて、文学・美術・芸能など、さまざまな形で伝承されてきたものであった。

ちなみに、この〈玉取り伝説・大織冠の物語〉の一文は、日本芸術文化振興会が平成三年十一月に発行した『能と縁起絵』解説文から引用した。また、物語の「無値宝珠」は「如意宝珠」と名称が変わって「讃州志度寺縁起」となり、「満濃池縁起」→「宇佐八幡宮奉納縁起」へと展開していくのである。が、少々法話沁みてくるので割愛して、最後の「縁起」のみを述べるとしよう。

宇佐八幡宮への「宝珠奉納」縁起

讃岐国志度寺から藤原宮（朝廷）に献上された如意宝珠を、宇佐八幡宮（旧東表国王）の要請で急遽奉納する勅使となった伊四郎滝口の一行は、瀬戸内海の船旅の途中、周芳の長門島（今の土穂石）で貫主という遊君と仲良くなった。

遊君を相乗りさせた一行が竈戸の関（今の上関）まで来たとき、貫主が命にかえても宝珠を一目見たいと懇願するので、伊四郎が取り出して見せると、突然、黒い手が海中から伸びてきて珠を奪い去った。

貫主は直ぐ海に飛び込み、やがて上がってくると、「珠は関戸深海の竜宮にあり、明日になれば穏やかな竜が護る番になるから、その時取り返せるだろう」と報告した。

翌日、貫主は腰に紐をつけて、それが動いたら引揚げるように言い残すと海に潜った。合図があり引揚げると、貫主は二つの珠を船に投げ入れたが、自分は腰から下を鰐（鱶）に食われて助からないからと、歌を三首詠むなり息絶えた。伊四郎は悲嘆のうちに貫主の遺体を陸に引き上げ、樹下で歌を詠みかえして別れを悲しんだ。

宝珠は、竜王の怒りを恐れて、別の使いが陸路を運ぶことになり、無事に宇佐八幡宮へ納められた。この時、これらのことを記念して、周芳国楊井津に以下の三ヶ寺が建てられた。

◎生龍寺

この寺は勅宣によって当国の正積（官費）をもって造立されたが、これは竜王の怒りを鎮めんがためといわれる。幕末の『玖珂郡志』によれば、柳井市余田に東大寺の末寺・生龍寺があったという。が、十五世紀初頭の応永年間、生龍寺は周防守護職となった大内氏（百済王系大名）の菩提寺となって旧都濃郡長穂村に遷され、鹿王山龍文寺（今の周南市向道の大寺）と称えられるようになった。

一方、柳井市余田院内の孤鹿山上野寺（十二坊）、下野寺（六坊）は十三世紀頃の公卿・富小路家（宮中「歌会始め」司会役の家系）の菩提寺となっていたが、次第に衰え、現在は旧野寺跡を継ぐ福楽寺のみを残している（『柳井市史』総論編「野寺の遺構」〝失われた遺構〟の項参照）。

◎般若寺

この寺は貫主の母が建てた。大般若経を書写する供養の道場であるため般若寺という。また貫主の墳墓もこの内にある。創建当初は権現信仰の寺院であったらしく、旧い鳥居などの遺跡も残されているが、現在は真言宗となり、元禄時代の中興の祖・教仙和尚の努力によって再興された。教仙和尚の時代、大施主溝部安衛門（萩出身の豪商）の満野長者信仰に基づく〝大寄進〟もあって、神峰山に〝八十八ヶ所廻り〟の霊場を備える「古刹」として知られるようになった。そのため、かなり遠方からの参詣人も多く、厄除け護摩壇の香煙も絶えることはないという。

◎金剛寺

この寺は同じく貫主の母が建てた。金五百両をもって功徳をなしたる処という。これはおそらく旧柳井町で最も古く、「寺伝」に八三一年（天長八年）弘法大師開山と伝える両石山普慶寺（旧い寺域は観音平・現稲荷山）の「前身」が相当するのではないか。現在の白雲山金剛寺（上田）の寺地は、普慶寺（天文十九年に今市へ移転）の三十三世高意が隠居し、享保二年ここに茶木坊（庵）を建てた。江戸時代に、それを再建する数回の移築を経て、一八八九年（明治二十二年）現在の景観となった（『柳井市史』総論編／普慶寺および金剛寺の条参照）。

以上のことは、宇佐八幡宮にも書き残されているという。しかし現在、宇佐八幡宮社務所に問い合わせても、度々の火災で文書類はすべて焼失したという返事であった。

〔**物語中の古歌**〕

◎　貫主の歌

我ゆえに　身は浮雲の　旅のそら
　くまなく照らせ　あり明けの月
たらちめは　恨みやすらん　秋霧の
　絶え間に見えし　かりの姿を
思いきや　ともになかめし　月景を
　また見ぬやみに　迷ふへしとは

◎　伊四郎の返歌

よみちには　いかなる風の　吹やらん
　かかることの葉　ちりぬと思へは

周芳国→周防国→〝柳井広域圏〟への変遷

〔**小野忠熙（ただひろ）教授の「神籠石」研究**〕

山口大学の小野忠熙（ただひろ）教授は、一九八〇年（昭和五十五年）頃、周防の石城山遺跡を研究して、神籠石(こうごいし)として知られる列石が実は土塁の〝根止め石〟であること、これが七世紀（奈良時代）に築かれた遺跡であるという推論を発表して話題を呼んだ。

ところが、その後の調査で、「版築遺跡」の中から七世紀のものよりも新しい時代の土器片などが発見されたことを理由に、小野氏の七世紀築城説は否定されてしまった。そしてそのまま今日に至っている。しかし、石垣はなかなか崩れなくても、土塁は年月が経つと崩落するから、山城を必要とする権力者によって逐次補強しながら維持されてきたものと考えられる。従って、一部の版築遺跡の中から後代の土器片などの遺物が見つかったからといって、直ちに創建年代を繰り下げて断定するのは、朝鮮式山城の何たるかを知らない者の誤りであろう。

小野忠熙教授の推論は正しかったというべきである。石城山の八合目辺りに残っている東西南北の水門どれ一つを見ても、韓国の山城を知るものが見れば、同じ朝鮮人（百済人）の指導によって造られた城であることは明らかである。

〔奈良・平安時代の民俗を伝える「楊井水道」〕

1、八六六年（貞観八年）の「応天門の変」の後、平安朝の中央政界が藤原北家の「摂関政治」に移行する頃、周芳国楊井水道の麻里府（麻郷(おごう)の大室遺跡）にあった鎮守府を、水道（海峡）の出入口「戎ケ下(えびすがした)」に移転して周芳総令(すはのすぶるおさ)の館(やかた)とした。

2、九〇一年（延喜元年）正月、突然太宰(だざい)の権帥(ごんのそち)に左遷された菅原道真が西下の折、この地に立ち寄ったことを記念して、戎ヶ下には菅原社（天満宮）が祀られた。

3、周芳総令府の〝御神幸〟役職の家系が、熊毛郡田布施町内に残されている。
①大行司跡は三輪庄川西村大行司の里にあって、猿田彦命（旧伊勢国の天照の大神）を祀り、長らく橋坂家が行司（宮司）職を勤めていた。
②正（将）行司跡は下田布施町鶴田の里にあって、豊岩窟命（男竜神）を祀り、桑原家が行司（宮司）職を務めていた。
③小行司跡は大波野村小行司の里にあって、櫛岩窟命（姫竜神）を祀り、小行司権現とも称しているが、神官の橋坂家が帰農したので、今は地元の人々が交代で祭っている。

4、上代に大切な役割を果たした長門水道（次項「古代周芳国」の地図参照）は、中世には唐戸水道または楊井水道と呼ばれるようになったが、近世になって（封建領主岩国藩の意向で）楊井津が柳井津に改められると、楊井水道は柳井水道と改称された。一六九七年（元禄十年）、田布施町戎ヶ下の菅原社（天満宮）を柳井津の新市（天神区）に遷して菅原神社（通称柳井天神）を建てた。

5、『東大寺文書』に、「寛元二年（一二四四年）楊井庄地頭楊井太郎云々」とあり、また『玖珂郡志』には「代田八幡宮、往古は八月十八日御祭、御神幸の節楊井右京と申す大録の士、御輿の御供を勤め云々」とある。この風習は、楊井氏が備中（高梁市）方面へ離散した後も次の領主に引き継がれていった。これについて、神田継治著『柳井叢書』には、「地頭代の儀は往古観音平にて堅田兵部という毛利氏の代官がご祭礼の時お供をされた例がある」とあって、これらのことを裏付けている。

6、元禄時代（十七世紀）以降、毎年四月二十日前後に行われるようになった「柳井天神祭」には、御輿に供奉する大行司・小行司その他の役割を（各町内から）選び出して、柳井津一番の御神幸行事とした。この例祭には、騎乗の大行司（行政の当職）を先頭にした大名行列、次いで小行司（巫女・童女）を先頭にした仮装行列がつづく。いずれも町奴姿の若者たちが〝ギャラン・ギャラン〟と釈杖を鳴らして町々を練り歩く盛大な「祭行事」となり、商都柳井の観光名物として定着していった。

7、天神祭は、各地から集まった大道商人（香具師）の〝屋台〟が道の両側に並び、町の要所要所には各種演芸の「大会場」が設えてあるという大変な賑やかさであった。また、しだれ柳の大木が聳える菅原社の境内では、祭りの余興としての「剣道大会」や子供の「相撲大会」などが盛んに行われた。そのため、近郷近在はもとより随分遠方からも、町家の親戚などは泊りがけで見物に来るようになった。戦後の昭和四十年代、私の長男・次男が腕白盛りの頃、この相撲大会で優勝したからと、得意げに、景品のノートや鉛筆などを見せていたことを今でも懐かしく覚えている。

金魚ちょうちんの由来

一一八五年（文治元年）三月、当地で戦われた源平合戦のおり、楊井の地頭・上七遠高は一家一門を挙げて源義経を後援した。源氏側は赤子山（平生町）に布陣したが、その陣中で、遠高の一人娘佐衣塗姫が佐藤兄弟（藤原秀衡の武将）の兄継信と恋愛した。二人の間についに子は出来なかったものの、壇ノ浦（奈良島沖の決戦）の後、義経一行と同行して京都を経て奥州平泉まで行っている。

一一八九年（文治五年）四月、衣川の戦いで義経・弁慶・継信らは戦死し、佐衣塗姫も殉死した。これを伝え聞いた遠高らは、楊井津の中心地（湘江庵の辺）に五輪塔などを建て、彼らの霊を供養した。

その後一六六一年～七二年の寛文年間、岩国藩は広い楊井水道を埋め立て、楊井津の新開地・古開作が造成された。一六八九年（元禄二年）、湘江庵でその完成を祝う行事が行われたが、その頃、継信・忠信兄弟及び佐衣塗姫の供養塔・盂蘭盆会に、源氏の白旗、平家の赤旗に因んだ「金魚提灯」が考案されて墓前に供えられるようになった。

一七一六年～三五年の享保年間（将軍吉宗の時代）の柳井津（白壁の街）整備事業により、湘江庵の供養塔や宝篋印塔などは忠信地区に遷されたが、盂蘭盆会に金魚提灯を供える風習は伝承された。代田八幡宮の夏祭りや住吉神社の祭礼などに「お迎え提灯」として活用され、これがいつしか柳井湾一帯の夏の風物詩となっていった。

今日の民芸品「金魚ちょうちん」（金魚を象った竹ひごに和紙を貼り、ろうけつ染めの手法で赤く染め上げた提灯）は、戦後、地元新聞社の提案に応募した大島町の上領芳宏氏によって復元され、以来、その愛らしい姿が市民に親しまれるようになったもので、全国民芸品番付でも常に上位にランクされている。

どちらが古い？　「茶臼山古墳」と「代田八幡宮」

次ページに掲げるのは、「般若姫物語」の舞台となった楊井（柳井）水道の地図である。ひとつは「壇ノ浦」の古戦場の図（古代長門水道）で、もうひとつは古代周芳国の図（古周防・旧長門）である。

これを現代日本地図で探すと、瀬戸内海の西端に見つかり、九州国東半島（旧豊後国）に近いことがよく分かる。楊井津は、古都（奈良・京都）と倭国（九州）を結ぶ帆船航路の要港、つまり昔の水軍（または倭寇）の基地として栄えていた商業都市であった。

〔九州へ七福人の「弥生文化」が渡来した〕

約三五〇〇年前、フェニキア人・エブス人・ヒッタイト人らがタルシシ船（七福人の宝船）で渡来し、国東半島重藤に製鉄基地を築いて「殷文化圏」（河南省安陽市北西郊の殷墟）に鉄製品を供給し始めた。つづいて、その情報がメコン河流域の「バンチェン王国」に伝わると、水田稲作文化を持ったシュメール人と苗族が有明海の鳥栖へ上陸し始めた。こうして長い縄文時代のあと弥生文化の新時代が到来し、各地の人口も急激に増加した。

つづいて……

「壇ノ浦」の古戦場の図

（古代長門水道）版権保有者　松重楊江・中原和人　2005/8/3

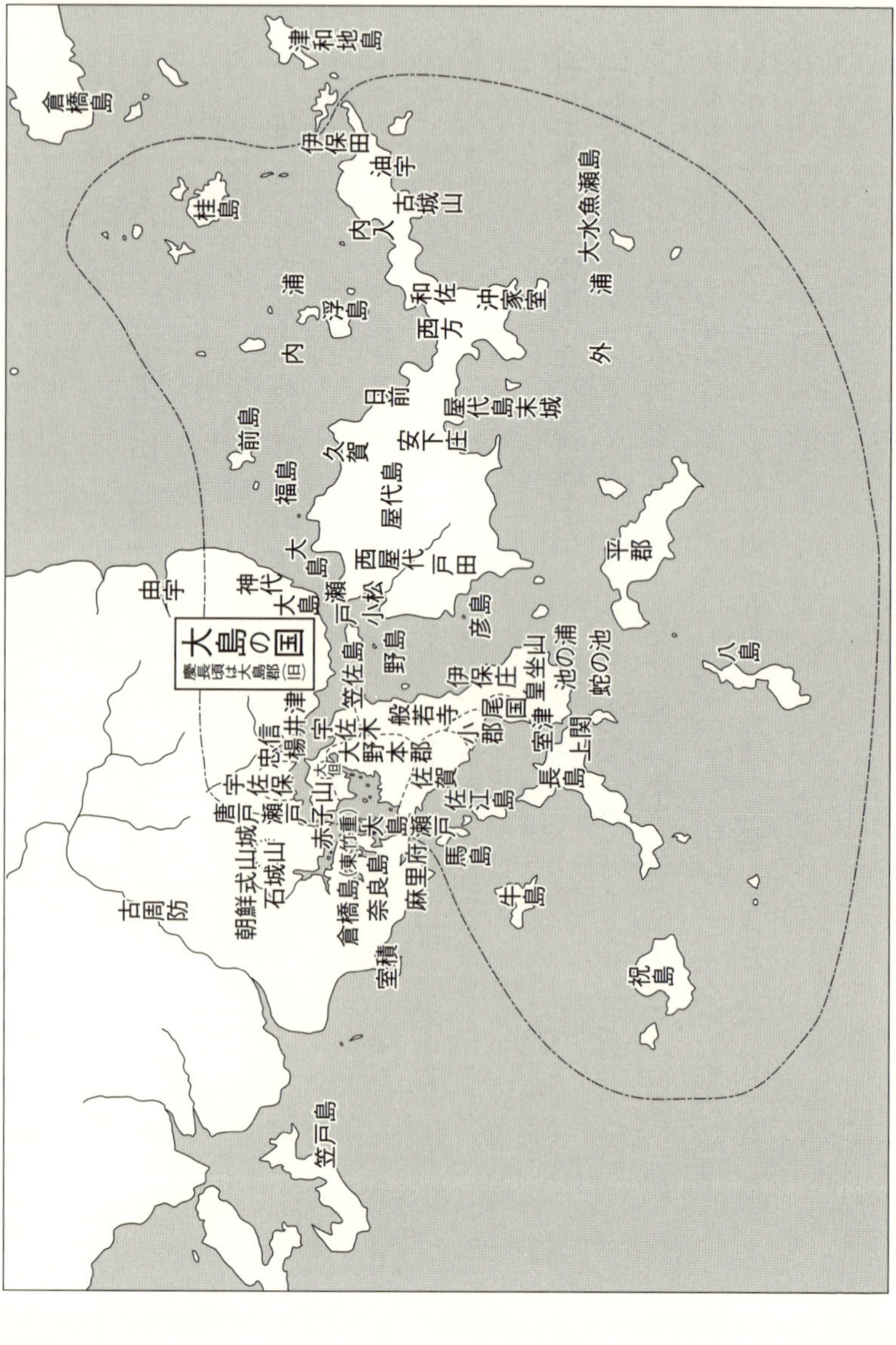

古代周芳国の図（古周防・旧長門）

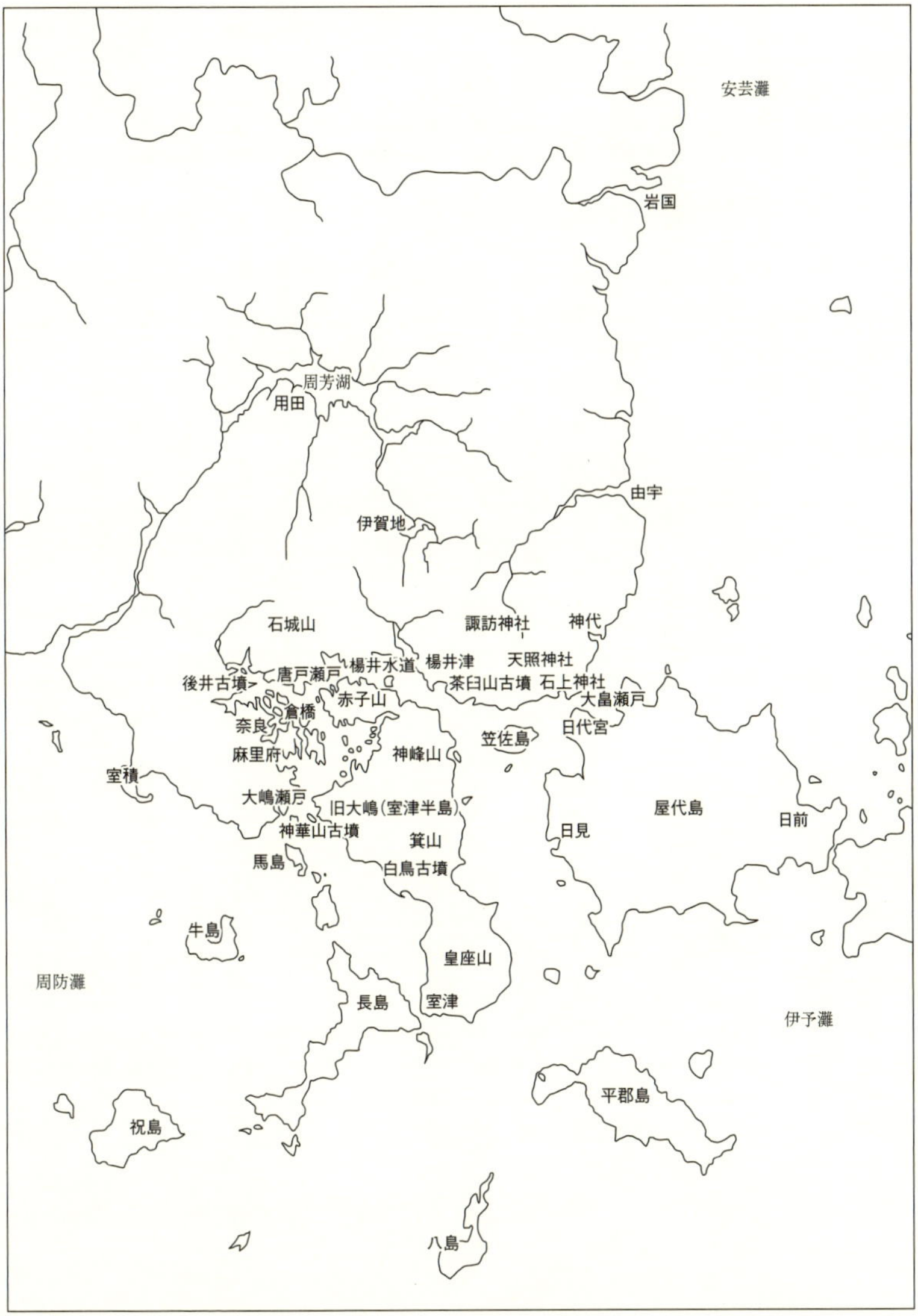

安芸灘
岩国
周芳湖
用田
由宇
伊賀地
石城山
諏訪神社
神代
楊井水道
楊井津
天照神社
後井古墳
唐戸瀬戸
茶臼山古墳
石上神社
赤子山
大畠瀬戸
倉橋
奈良
日代宮
笠佐島
麻里府
神峰山
室積
大嶋瀬戸
旧大嶋（室津半島）
屋代島
日前
日見
神華山古墳
箕山
馬島
白鳥古墳
牛島
皇座山
周防灘
長島
室津
伊予灘
平郡島
祝島
八島

約三一〇〇年前、エブス人・ヒッタイト人及び殷人らが豊ノ国（東表国・都は宇佐八幡宮）をうち建てた。これがわが国第一王朝の始まりである。そして、その金属文化を伴う水田稲作農業文化圏は、王国の拡大とともに急速に日本列島全体へ普及していった。

こうして山陽地方にも、弥生文化の亜羅三毛族（苗族主体）のクニが誕生したのだが、全国どの地方文化史も、約一万二〇〇〇年前の「大洪水」以後の縄文時代のことや、約三五〇〇年前からの弥生時代の歴史を知らないまま、本当の史実を無視して編集されている。

〔茶臼山古墳の「大鏡」の出所〕

多くの有識者の手に成る『柳井市史』古代編も似たような編集だが、四世紀末の築造という前方後円墳「茶臼山古墳」のことは詳しく記録されている。しかし、明治二十五年に発見され、古墳からの出土鏡としては日本一のものとされる直径四十四・八センチの白銅製の大鏡「変形神獣鏡」（東京博物館所蔵）の出所は明らかにされず、単に「我が国で作られた仿製鏡（中国の漢鏡を真似た鏡のこと）であろう」としている。

だが、我々の検証によって、この大鏡など一連の出土品は北九州の筑紫にあった旧伊勢国（ユダヤ人ガド族・猿田彦命のクニ）の吉武高木遺跡（前一世紀頃の世界一の青銅器工場）で製造されたものであると判明した。

いわゆる「倭国大乱」が始まった頃の一六三年、敵対する委奴国の大国主命（ユダヤ人シメオン族）の攻撃を受け、神聖な神殿（平原王墓遺跡）を壊されて旧伊勢国を奪われた猿田彦五世らは、瀬戸内海を東遷する途次、周防灘の徳山湾（遠石八幡宮の地）にコロニーをつくった。一行は、さらに楊井水道の大畠瀬戸へと至り、旧伊勢の日代宮（御神体は八咫鏡）を遷社して「天照神社」及び「石上神社」を建てた。このとき、八咫鏡の姉妹品として持参していた大鏡等の青銅器類が、神官となった猿田彦命の弟に預けられた。

続いて二一三年、扶余族の神武とイッサカル族の公孫氏の攻撃によって、大国主命の委奴国が滅亡したとき、一部（土師氏ら六〇〇人）は出雲へ逃れ、別のユダヤ人（シメオン族・レビ族・ルベン族）および苗族らの遺民二〇〇〇人は博多から乗船して東遷した。

その途次、一行のうち五百人は古周芳の徳山湾（ガド族の旧伊勢社跡）に滞留して、秦人たちの「分国」を建てた。そのため、この地に先住していたガド族たちは簡単に追い払われてしまった。

このあと、豊ノ国（大分県）から宇佐八幡宮の神霊を奉じて亡命して来た東表国のエブス人（宇佐氏・中臣氏）の約二〇〇〇人と、ヒッタイト人（蘇我氏）の約一〇〇〇人が一団となって渡海。徳山湾の旧伊勢社跡に合流して、遠石八幡宮（宇佐八幡宮分霊を祀る遠つ旧石清水八幡宮）を建てた。引き続き、彼らは協力して古周芳の徳山湾一帯および大畠瀬戸の石上神社の領域（今の柳井広域圏）を占領し、秦王国の分国「周芳国」を建てたのである。

このとき、大鏡などの青銅器類はシメオン族秦氏のものとなり、周芳国の宝物として伝承されるようになった。四世紀末、時の周芳国王が亡くなると、茶臼山古墳が築造され、これらの宝物が王の副葬品として埋葬された。

かくして時は流れ、いつしか忘れ去られていたものが、一八九二年（明治二十五年）になって発掘されたという次第である。

〔周芳国王・楊井氏の家系〕

三世紀初頭、委奴国＋東表国の亡命集団は、その後も相当な日数をかけて東遷し、やがて、猿田彦命の弟たちが建てていた近畿地方の東鯷国を攻め亡ぼして「秦王国」を建てた。その後の秦王国（俀国）およびその分国・周芳国の歴史については、前著『失われた大和のユダヤ王国』で詳しく述べたので割愛するが、この周芳国王（茶臼山古墳の被葬者・シメオン族秦氏）の子孫は、楊井氏を名乗って代々楊井津に居住し、楊井本庄とも呼ばれる平安時代からの荘園主となった。

やがて、鎌倉時代には地頭となったが、室町時代、守護大名大内氏と争い、足利将軍家（カッシート族）の干渉によってこの地を離れ、備中方面に移動して数万石（一説には六万石）の領地を支配するようになった。現在、その子孫は岡山県高梁市に居住し、〝備中高檀紙〟（宮内庁御用の和紙）の総本家柳井氏として健在である。

なお、毛利家文書『萩藩諸家系譜』に見える毛利家の家臣柳井氏は、玖珂郡根笠村（現岩国市美川町）の旧周芳国鉱山差配役・楊井氏（子孫は柳井氏として地元に健在）の亜流である。この流れを誤解して毛利家の家臣となった柳井氏を、旧楊井氏の本流のように語る地方史家がいるようだが、これは従来の皇国史観教育によるものであり、この方たちも〝この誤解を解く〟

努力を一日も早く開始して欲しいものである。

ちなみに、当時の武士気質から考えて、かつての周芳国主であった家系の子孫が、痩せても枯れても、誇りを捨てて敵方大内氏の跡を継ぐ周防国主毛利家の家臣になったとは、とても考えられない。

また、ついでに述べておくと、戦国時代、主家尼子家の再興を願って、月夜に「吾に艱難辛苦を与えたまえ」と天神に祈ったという武将山中鹿之助のことはよく知られているが、彼が岡山県を移動中、備中甲部川阿井の渡で毛利氏に殺されたのち、その子孫は味噌・醤油の行商人となった。一家一族は苦労しながらも灘の酒問屋となり、やがて飛脚・廻船問屋業で大成功を収め、ついに日本一の銀行家「大阪鴻池」となった。

その鴻池十一代目の当主が明治維新の折、代々貯めこんだ埋蔵金を勤皇の志士や幕府方の双方に挙出して、文明開化到来の〝世直し資金〟とした。すなわち、武士は二君に仕えず、農民や商人になって財を蓄えても余分な金は社会に還元した。これが真の「日本武士道」であった、ということか。

〔吾田八幡宮から代田八幡宮へ〕

先述のように、遠つ（古の）石清水八幡宮が建てられたが、このとき、遠石八幡宮から宇佐八幡の神霊を楊井水道に勧請して吾田八幡宮を建てた。古老の伝承によれば、「往古、豊前国宇佐八幡宮より勧請して吾田八幡宮と号す」というから、遠石八幡宮からこの地へ渡来した当初は、神和（柳井市黒杭）の大歳神社境内に鎮座されていたのであろう。

やがて、平安初期の八三三年（天長一〇年）、社殿を今の宮本に遷して代田八幡宮と称えた。一六四八～五一年の慶安年間に火災にあって古記録類を焼失したが、神官三宅家は「むかし遠石八幡宮と同年の勧請なり」と氏子に語り、古老伝承が正しいとしている。

ちなみに、このとき以来、遠石八幡宮（徳山）の祠官は黒神氏が世襲し、代田八幡宮（柳井）の祠官は三宅氏が世襲している。黒神氏も三宅氏も旧い中臣氏一族であるから、ともに豊前の宇佐氏を本家として崇めていたのである（「郡志」参照）。

以上によっておわかりのように、日本一の大鏡が出土した「茶臼山古墳」も、柳井津の郷社「代田八幡宮」の由来も、共に三世紀のいわゆる「神武東征」の際、朝鮮から渡来した扶余族と公孫氏の連合軍に追われた委奴国の秦氏らが、瀬戸内海を東遷の途次、楊井水道にうち建てた周芳国の「建国」にまつわる歴史であった。

ちなみに、田布施町の後井古墳、国森古墳等に加えて、平生町の白鳥古墳、神華山古墳、阿多田古墳などは、すべて秦王国の分国・周芳国に関連する遺跡である。

また、一般に流布されている地方史、例えば、宮田伊津美氏監修の『岩国・柳井の歴史』に見るような「熊毛王朝」遺跡説は、従来の学説＝「大和朝廷」実在説にとらわれた誤り・フィクションの地方史と言うべきであろう。

これまで縷々述べてきたように、東表国→旧伊勢国→委奴国→秦王国・周芳国および俀国（併せて日本旧国二〇〇〇年）の歴史があったればこそ、上代の「満野長者物語」および「般若姫伝説」が生まれ、中世には、竜神という海武士たちが瀬戸内海を縦横に駆け巡る〝玉取り伝説〟として、幾多の文芸・美術・芸能などに登場した。

その舞台となった楊井水道＝楊江（古代人は揚子江のように滔々と流れていた海峡をこう呼んでいた。筆者のペンネームもそこに由来している）は、万治・寛文年間（三七〇年前）の埋立てによって陸地となった。爾来、柳井市古開作と呼ばれるようになったが、いま私はその一郭に屋敷を構え、日々新鮮な地元の魚と地産品を食しながら有難く暮らしている。

これもご先祖の積善のお蔭であり、地域社会との連帯因縁によるものであろうか。

<著者紹介>

松重　楊江（まつしげ　ようこう）

大正14年、山口県柳井市生まれ。元柳井市議会議員。

現在、㈱松重の会長職の傍ら、歴史研究家として活動。

柳井地区日韓親善協会副会長。柳井ライオンズクラブ会員。

鹿島曻氏の生前には氏との親交も深く、共著にて『歴史捏造の歴史２』『明治維新の生贄』を著す。その他、『日本史のタブーに挑んだ男』『教科書には絶対書かれない古代史の真相』など、著書多数。

倭人のルーツの謎を追う

2009年２月16日　初版第１刷発行

著　者　松重 楊江
発行者　韮澤 潤一郎
発行所　株式会社 たま出版
〒160-0004 東京都新宿区四谷4－28－20
☎ 03-5369-3051（代表）
FAX 03-5369-3052
http://tamabook.com
振替　00130-5-94804

印刷所　図書印刷株式会社

ISBN978-4-8127-0265-9　C0021